Schwindelerfahrungen

70

Internationale Forschungen zur Allgemeinen und Vergleichenden Literaturwissenschaft

Schwindelerfahrungen

Zur kulturhistorischen Diagnose eines vieldeutigen Symptoms

Herausgegeben von
Rolf-Peter Janz, Fabian Stoermer und Andreas Hiepko

Rodopi

Amsterdam - New York, NY 2003

Cover: Michelangelo Antonioni: "Identificatione di una donna" (1982)

Le papier sur lequel le présent ouvrage est imprimé remplit les prescriptions de "ISO 9706:1994, Information et documentation - Papier pour documents - Prescriptions pour la permanence".

The paper on which this book is printed meets the requirements of " ISO 9706:1994, Information and documentation - Paper for documents - Requirements for permanence".

ISBN: 90-420-1056-8

Printed in The Netherlands

Inhalt

Einleitung: Schwindel zwischen Taumel und Täuschung 7

HANS-LUDWIG SPOHR
Kindliche Schwindeleien 47

HANS-CHRISTIAN VON HERRMANN
Bildausfall
Schwindelerfahrungen zwischen Experiment und Kunst 57

ANDREAS HIEPKO
Der Schwindel des Karnevals
Zu E. T. A. Hoffmanns Capriccio *Prinzessin Brambilla* 73

ANDREAS L. HOFBAUER
Confidence Men or Hustler's Bite and the Paradise Apple
Adnote zum Schwindel als dem Unterbau sozialer Gefüge 83

ROLF-PETER JANZ
Schwindelnde Männer oder die Liebe zum Betrug
Krull, Schwejk, Gunten, ‚Rotpeter' 99

FABIAN STOERMER
Die Krankheit der Décadence 117

DORIS BORELBACH
„Ein Erdbeben ganz tief am Grunde"
Schwindelerfahrungen in Robert Musils *Die Verwirrungen des Zöglings Törleß* 127

THOMAS KOEBNER
Schwindel, Sturz, Ekstase
Anmerkungen zum Vertigo-Motiv in der Filmgeschichte 139

Literatur zum Schwindel 157

Zu den Autoren 171

Einleitung: Schwindel zwischen Taumel und Täuschung

I

Kaum eine Erfahrung dürfte ein bündigeres Resümee der Befindlichkeiten der Gegenwartskultur, ihrer Verunsicherungen und Verlockungen, ihrer Erwartungen und Zweifel geben als jene des Schwindels, in der Angst und Lust nah beieinander liegen und Taumel und Täuschung zweideutig ineinander spielen. Gewollt oder ungewollt scheinen die technologisch immer rasanter beschleunigten Kommunikationsprozesse und die Simulationsmacht der neuen Medien[1] ebenso wie neoliberale Programme der Deregulierung, die neue Unübersichtlichkeit der Globalisierung[2] oder die Überwältigungsstrategien der Vergnügungsindustrie fortwährend neue Herausforderungen für unseren Gleichgewichtssinn und unser Orientierungsvermögen bereit zu halten. In den fließenden Übergängen von

1 Vgl. dazu u. a.: Florian Rötzer (Hg.): Digitaler Schein. Frankfurt a. M. 1991.

2 Jürgen Habermas hat sein viel zitiertes und oft sehr allgemein verwendetes Wort von der „Neuen Unübersichtlichkeit" explizit als Obertitel für einen Vortrag eingesetzt, der von der „Krise des Wohlfahrtsstaates" als dem eigentlichen Grund für „die Erschöpfung utopischer Energien" handelt, die ihrerseits Unübersichtlichkeit als Ausdruck einer gehemmten Handlungsbereitschaft hervorbringt. Er sieht das Modell sozialstaatlicher Regulierung kapitalistischer Ökonomien an innere Grenzen stoßen, u. a. an jene einer ausufernden „Verrechtlichung und Bürokratisierung", die von allen Bereichen der Lebenswelt lähmend Besitz ergreift (S. 151). Er weist aber auch darauf hin, dass „sich der Nationalstaat" von Anfang an „als ein zu enger Rahmen erwiesen [habe], um die keynesianische Wirtschaftspolitiken nach außen, gegen die Imperative des Weltmarktes und die Investitionspolitik weltweit operierender Unternehmen hinreichend abzusichern" (S. 149). Die Verstärkung dieser Tendenz gehört zu den problematischen Implikationen der ökonomischen Globalisierung. (Jürgen Habermas: Die Neue Unübersichtlichkeit. Kleine Politische Schriften V. Frankfurt a. M. 1985. Darin Abschnitt V: Die Neue Unübersichtlichkeit. Die Krise des Wohlfahrtsstaates und die Erschöpfung utopischer Energien. S. 141-163.)
Neuere globalisierungskritische Theorieansätze wie jener von Hardt und Negri erkennen in der Ungreifbarkeit oder Fluidität der neuen Machtstrukturen eine der entscheidenden Herausforderungen der aktuellen Globalisierung, die u. a. mit einer Ausdehnung der so genannten „immateriellen Produktion" einhergeht; sie reagieren darauf mit dem Vorschlag, die „Anti-Macht" in entsprechend beweglichen und dezentralen Strukturen zu organisieren. (Michael Hardt, Antonio Negri: Empire. Die Neue Weltordnung. Frankfurt a. M., New York 2002.) Dass die Struktur von Zentrum und Peripherie tatsächlich für den politischen und ökonomischen Raum der Weltgesellschaft weitgehend bedeutungslos geworden sein soll und die Macht deshalb nicht mehr zu lokalisieren sei, haben Theoretiker wie Saskia Sassen und Slavoj Žižek aus unterschiedlichen Perspektiven nachdrücklich bezweifelt. (Vgl. u. a.: Saskia Sassen: Die neue Zentralität – Auswirkungen von Telematik und Globalisierung. In: Christa Maar, Florian Rötzer (Hg.): Virtual Cities. Die Neuerfindung der Stadt im Zeitalter der globalen Vernetzung. Basel, Boston, Berlin 1997, S. 117-131; Slavoj Žižek: Die Revolution steht bevor. Dreizehn Versuche über Lenin. Frankfurt a. M. 2002.) Vor dem Hintergrund ihrer Analysen gilt es in Betracht zu ziehen, dass die Popularisierung des Schwindels auch die ideologieträchtige Funktion haben kann, von handgreiflichen undemokratischen Ordnungsmechanismen abzulenken.

riskanter Spekulation und bewusstem Betrug, von Spielerglück und Hochstapelei verschwimmen überdies gelegentlich die moralischen Koordinaten der Shareholder-Gesellschaft, und wenn der Schwindel nach dem Höhenrausch der Börsenkurse auffliegt, verliert mancher erst recht den Boden unter den Füßen.[3] Unterdessen streben die Monumente der Prosperität in immer schwindelerregendere Höhen, und selbst die Architektur als die bodenständigste der Künste schickt sich allerorten an, mit schwebenden Konstruktionen, labyrinthischen Raumkonzepten oder den dynamischen Suggestionen fluider Formen Verunsicherung zu stiften. So zielt etwa die *explosive architecture* von Zaha Hadid auf „fließende Räume", die sich nicht damit begnügen, die Trennung von Innen und Außen aufzuheben. Ihr Entwurf für das Guggenheim-Museum in Tokyo aus dem Jahr 2001 sieht zwei große gefaltete Flächen vor, die oben so gegeneinander gelehnt sind, dass sie einen weitläufigen Raum umschließen und dort, wo sie zusammenstoßen, einen diagonalen Spalt entstehen lassen, „der ein dramatisches Schwindelgefühl erzeug[en] [soll], wenn das Licht die Keramikflächen herunterstürzt".[4]

Wie in vielen anderen Bereichen beerbt die Postmoderne auch in ihrer Affinität zum Schwindel eine Tendenz, die den Prozess der Moderne insgesamt begleitet. Ästhetische Konzepte, die durch die Auflösung kohärenter Perspektiven und der durch diese bestimmbaren Subjektpositionen mit der Provokation des Schwindels spielen, gehören bereits zum Inventar etwa der Avantgarden des frühen zwanzigsten Jahrhunderts,[5] aber auch schon der Romantiker. Wenn Dietmar Kamper die postmoderne Realität gelegentlich als die

---

3 Das ließ sich vielfach im Zusammenhang mit dem überhitzten Boom und dem rapiden Niedergang vor allem des „neuen Marktes" in den 1990er Jahren beobachten. Wo die psychologische Produktion eines extremen Wachstums durch die Prophezeiungen von Analysten, die fast wie religiöse Orakel verehrt wurden, an ihre Grenzen stieß, halfen gelegentlich betrügerische Manipulationen der Buchführung, in die prekärer Weise die Kontrollinstanzen der Unternehmensprüfung selbst verwickelt waren, den Gewinnerwartungen nach. Dies veranlasste schließlich sogar eine der Vorliebe für staatliche Regulierungen durchaus nicht verdächtige amerikanische Regierung dazu, schärfere Gesetze zur Kontrolle der Finanzmärkte zu erlassen. Das im Sommer 2002 beschlossene, sogenannte *Sarbanes-Oxley-Gesetz,* das unmittelbar auf die Bilanzierungsskandale um *Enron* und *Worldcom* reagierte, erhöhte die Strafen für Bilanzbetrug drastisch und machte u. a. die Vorstände der Aktiengesellschaften für die Rechnungslegung persönlich haftbar. Außerdem verlangt es, dass externe Finanzprüfer einen Sitz im Aufsichtgremium des jeweiligen Unternehmen haben. Vgl. dazu u. a. Hannes Koch: Die Abkehr der Eliten. In: taz Nr. 6846 vom 6.9.2002, Seite 12.

4 Katalog Zaha Hadid: Opere e progetti, hg. von Margherita Guccione. Turin, London, Venedig 2002, S. 98.

5 Kein Zufall ist es, dass Zaha Hadid 1992 unter dem Titel „Tatlins Turm" eine Ausstellung über den russischen Suprematismus und Konstruktivismus zusammenstellte. Tatlins berühmter, als Monument für die Dritte Internationale konzipierter Entwurf eines Turmbaus, der an Höhe und Eleganz den Eiffelturm übertreffen sollte, exponiert mit der Grundstruktur einer aufsteigenden und sich nach oben verjüngenden Spirale ein Raummodell, das für die Affinität zum Schwindel geradezu emblematisch ist und sich auch in der Gegenwartsarchitektur großer Beliebtheit erfreut, wie etwa die Anordnung der Laufstege in Norman Fosters gläserner Kuppel für den Berliner Reichstag belegt. Passender Weise konzipierte Hadid ihre Ausstellung für das Guggenheim-Museum in New York, dem Frank Lloyd Wright 1959, vermutlich nach dem Vorbild der Auffahrten von Parkhäusern, ebenfalls die Form einer Spirale gab.

einer „Kipp-Bilder-Realität" beschreibt, in deren Erfahrung für den Betrachter, „der noch an Standpunkte und Perspektiven gewöhnt ist [...] ein gewisser Drehschwindel, ein Schließen der Augen, ein Schwinden der Sinne durchaus wahrscheinlich" wird,[6] kann einem dies deshalb ebenso gut als Beschreibung einer bereits von der Realität der technologischen und gesellschaftlichen Modernisierung fortlaufend provozierten Irritation erscheinen. Ähnlich verhält es sich mit dem kritischen Resümee, das Fredric Jameson aus seinen Erfahrungen mit der postmodernen Architektur des *Bonaventura Hotel* in Los Angeles zieht:

> Meine Hauptthese ist, daß es mit dieser neuesten Verwandlung von Räumlichkeit, daß es dem postmodernen Hyperraum gelungen ist, die Fähigkeit des individuellen menschlichen Körpers zu überschreiten, sich selbst zu lokalisieren, seine unmittelbare Umgebung durch die Wahrnehmung zu strukturieren und kognitiv seine Position in einer vermeßbaren äußeren Welt durch Wahrnehmung und Erkenntnis zu bestimmen.[7]

Auch diese Diagnose reserviert ihre prägnante Beschreibung einer „beunruhigenden" und tatsächlich schwindelanfälligen „Diskrepanz zwischen dem Körper und seiner hergestellten Umwelt" wohl zu Unrecht allein für die neueste, postmoderne Verwandlung von Räumlichkeit. Diese Diskrepanz ist offensichtlich älter.[8]

Folgt man dem Schwindel als einer Art Leitsymptom der kulturhistorischen Diagnose, so kann man in ästhetischen und wissenschaftlichen Diskursen, in denen Schwindelerfahrungen zumal in den letzten zweihundert Jahren thematisiert und inszeniert wurden, auf eine Fülle ähnlich irritierender Herausforderungen an das Orientierungsvermögen und Orientierungsbedürfnis stoßen. Den theoretischen und ästhetischen Zusammenhängen, in denen der Schwindel exponiert wird, lassen sich dabei Hinweise auf technologische, soziale und kulturelle Entwicklungen, die solche Herausforderungen bereithalten, ebenso entnehmen wie Auskünfte über das anthropologische Selbstverständnis, durch das die Bedingungen eines subjektiven Gleichgewichtsempfindens selbst jeweils historisch bestimmt werden. Sie zeigen aber auch an, dass die Schwindelerfahrung als Erleb-

---

6 Dietmar Kamper: Nach der Moderne. Umrisse einer Ästhetik der Posthistoire. In: Wolfgang Welsch (Hg.): Wege aus der Moderne. Schlüsseltexte der Postmoderne-Diskussion. 2. Aufl. Berlin 1994, S. 162-174. Hier: S. 169.

7 Fredric Jameson: Postmoderne – zur Logik der Kultur im Spätkapitalismus. In: Andreas Huyssen, Klaus R. Scherpe (Hg.): Postmoderne. Zeichen eines kulturellen Wandels. Reinbek bei Hamburg 1986, S. 45-102. Hier: S. 89.

8 Jameson selbst gesteht im Anschluss an die zitierte Passage zu, dass auch die Moderne über „vergleichbare Moment[e] der Irritation" verfügte, deren Ausmaß er aber für erheblich geringer hält. Er vergleicht das Verhältnis von Postmoderne und Moderne in dieser Hinsicht mit dem Verhältnis der „Geschwindigkeit eines Raumschiffes zu der des Automobils" (a.a.O.; wie Anm. 6). Die „Diskrepanz zwischen dem Körper und seiner hergestellten Umwelt" sieht Jameson selbst „als Symbol und Analogon für ein noch größeres Dilemma [...]: die Unfähigkeit unseres Bewußtseins [...], das große, globale, multinationale und dezentrierte Kommunikationsgeflecht zu begreifen, in dem wir als individuelle Subjekte gefangen sind." (Ebd.)

nis der Depersonalisierung womöglich nicht nur gefürchtet, sondern auch erwünscht ist und in welchem Ausmaß Ambivalenz und Uneindeutigkeit als charakteristische Merkmale des Schwindels kulturell jeweils zugelassen oder sogar affirmiert werden können.

II

Zu den auffälligsten Merkmalen, die das Interesse einer kulturwissenschaftlichen Auseinandersetzung mit dem Schwindel wecken, gehört die Doppeldeutigkeit des Wortes „Schwindel“, mit dem sowohl ein Zustand der Benommenheit und der gestörten Bewegungskoordination als auch eine Art der Täuschung und des Betrugs bezeichnet wird. Diese doppelte Bedeutung erscheint zunächst als ein lexikalischer Zufall, der seine speziellen Gründe in der deutschen Etymologie des Wortes hat.[9] Tatsächlich ist sie etwa im Englischen, wo das Wort „swindle“ für die Bedeutung des Betrugs reserviert ist und das medizinische Syndrom als „vertigo“ bezeichnet wird, nur bedingt nachvollziehbar. Trotzdem besteht zwischen beidem auch ein sachlicher Zusammenhang.

Die Erfahrung des Schwindels im „wörtlichen“ Sinne ist selbst systematisch mit dem Moment der Täuschung im Sinne der Erzeugung von Scheinwahrnehmungen verbunden. Besonders prägnant ist dies beim Drehschwindel, dessen Provokation ein beliebtes Experiment kindlicher Spiele ist.[10] Dreht man sich rasch um die eigene Achse und unterbricht diese Bewegung dann abrupt, gerät man nicht nur in einen schwankenden Körperzustand, der sich an der Grenze zum Fallen befindet und eine willkürlich gesteuerte Bewegung fast aussichtslos erscheinen lässt, sondern man hat dann auch eine Zeit lang den Eindruck, als kreise der Raum wie ein Zylinder in der Gegenrichtung zur unterbrochenen Drehung um einen selbst. Ähnliche Wahrnehmungserlebnisse sind insbesondere von den durch Intoxikationen – etwa mit Alkohol – ausgelösten Schwindelzuständen bekannt. Im

9 Das Wort „schwindeln“ (einen Schwindel empfinden) ist aus dem mittelhochdeutschen „swinden“ abgeleitet, das u. a. „abnehmen“, „vergehen“, „bewusstlos werden“ bedeutet. Die zweite, heute geläufige Bedeutung des Wortes „Schwindel“ (im Sinne von Täuschung, Betrug) entsteht erst allmählich seit dem 16. Jahrhundert. Der „Schwindler“, im 17. Jahrhundert noch ein „Schwärmer und Phantast“, der unglaubwürdige Geschichten erzählt, wird Ende des 18. Jahrhunderts unter dem Einfluss des englischen „swindler“ mit dem Betrüger beinahe gleichgesetzt. Aus dem Schwindel als „unbesonnener Handel“ hat sich der „unlautere Handel“ entwickelt, der Betrug vor allem im Geschäftsleben. (Vgl. Friedrich Kluge: Etymologisches Wörterbuch der deutschen Sprache. Berlin 1957, S. 694). Das Grimmsche Wörterbuch beschreibt den zur Entstehungszeit noch neuen Bedeutungswandel folgendermaßen: „eine weitere bedeutungsentfaltung zeigt *schwindel*, besonders in der neuern sprache, indem es einen unbesonnenen, unsoliden handel bezeichnet, meist als ausdruck moralischer verurtheilung. [...] so besonders kaufmännisch von einem unreellen geschäfte, nahezu soviel wie betrug [...].“ (Jacob und Wilhelm Grimm: Deutsches Wörterbuch. Leipzig 1899, Bd. 9, Sp. 2657.) – Vgl. zur Etymologie des Schwindels auch Christina v. Braun: Versuch über den Schwindel. Zürich 2001, S. 14 ff.

10 Vgl. dazu u. a. Paul Virilio: Ästhetik des Verschwindens. Berlin 1986.

Höhenschwindel als dem anderen klassischen Erscheinungsbild des Schwindels ist dieses Moment der Täuschung weniger aufdringlich; es fehlt aber auch dort nicht ganz und macht sich in der Weise des oft beschriebenen Sogs in die Tiefe bemerkbar, in dessen Erleben ebenfalls eine subjektive Bewegungsdisposition in die Wahrnehmung des Raumes projiziert wird.

Solche Art der Täuschung durch subjektive Projektionen ist es aber auch, die den Schwindel als eine besondere Art des Betrugs besonders kennzeichnet. Sie findet sich zunächst auf Seiten derer, die dem Schwindel aufsitzen. Die Unternehmungen von Schwindlern und Hochstaplern zeichnen sich nämlich gerade darin als besondere Formen des Betrugs aus, dass sie auf der psychologischen Kooperation der Betrogenen aufbauen, die an der vom Schwindler erzeugten Scheinwirklichkeit durch die Projektion ihrer Ängste und Wünsche mitwirken. Die Tendenz zu Selbsttäuschungen, wie sie durch eine von einem imaginären Selbstbild gesteuerte Weltauffassung verursacht werden, gehört aber auch zu den typischen Merkmalen des Hochstaplers selbst; diese Tendenz kann an Formen des pathologischen Wahns grenzen.[11] Zugleich deckt die erfolgreiche Hochstapelei die imaginären Züge und gelegentlich zweifelhaften Grundlagen in den Mechanismen sozialer Autorisierung auf, durch die die ‚objektive' Wirklichkeit konstituiert wird. Dass sie auf diese Weise die fiktiven Züge der normalen Realität vorführen, dürfte einer der Gründe für die Sympathien sein, die den Hochstaplern und Schwindlern zumindest von den nicht unmittelbar Betroffenen oft entgegengebracht werden und macht sie u. a. als Protagonisten literarischer und filmischer Erzählungen besonders interessant.[12] Der vergleichsweise freundlichen Beurteilung des Schwindlers konfrontiert, dass man vom Schwindeln spricht, um eine minder schwere Form der Lüge zu kennzeichnen, die sich moralisch nicht allzu streng beurteilen lässt, weil sie die Züge einer phantasievollen Modifikation der Wirklichkeit trägt und eher der Vermeidung unnötiger Konflikte als der Vorteilsgewinnung zu dienen scheint.[13]

In der für den Schwindel im übertragenen Sinne kennzeichnenden Relativierung der Gegensätze von Wahrheit und Lüge, Wirklichkeit und Schein liegt offenbar das befreien-

11 Vgl. zur Psychologie der Hochstapelei und des Schwindels die juristische Arbeit von Detlev Haag: Betrügerische Hochstapelei und Schwindel. Tat, Täter und Opfer. Univ. Diss. Freiburg i. Br. 1977; sowie Stephan Porombka: Felix Krulls Erben. Die Geschichte der Hochstapelei im 20. Jahrhundert. Berlin 2001.

12 Der neueste Beitrag des Genres, zu dessen Klassikern Thomas Manns *Felix Krull* und Carl Zuckmayers *Der Hauptmann von Köpenick* gehören, ist Steven Spielbergs Film *Catch me if you can*, der auf einem autobiographischen Roman von Frank Abagnale Jr. beruht.

13 Entsprechend bemerkt Thomas Mann über seinen Helden Felix Krull, dass sein Betrug „den Namen des Betrugs nicht durchaus verdient, sondern nichts ist als die Ausstattung einer lebendigen, aber nicht völlig ins Reich des Wirklichen eingetretenen Wahrheit mit denjenigen materiellen Merkmalen, derer sie bedarf, um von der Welt erkannt und gewürdigt zu werden." Thomas Mann: Die Bekenntnisse des Hochstaplers Felix Krull. Frankfurt a. M. 1993, S. 39. – Jean Cocteau nimmt seinen Protagonisten Thomas durch den Hinweis in Schutz, dass dieser selbst bereit sei, „an das Spiel zu glauben", „halb im Traum zu leben", „mit seiner eigenen Legende eins zu sein". Jean Cocteau: Thomas der Schwindler. Frankfurt a. M. 1988, S. 28, 29, 55.

de Moment der Dispension von Zwängen und der Erweiterung des Spielraums des Möglichen, aber auch das Beunruhigende einer Virtualisierung der Welt. Das Erleben des Schwindels im wörtlichen Sinne scheint von derselben Ambivalenz geprägt zu sein; nur bezieht sie sich hier nicht auf die Koordinaten der sozialen Wirklichkeit, sondern auf die elementaren Ordnungen der Wahrnehmungswelt.

III

Unter den medizinischen Untersuchungen des Schwindels haben die Anfang des 19. Jahrhunderts entstandenen Studien des tschechischen Arztes und Naturforschers Johannes Evangelista Purkinje vielleicht am deutlichsten das Moment der Täuschung als zentrales Merkmal des Schwindels exponiert. Die Projektion einer Bewegungsempfindung, die ihre Ursachen auf Seiten des Subjekts hat, in die objektive Wahrnehmungswirklichkeit ist für Purkinje das eigentlich definierende Merkmal des Schwindels;[14] u. a. bezieht er deshalb auch solche Wahrnehmungstäuschungen in seine Untersuchungen ein, die sich unmittelbar kaum als prägnante Schwindelerfahrungen aufdrängen, nämlich etwa das Empfinden, auf einer Ebene leicht bergan zu gehen, nachdem man zuvor eine Zeit lang kontinuierlich bergab gegangen ist.[15]

Dass für Purkinje das Motiv der Täuschung, in dem die beiden Bedeutungen des Wortes „Schwindel" ineinander übergehen, zur Eingrenzung des Gegenstandsbereichs seiner Untersuchungen dienen kann, hängt unmittelbar damit zusammen, dass er seine Erkenntnisse wesentlich auf die Ergebnisse von Selbstbeobachtungen stützt.[16] Mit dieser methodischen Disposition sind seine Studien noch jenem aufklärerischen Programm der Erfahrungsseelenkunde verpflichtet, das durch Introspektion Aufschlüsse über den Zusammenhang der intellektuellen Vermögen des Subjekts mit dem Körper und der Seele und also über die problematisch gewordene Einheit des ‚ganzen Menschen' gewinnen wollte.

---

14 In seinen 1820 veröffentlichten *Beyträgen zur näheren Kenntniß des Schwindels* geht Purkinje von der Definition des Schwindels als einer „durch subjective Zustände bedingte[n] Scheinbewegung der Sinneserscheinungen, die durch eine Täuschung aufs Objective übertragen wird", aus. (Johannes Purkinje: Beyträge zur näheren Kenntniß des Schwindels aus heautognostischen Daten. In: Medicinische Jahrbücher des kaiserlich-königlichen österreichischen Staates, Bd. 6, 2. Stück. Wien 1820, S. 79-125. Hier: S. 80.)

15 „Zu den Scheinbewegungen nach gerader Linie gehört auch die Beobachtung, die ich öfters machte, daß, wenn ich eine lange Strecke herab gegangen bin und dann auf eine Ebene kam, es mir schien, als gehe ich auf einer schief aufsteigenden Fläche. Der umgekehrte Fall findet Statt, wenn man nach langem Aufwärtssteigen auf eine Bergebene kömmt, wo dann der Gang so erleichtert ist, daß es scheint, wie wenn man einen sanften Abhang herabsteige." (Purkinje: *Beyträge,* wie Anm. 14, S. 89.)

16 Auf dieses Verfahren weist bereits der Titel der zitierten Abhandlung mit der Ergänzung „aus heautognostischen Daten" hin. „Heautognosie" meint dem Wortsinn nach Selbstkenntnis bzw. Selbsterkenntnis. Purkinje führt den Terminus in Anlehnung an Gruithuisens Unterscheidung von Physiognosie und Heautognosie als synonyme Bezeichnung für den Wissenszweig der empirischen Psychologie ein.

Der Berliner Arzt Marcus Herz hatte bereits 1786 einen *Versuch über den Schwindel* vorgelegt, der sich in der Orientierung an diesem Programm gerade an der Zweideutigkeit des Schwindels als eines psycho-physischen Grenzphänomens interessiert zeigt und den Schwindel als denjenigen „Zustand der Verwirrung" definiert, „in welchem die Seele wegen der zu schnellen Folge der Vorstellungen sich befindet."[17] Purkinje kann diese Auffassung des Schwindels ohne Schwierigkeiten in seine *Beyträge zur näheren Kenntniß des Schwindels* integrieren.[18] Es unterscheidet ihn aber von Herz, dass er dem Verfahren der Selbstbeobachtung einen präzisen experimentellen Rahmen gibt, in dem er nach genauen Korrelationen zwischen den im Schwindel erfahrenen Verwirrungen und Illusionierungen der Einbildungskraft und deren somatischen Bedingungen fahndet. Unter anderem erkennt er dabei die entscheidende Bedeutung der Kopfstellung für das Auf-

17 Marcus Herz: Versuch über den Schwindel. Berlin 1786, S. 110. – Herz begründet sein wissenschaftliches Interesse am Schwindel in erster Linie als Interesse an einer Erforschung jener Seite der Arzneikunst, „wo diese an die Seelenlehre gränzt" (S. XVII). Die Vernachlässigung dieser Grenzregion erscheint ihm als ein Hauptmangel der bisherigen Medizin, die, obwohl sie „unstreitig bis zu einem merklich hohen Grad von Vollkommenheit gestiegen ist" (ebd.), die Einsicht in das Zusammenspiel körperlicher und seelischer Prozesse weitgehend vermissen lässt. Für die Erforschung dieses Zusammenspiels kommt dem Schwindel eine paradigmatische Bedeutung zu, weil er „eine vorzügliche Stelle" unter jenen Krankheiten inne hat, die ihren Ursprung im Körper und der Seele „zugleich zu haben scheinen" (S. XLII, XLIII). Die im Haupttext zitierte Definition des Schwindels lässt allerdings bereits erkennen, dass es Herz dann in erster Linie auf den seelischen Ursprung des Schwindels ankommt. Als eigentlichen Gewinn seiner Untersuchung verbucht er den Nachweis, dass der Schwindel „bloß in einem widernatürlichen Gange der Ideen besteht, also eigentlich eine Krankheit der Seele ist" (S. XLIV). Diese einseitige Pointierung dient der nachdrücklichen Korrektur einer Tradition, die ebenso einseitig die seelischen Vorgänge im Schwindel als bloße Epiphänomene somatischer Störungen behandelt hatte und exemplarisch von La Mettries 1738 erschienenem *Traité du vertige* repräsentiert wird. Was Herz dem materialistischen Reduktionismus entgegenhält, ist die Überzeugung, dass es so etwas wie eine spontane Produktivität der Einbildungskraft gibt, in der die Seele eben nicht nur auf sensorische Reize reagiert, sondern auch aus eigenem Antrieb Vorstellungen hervorbringt und somatische Reaktionen provoziert. Für die somatische Seite der Argumentation erweist sich diese Annahme als weitgehend folgenlos. Hier schließt Herz mit der Hypothese, die körperlichen Voraussetzungen des Schwindels würden durch unterschiedliche Bewegungen „einer vom Blute abgesonderten Flüßigkeit, die man gewöhnlich den Nervensaft nennt" (S. 75), erzeugt, fast bruchlos an La Mettries Erklärungen des Schwindels durch Dysfunktionen im Blutkreiskauf an. Die Orginalität der Herzschen Argumentation besteht in dieser Hinsicht lediglich darin, dass er die somatischen Gegebenheiten nicht als erzeugende Ursachen, sondern lediglich als einschränkende Bedingungen der seelischen Vorgänge auffasst.

18 Purkinje unterscheidet innerhalb der Grundstruktur des Schwindels zwischen dem „Raumschwindel", bei dem der „Schwindel in seinen Beziehungen zur Außenwelt" im Vordergrund steht, und dem „Zeitschwindel" in dem es vor allem um die Beziehungen des Schwindels „zum vorstellenden rein zeitlichen Subjecte" geht. (Beyträge, wie Anm. 14, S. 80.) Die Auffassung von Herz findet dann unter der Rubrik des Zeitschwindels ihren Platz: „Auf den Zeitschwindel paßt vorzüglich die Definition von *Marcus Herz*, welcher zufolge der Schwindel derjenige Zustand der Verwirrung ist, in welchem die Seele sich wegen der zu schnellen Folge ihrer Vorstellungen befindet." (Ebd., S. 117.) Diese Würdigung schließt allerdings unmittelbar den Zweifel an der Brauchbarkeit der Herzschen Definition für die von Purkinje als Raumschwindel behandelten Phänomene ein.

treten und die unterschiedlichen Ausprägungen des Drehschwindels und gerät damit bereits auf die Spur des Gleichgewichtsorgans im Innenohr, das dann durch die Beobachtungen von Prosper Menière (1861) und Goltz (1870) sowie die Arbeiten von Mach und Breuer (1873 ff.) zum zentralen Gegenstand der Erforschung und Erklärung des Schwindels in der zweiten Hälfte des 19. Jahrhunderts wurde.[19] Purkinjes Forschungen stehen damit ziemlich genau an der Grenze zwischen dem Paradigma einer subjektbezogenen anthropologischen Selbsterforschung und dem Paradigma der positivistischen Beschreibung objektiver Verursachungszusammenhänge, das in der zweiten Hälfte des 19. Jahrhunderts seinen Siegeszug in den Wissenschaften hielt.

Mit der Orientierung am Ideal positivistischer Ursachenforschung gerät das für die subjektive Erfahrungsqualität des Schwindels bedeutende Moment der Täuschung, in dem die beiden Bedeutungen des Schwindels ineinander übergehen, aus dem Blickfeld des medizinischen Interesses.[20] Tatsächlich behauptet sich die Zweideutigkeit des Schwindels als eines psycho-physischen Grenzphänomens aber in den besonderen Schwierigkeiten, vor die der Schwindel als Ausnahmezustand des Subjekts, dessen objektive Determinanten nicht leicht zu lokalisieren sind, noch heute das medizinische Verständnis stellt. Unmittelbar zeigt sich dies darin, dass der Schwindel als ein ebenso häufiges wie diffuses Symptom eine die unterschiedlichen medizinischen Disziplinen beanspruchende Differentialdiagnostik verlangt, deren Erfordernis in jüngster Zeit u. a. dazu geführt hat, die Kompetenzen von Internisten, Neurologen, Augenärzten, Hals-Nasen-Ohrenärzten und

---

19 Vgl. Menières Original Papers. Hg. von Miles Atkinson. In: Acta Oto-Laryngologica. Supplementum 162. Uppsala 1961; Friedrich Goltz: Über die physiologische Bedeutung der Bogengänge des Ohrlabyrinthes. In: Archiv für die gesamte Physiologie 3, 172 (1870); Josef Breuer: Über die Bogengänge des Labyrinths. Sitzung der k.k. Gesellschaft der Ärzte in Wien vom 14. November 1873, abgedruckt in: Ernst Mach: Grundlinien der Lehre von den Bewegungsempfindungen. Leipzig 1875. – Tatsächlich entdeckte bereits Flourens in seinen Tierversuchen 1825 die Bedeutung der Bogengänge des Labyrinths für den Gleichgewichtssinn. Da Flourens selbst sich nicht für den Symptomkomplex des Schwindels interessierte, wurden diese Ergebnisse aber zunächst auch nicht im Zusammenhang mit der Erforschung des Schwindels wahrgenommen. (Pierre M. Flourens: Sur les canaux semicirculaires de l'oreille dans les oiseaux; und: Sur les canaux semicirculaires de l'oreille dans les mammifères. In: Mémoires de l'Académie Royale des Sciences de l'Institut de France, 9. Paris 1830.) Purkinje ging in einer zweiten, 1827 erschienenen Abhandlung zum Schwindel auf Flourens' Experimente am Gehirn ein und deutete die von Flourens bei bestimmten Läsionen festgestellten motorischen Störungen anders als dieser selbst als Schwindelphänomene. Bezeichnenderweise hebt er in diesem Zusammenhang den Vorzug seiner eigenen, früheren Selbstexperimente hervor, die es ihm erlaubten, „zugleich über die Veränderungen im innern Sinne [...] Rechenschaft" abzulegen. (J.E. Purkinje: Ueber die physiologische Bedeutung des Schwindels und die Beziehung desselben zu den neuesten Versuchen über die Hirnfunctionen. In: Magazin für die gesammte Heilkunde, Bd. 23. Berlin 1927, S. 284-310, hier: S. 285.)

20 Vergleiche zu den skizzierten Positionen der anthropologischen und medizinischen Auseinandersetzung mit dem Schwindel: Michael Hagner: Psychophysiologie der Selbsterfahrung. Metamorphosen des Schwindels und der Aufmerksamkeit im 19. Jahrhundert. In: Aleida und Jan Assmann (Hg.): Aufmerksamkeiten. München 2001, S. 241-263; sowie die ausführliche historische Darstellung in: Paul Vogel: Studien über den Schwindel. Berlin, Leipzig 1933.

gelegentlich auch Psychologen und Psychiatern in besonderen Schwindelzentren oder Schwindelambulanzen zusammenzuführen.[21] Die Institutionalisierung solcher innermedizinischen Interdisziplinarität steht unmittelbar in der praktischen Perspektive einer Verbesserung der Ursachenforschung, sie verweist aber womöglich auch darauf, dass der Schwindel, als Symptom einer Krise des ‚ganzen Menschen', für die unverzichtbaren Ordnungsschemata disziplinärer Objektivierungen eine prinzipielle theoretische Herausforderung darstellt.

Umgekehrt erscheint es kaum zufällig, dass die Untersuchung des Schwindels ein Musterbeispiel für die Erprobung jenes Neuansatzes der medizinischen Anthropologie werden konnte, der sich seit den 20er Jahren des 20. Jahrhunderts darum bemühte, den psycho-physischen Dualismus und ein am Physikalismus des 19. Jahrhunderts orientiertes medizinisches Weltbild zu überwinden. In den Kontext dieser Bemühungen gehören Paul Vogels 1933 publizierte *Studien über den Schwindel*, die verschiedene experimentelle und klinische Befunde u. a. vor dem Hintergrund von Viktor von Weizsäckers Theorie des *Gestaltkreises* deuten.[22] Vogel richtet sein Augenmerk auf das Verhältnis zwischen dem Auftreten von Scheinwahrnehmungen und dem Auftreten von motorischen Störungen und stellt fest, dass die beiden Phänomene nicht durch einen mehr oder weniger kausal zu erklärenden Parallelismus verbunden sind, sondern einander als „Äquivalente" in jenem einheitlichen psycho-physischen Funktionszusammenhang ersetzen können, für dessen Bezeichnung v. Weizsäcker den Terminus „Gestaltkreis" vorgeschlagen hatte.[23] Für diese Deutung kommt dem Moment der Täuschung im Schwindel offensichtlich eine nicht nur periphere oder metaphorische Bedeutung zu; und die an diesem allge-

21 Solche Schwindelzentren oder -ambulanzen gibt es inzwischen in einer Vielzahl von Kliniken; u. a. an der Ludwig-Maximilians-Universität München das „Referenzzentrum für Schwindel, Gleichgewichts- und Augenbewegungsstörungen". – Vgl. zu den interdisziplinären Dimensionen in der Diagnostik und Therapie des Schwindels u. a. T. Brandt: Vertigo. Its Multisensory Syndromes, 2. Aufl. London 1999; Kazimierz Karbowski (Hg.): Der Schwindel aus interdisziplinärer Sicht. Berlin 1981; Claus Toni Haid, Gottfried Aust (Hg.): Schwindel aus interdisziplinärer Sicht. Stuttgart, New York 2003. Richard Roth (Hg.): Schwindel und Gleichgewichtsstörungen: eine interdisziplinäre Herausforderung. Stuttgart, New York 2001; Helmut Schaaf, Heike Brand: Schwindel – psychosomatisch gesehen. Aspekte eines urkrankhaften Symptoms. München, Wien 1999.

22 Paul Vogel: Studien über den Schwindel, wie Anm. 20.

23 Viktor von Weizsäcker: Der Gestaltkreis. Theorie der Einheit von Wahrnehmung und Bewegung. In: Ders.: Gesammelte Schriften Bd. 4. Frankfurt a. M. 1997. – Von Weizsäcker selbst bemerkt in seinen autobiographischen Aufzeichnungen im Hinblick auf Vogels Untersuchungen zum Schwindel: „An Stelle der wahrgenommenen Bewegung kann eine getätigte auftreten, und umgekehrt; darin steckt die Konzeption des Gestaltkreises." Und er weist auf zwei zentrale methodische Voraussetzungen hin, die es erlauben, zu dieser Deutung zu gelangen: „1. die Erlebnisse des Subjekts wurden als *integrierend* für die Beschreibung des Vorgangs anerkannt und 2. der mögliche *Widerspruch* zwischen Aussage der Sinneswahrnehmung und Aussage über den objektiven Sachverhalt – die Täuschung – wurde als *integrierend* für die Erkenntnis der Wirklichkeit anerkannt." (Viktor von Weizsäcker: Natur und Geist. Erinnerungen eines Arztes (1944). In: Ders.: Gesammelte Schriften Bd.1, S. 9-190, hier: S. 74, 82.)

meinen Verständnis des Schwindels orientierte Diagnostik von Einzelfällen sah sich dann auch tatsächlich veranlasst, das Motiv der bewussten Täuschung mit seinen psychologischen, intellektuellen und moralischen Implikationen in den Zusammenhang möglicher Erklärungsansätze für pathologische Schwindelzustände einzubeziehen.[24] Damit drängt die medizinische Interpretation des Schwindels als Krankheitssymptom von sich aus zu Motiven einer kulturwissenschaftlichen Hermeneutik, und unabhängig davon, ob man den theoretischen und weltanschaulichen Implikationen etwa des mit dem Namen Viktor von Weizsäckers verbundenen Ansatzes einer anthropologisch fundierten psycho-somatischen Medizin in jeder Hinsicht folgen möchte, ist es bemerkenswert, dass gerade die Auseinandersetzung mit dem Schwindel eine interdisziplinäre Öffnung in besonderem Maße herauszufordern scheint, die die heute vielfach geforderte Überschreitung der Grenze von natur- und geisteswissenschaftlichen Fragestellungen einschließt.[25]

IV

Ein Übergangsphänomen ist der Schwindel nicht nur deshalb, weil in ihm psychische und physische Konditionen ineinander übergehen und der metaphorische Zusammenhang zwischen Taumel und Täuschung in Schwindelzuständen als unmittelbare Erfahrungsqualität erlebbar wird. Schwindel ist auch darin eine Erfahrung des Übergangs, dass er sich auf der Grenze zwischen der Sicherung und dem Verlust von Subjektivität bewegt: Wer vom Schwindel erfasst wird, der steht nicht mehr, aber er fällt auch noch nicht. Im Unterschied zu rein ekstatischen Erfahrungen, etwa der rauschhaften Auflösung oder der mystischen Levitation, ist für den Schwindel die Suche nach Halt und der Bezug zur Gravitation entscheidend. Zustände des Schwebens und der Trance werden genau dann schwindelerregend, wenn sie von der Schwerkraft der endlichen, erdgebundenen Existenz, dem Bewusstsein, „abstürzen" zu können, oder dem Empfinden einer nahenden Ohnmacht eingeholt werden. Das Bedürfnis und das Bemühen, Gleichgewicht und Orientierung zu finden, ist für die Genese des Schwindels ebenso entscheidend wie die Überforderung des Gleichgewichtssinns und des Orientierungsvermögens, die überhaupt erst vor dem Hintergrund des Bestrebens, sich zu fassen, als solche erlebt werden kann. Der Schwindel stellt sich deshalb in der Regel als transitorisches Phänomen zwischen Zuständen des Gleichgewichts, der Normalisierung und Orientierung ein, in leichten, alltäglichen Formen etwa im Übergang zwischen den Bewusstseinszuständen des Wachens und des Trau-

24 Vgl. Dieter Janz: Über den Schwindel bei Viktor von Weizsäcker. In: F. Lamprecht (Hg.): Spezialisierung und Integration in Psychosomatik und Psychotherapie. Berlin u. a. 1987, S. 24-30, insbes. S. 30.

25 Von Weizsäcker selbst kennzeichnet seinen Ansatz der medizinischen Anthropologie gelegentlich als „geisteswissenschaftliche [...] Richtung der Medizin" (Natur und Geist, wie Anm. 23, S. 46).

mes, oder dann, wenn man aus einem Zustand der Versunkenheit durch einen plötzlichen Sinnesreiz aufgeschreckt und in die äußere Wahrnehmungswirklichkeit zurückgerufen wird. Für einen Augenblick schieben sich dabei zwei Wirklichkeiten ineinander, die eine hat sich noch nicht ganz aufgelöst, die andere noch nicht ganz verfestigt, und gerade dadurch entsteht eine Inkohärenz, die eine einheitliche Welt- und Subjektkonstitution unmöglich macht und als Schwindel erlebt werden kann.[26] Solches krisenhafte Erleben von Inkohärenz nähert sich dem paradoxen Charakter einer transzendentalen Erfahrung, in der die Welt noch nicht nach jenen Prinzipien der Dreidimensionalität, der linearen zeitlichen Folge und der kategorialen Ordnung eingerichtet ist, die eigentlich die Bedingungen der Möglichkeit einer Erfahrung abgeben sollen.

Auf der Ebene der diskursiven Ordnungen zeigt sich die grundlegende Irritation des Schwindels darin, dass im Zusammenhang seiner Thematisierung insbesondere in literarischen und philosophischen Diskursen vielfach binäre Begriffsoppositionen problematisch werden, über die die kulturelle Wirklichkeit als kohärenter diskursiver Raum eingerichtet werden soll; nämlich etwa die Unterscheidungen von Natur und Kultur, Objekt und Subjekt, Materie und Geist, ebenso aber die Differenz des Männlichen und Weiblichen oder auch die ästhetische Dualität des Schönen und des Erhabenen.

Für die kulturwissenschaftliche Auseinandersetzung mit dem Schwindel kommt dieser ‚diskursiven Symptomatik' ein besonderes und eigenständiges Interesse zu. Sie verdient aber auch unter methodischem Gesichtspunkt besondere Beachtung, weil die anthropologische und kulturgeschichtliche Signifikanz des Schwindels nur dann angemessen erschlossen werden kann, wenn die Eigenlogik der diskursiven Vermittlungszusammenhänge von Schwindelerfahrungen berücksichtigt wird.

V

In seiner *Anthropologie in pragmatischer Hinsicht* hat Kant den Schwindel u. a. als „einen schnell im Kreise wiederkehrenden und die Fassungskraft übersteigenden Wechsel vieler ungleichartigen Empfindungen" beschrieben.[27] Diese am Erlebnis des Drehschwindels orientierte Kennzeichnung erinnert nicht zufällig an die bereits erwähnten

26 Dieses Auftreten des Schwindels im Übergang zwischen zwei Wahrnehmungsordnungen bzw. zwei Deutungsmustern hat Paul Vogel in seinen *Studien über den Schwindel* besonders hervorgehoben: „Der Umschlag von der einen Situation in die andere kann sich schnell, fast schlagartig vollziehen. Er ist nicht recht faßbar; es ist ein Augenblick der Leere, durch den man hindurchgeht, wenn man ihn erlebt. Plötzlich ist die neue räumliche Einordnung da. Der psychophysische Vorgang ist durchaus ähnlich dem der Inversion optischer Figuren. An der Grenze beider Situationen steht der Schwindel." (Paul Vogel: Studien über den Schwindel, wie Anm. 20, S. 35).

27 Immanuel Kant: Anthropologie in pragmatischer Hinsicht. In: Kant's Gesammelte Schriften. Hg. von der Preußischen Akademie der Wissenschaften. Berlin 1902 ff., Bd. VII, S. 165.

Ausführungen von Marcus Herz, der den Schwindel als denjenigen „Zustand der Verwirrung“ definiert, „in welchem die Seele wegen der zu schnellen Folge der Vorstellungen sich befindet.“ Bevor Herz sich als Mediziner in Berlin etablierte, war er einer der Hörer Kants in Königsberg, dann auch einer seiner bedeutenden Korrespondenten, und er schickte Kant auch seinen *Versuch über den Schwindel.* Kants Reaktion fiel allerdings verhalten aus. Der Weg, den er selbst mit der kritischen Philosophie eingeschlagen hatte, war mit dem Programm der Erfahrungsseelenkunde nur bedingt vereinbar: Weder schien ihm die Suche nach einem *Commercium* von Leib und Seele als ein wirklich aussichtsreiches Projekt, noch konnte er die Selbstbeobachtung der Seele für ein im strengen Sinn theoretisch überhaupt mögliches Vorhaben halten.[28] Seine eigene *Anthropologie* versuchte er deshalb, wie er wiederum Herz gelegentlich mitteilte, von solchen Ansprüchen frei zu halten.[29] Er stellte den Schwindel zwar in dem Kapitel von der „Hemmung, Schwächung und dem gänzlichen Verlust des Sinnenvermögens“, aus dem das obige Zitat stammt, in die dramatische Perspektive, Ankündigung der Ohnmacht zu sein, die ihm ihrerseits als „ein Vorspiel von dem Tod“ galt, erkannte in ihm aber kaum, wie Herz, ein theoretisch besonders brisantes Phänomen. Die Kennzeichnung der *Anthropologie* als *pragmatisch* besagt dem Kantischen Wortgebrauch nach, dass sie nicht danach fragt, „was die Natur aus dem Menschen macht“, sondern „was er als freihandelndes Wesen aus sich selber macht, oder machen kann und soll“.[30] Für diese Zielsetzung kann der Schwindel in seiner zwischen Aktivität und Passivität schwankenden Natur kaum einen paradigmatischen Untersuchungsgegenstand abgeben. Das schlägt sich nicht nur darin nieder, dass Kant in der zitierten Passage die Dynamik des Schwindels in den „Empfindungen“ und nicht, wie Herz, im Gang der „Vorstellungen“ ansiedelt und sie also auf Distanz zu dem eigentlich subjektiven Vermögen der Apperzeption hält; es zeigt sich auch darin, dass er dort, wo er vom Schwindel als einem Phänomen der Einbildungskraft spricht, zwischen der Erklärung durch situative Gegebenheiten und der Erklärung durch subjektive Projektion hin- und herschwankt. In einer Anmerkung zum § 29 der *Anthropologie*, der von der Möglichkeit handelt, die Einbildungskraft durch „berauschende Genußmittel“ zu „erregen oder zu besänftigen“, heißt es:

> Ich übergehe hier, was nicht Mittel zu einer Absicht, sondern natürliche Folge aus der Lage ist, darein jemand gesetzt wird, und wodurch blos seine Einbildungskraft ihn außer Fassung bringt. Dahin gehört der Schwindel beim Herabsehen vom Rande einer steilen Höhe (allenfalls auch nur einer schma-

28 Vgl. dazu Michael Hagner: Psychophysiologie der Selbsterfahrung, wie Anm. 20.

29 So schreibt Kant in einem Brief an Herz Ende 1773: „Ich lese in diesem Winter zum zweyten mal ein collegium privatum der Anthropologie [...]. Da suche ich alsdenn mehr Phänomena u. ihre Gesetze als die erste[n] Gründe der Möglichkeit der modification der menschlichen Natur überhaupt. Daher die subtile u. in meinen Augen auf ewig vergebliche Untersuchung über die Art wie die organe des Korper [sic!] mit den Gedanken in Verbindung stehen ganz wegfällt.“ (Gesammelte Schriften, wie Anm. 27, Bd. X, S. 145.)

30 Anthropologie, wie Anm. 27, S. 119.

> len Brücke ohne Geländer) und die Seekrankheit.– Das Bret [sic], worauf der sich schwach fühlende Mensch tritt, würde, wenn es auf der Erde läge, ihm keine Furcht einjagen; wenn es aber als ein Steg über einen tiefen Abgrund gelegt ist, vermag der Gedanke von der bloßen Möglichkeit fehl zu treten so viel, daß er bei seinem Versuche wirklich in Gefahr kommt. – Die Seekrankheit (von welcher ich selbst in einer Fahrt von Pillau nach Königsberg eine Erfahrung gemacht habe, wenn man anders dieselbe eine Seefahrt nennen will) mit ihrer Anwandlung zum Erbrechen kam, wie ich bemerkt zu haben glaube, mir blos durch die Augen; da, beim Schwanken des Schiffs aus der Kajüte gesehen, mir bald das Haff, bald die Höhe von Balga in die Augen fiel und das wiederkommende Sinken nach dem Steigen vermittelst der Einbildungskraft durch die Bauchmuskeln eine antiperistaltische Bewegung der Eingeweide reizte.[31]

Unentschieden bleibt in dieser Beschreibung eben, ob der Schwindel eine „natürliche Folge aus der Lage ist, darein jemand gesetzt wird“, oder ob „blos seine Einbildungskraft ihn außer Fassung bringt“. Gelegentlich entscheidet sich Kant eindeutig für die zweite Option und führt den Höhenschwindel als Beispiel für eine „Täuschung durch die Stärke der Einbildungskraft des Menschen“ an, die „oft so weit [geht], daß er dasjenige, was er nur im Kopf hat, außer sich zu sehen und zu fühlen glaubt.“[32] An anderer Stelle scheint er dann wieder, insbesondere im Hinblick auf den von ihm selbst erlebten Schwindel der Seekrankheit, die Gründe eher in der objektiven Bewegung des Schiffes zu suchen, wodurch dann u. a. der Brechreiz als eine direkte mechanische Wirkung ohne Vermittlung der Einbildungskraft erscheint:

> Das Schwanken eines Schiffs selbst bei gelindem Winde ist ein wechselndes Sinken und Gehobenwerden. Bei dem Sinken ist die Bestrebung der Natur sich zu heben (weil alles Sinken überhaupt Vorstellung von Gefahr bei sich führt), mithin die Bewegung des Magens und der Eingeweide von unten nach oben zu mit einem Anreiz zum Erbrechen mechanisch verbunden, welcher alsdann noch vergrößert wird, wenn der Patient in der Kajüte zum Fenster derselben hinausschaut und wechselsweise bald den Himmel bald die See in die Augen bekommt, wodurch die Täuschung eines unter ihm weichenden Sitzes noch mehr gehoben wird.[33]

Diese Schwankungen der Erklärung, die den Schwindel eher als ein Problem denn als ein mögliches Paradigma der Kantischen Theoriebildung ausweisen, haben ihren positiven, systematischen Grund darin, dass das Verhältnis zwischen der Affektion durch Objekte und der subjektiven Konstitution der Erscheinungswelt von der Transzendentalphilosophie prinzipiell in der Schwebe gelassen wird.[34] Es ist gerade die Stärke, aber eben auch die immanente Schwierigkeit dieser Philosophie, dass sie zum Objektivismus der dogmatischen Metaphysik genauso Distanz zu halten versucht wie zu einem subjektiven Konstruktionsidealismus Berkeleyscher Prägung. Besonders deutlich wird

---

31 Ebd., S. 169.
32 Ebd., S. 178.
33 Ebd., S. 264.
34 Vgl. Herbert Herring: Das Problem der Affektion bei Kant. Köln 1953.

dies in der Konzeption des ästhetischen Urteils in der *Kritik der Urteilskraft.* Streng genommen bezieht sich das Urteil „schön“ oder „erhaben“ nur auf ein inneres Zusammenspiel der Vermögen im Subjekt, und Kant bezeichnet es deshalb gelegentlich als eine „Subreption“, von den Objekten der Anschauung selbst dergleichen auszusagen.[35] Diese Übertragung des Urteils vom Subjekt aufs Objekt scheint aber unvermeidlich zu sein, da der Sinn des ästhetischen Urteils eben nicht darin besteht, bloß über endogene Stimmungslagen Auskunft zu geben, sondern darin, etwas über Gegebenheiten der Wahrnehmung auszusagen, die das Subjekt in der einen oder anderen Weise affizieren und dadurch seine Vermögen entsprechend in Bewegung setzen.[36]

Dabei weist insbesondere die Logik des „Erhabenen“ markante Parallelen zum Schwindel auf. Wie der Schwindel ist auch die Erfahrung des Erhabenen für Kant durch eine Überforderung der „Fassungskraft“ des Subjekts gekennzeichnet, nämlich entweder, im Fall des „mathematisch Erhabenen“, durch die Überforderung des Erkenntnisvermögens durch übergroße Erscheinungen oder, im Fall des „dynamisch Erhabenen“, durch die Überforderung des „Begehrungsvermögens“ durch übermächtige, das Subjekt bedrohende Erscheinungen.[37] Die *Analytik des Erhabenen* unterwirft solche schwindelerregenden

35 So im § 27 der *Kritik der Urteilskraft, Von der Qualität des Wohlgefallens in der Beurteilung des Erhabenen*: „Also ist das Gefühl des Erhabenen in der Natur Achtung für unsere eigene Bestimmung, die wir einem Objekte der Natur [...] statt [...] der Idee der Menschheit in unserm Subjekte beweisen, welches uns die Überlegenheit der Vernunftbestimmung unserer Erkenntnisvermögen über das größte Vermögen der Sinnlichkeit gleichsam anschaulich macht.“ (Immanuel Kant: Kritik der Urteilskraft. 4. Aufl. Frankfurt a. M. 1979, S. 180 (A96).) – Das allgemeine Prinzip dieser Subreption, die Objektivierung subjektiver Bestimmungen, führt Kant bezeichnenderweise in der *Kritik der reinen Vernunft* als Grundlage aller, in seinen Augen fruchtlosen Überlegungen über die „Gemeinschaft zwischen Seele und Körper“ an: „Nun sind wir nach den gemeinen Begriffen unserer Vernunft in Ansehung der Gemeinschaft, darin unser denkendes Subjekt mit den Dingen außer uns steht, dogmatisch und sehen diese als wahrhafte unabhängig von uns bestehende Gegenstände an, nach einem gewissen transzendentalen Dualism, der jene äußere Erscheinungen nicht als Vorstellungen zum Subjekte zählt, sondern sie, so wie sinnliche Anschauung sie uns liefert, außer uns als Objekte versetzt und sie von dem denkenden Subjekte gänzlich abtrennt. Diese Subreption ist nun die Grundlage aller Theorien über die Gemeinschaft zwischen Seele und Körper [...].“ (Immanuel Kant: Kritik der reinen Vernunft. 10. Aufl. Frankfurt a. M. 1988, S. 389 (A390)).

36 Besonders nachdrücklich hat Jacques Derrida auf dieses Problem hingewiesen: „Da dieser Affekt des *Gefallen-Findens-an* durch und durch subjektiv bleibt, könnte man hier von einer Selbst-Affektion sprechen. [...] Kein existierendes als solches, nicht, das in der Zeit und im Raum ist, kann diesen Affekt erzeugen, der sich folglich selbst durch sich selbst affiziert. Und dennoch weist das *Gefallen-Finden-an,* das *an* des *Gefallen-Findens,* auch darauf hin, daß diese Selbst-Affektion unmittelbar aus ihrem Inneren herausgeht: Es ist eine reine Fremd-Affektion. Der rein subjektive Affekt wird durch das ausgelöst, was man das Schöne nennt, was, wie man sagt, schön ist: *draußen*, im Objekt und unabhängig von seiner Existenz. Von daher stammt der kritische und unbedingte Charakter dieses Rekurses auf das Urteil: Die Struktur der Selbst-Affektion ist von der Art, daß sie sich durch eine reine Objektivität affiziert, von der man sagen *muß*, ‚sie *ist* schön‘ und ‚diese Aussage hat universale Gültigkeit‘. Sonst gäbe es kein Problem – und auch keinen Diskurs über Kunst.“ (Jacques Derrida: Parergon. In: Die Wahrheit in der Malerei. Wien 1992, S. 31-176, hier: S. 67.) – Vgl. Dieter Henrich: Der Begriff der Schönheit in Schillers Ästhetik. In: Zs. für philosophische Forschung, Bd. 11 (1957), S. 527-547.

37 Kritik der Urteilskraft, wie Anm. 35, S. 168 (A 79).

Überforderungen des Fassungsvermögens allerdings gerade einer Ökonomie der subjektiven Vermögen, in der die Überwältigung der Einbildungskraft und des Verstandes unter der Voraussetzung, dass eine mögliche ernsthafte Bedrohung auf Distanz gehalten werden kann, indirekt zur Vergewisserung dessen wird, dass der Mensch mit der Vernunft über ein noch höheres Vermögen verfügt. Bezeichnenderweise fehlt deshalb in Kants Ausführungen über das Erhabene jede Anspielung auf die Erfahrung des Schwindels, auf die zwar die Bestimmung einer „negativen Lust"[38] ausgezeichnet zu passen scheint, die aber der dialektischen Auflösung des Negativen durch die implizit angezeigte Überlegenheit der Vernunft über die niederen Vermögen entbehrt. Innerhalb der allgemeinen Intentionen seiner kritischen Philosophie und der speziellen Intentionen der *Kritik der Urteilskraft* erscheint es konsequent, dass Kant zwischen dem Erhabenen und dem Schwindel keinen Zusammenhang herstellt. Von außen betrachtet, vermittelt das Ausbleiben einer solchen Verknüpfung aber auch den Eindruck, dass der Schwindel als ungeliebter Stiefbruder der Erfahrung des Erhabenen bewusst verschwiegen wird, um die ohnehin für das Gewölbe der kritischen Philosophie – als dessen Schlussstein Kant die *Kritik der Urteilskraft* annoncierte – riskante Analytik des Erhabenen[39] nicht offensiv in eine Theorie der Krise zu treiben, die zugleich eine Krise des Projekts der kritischen Philosophie selbst signalisieren würde. Für Kant selbst stand der positive Grundzug dieses Projekts als einer nach-metaphysischen Begründung freier Subjektivität wohl weitgehend außer Frage, und er umging deshalb den Schwindel als einen prominenten theoretischen Topos und riet in pädagogischen und diätetischen Ausführungen zu dessen Vermeidung.[40]

Es blieb der Rezeption der Kantischen Philosophie vorbehalten, in ihrem Impetus, den Kant selbst in der Vorrede zur *Kritik der reinen Vernunft* mit der kopernikanischen Wende in der Kosmologie verglichen hatte, eine wesentliche Affinität zum Schwindel zu entdecken.[41] Schon die unmittelbar an Kant anschließende Generation von Philosophen spürte das Abgründige jener Ermächtigung des Subjekts zum Gesetzgeber der Erschein-

38 Ebd., S. 165.

39 Vgl. hierzu Jean-François Lyotard: Das Interesse des Erhabenen. In: Christine Pries (Hg.): Das Erhabene. Zwischen Grenzerfahrung und Größenwahn. Weinheim 1989, S. 91-118.

40 So empfiehlt er im *Streit der Fakultäten,* sich beim Gehen nicht zugleich „angestrengt mit einem bestimmten Gedanken [zu] beschäftigen", weil dies Schwindel erzeuge, und er rät in der *Pädagogik* davon ab, die Neigung von Kleinkindern zu schreien durch das Schaukeln in der Wiege zu besänftigen: „Eine [...] Gewohnheit bei der ersten Erziehung ist das Wiegen. Die leichteste Art desselben ist die, die einige Bauern haben. Sie hängen nämlich die Wiege an einem Seile an den Balken, dürfen also nur anstoßen, so schaukelt die Wiege von selbst von einer Seite zur andern. Das Wiegen taugt aber überhaupt nicht. Denn das Hin- und Herschaukeln ist dem Kinde schädlich." (Immanuel Kant: Der Streit der Fakultäten. In: Gesammelte Schriften, wie Anm. 27, Bd. 7, S. 109; Immanuel Kant: Pädagogik. In: Gesammelte Schriften, wie Anm. 27, Bd. 9, S. 459.)

41 Der Vergleich, den Kant anstrengt, lässt sich unmittelbar auf das Phänomen des Drehschwindels beziehen: „Man versuche es daher einmal, ob wir nicht in den Aufgaben der Metaphysik damit besser fortkommen, daß wir annehmen, die Gegenstände müssen sich nach unserem Erkenntnis richten [...]. Es ist hiemit eben so, als mit den ersten Gedanken des *Kopernikus* bewandt, der, nachdem es mit der Erklärung der Him-

ungswelt, mit der Kants Philosophie der politischen Ermächtigung des bürgerlichen Subjekts in der Französischen Revolution entsprach. Wie die Entlassung aus der ständisch definierten Individualität im Übergang von einer stratifikatorisch zu einer funktional differenzierten Gesellschaft warf auch der Übergang von einer theologisch begründeten metaphysischen Dogmatik zu einer im Subjekt begründeten Gesetzgebung der Vernunft die Frage nach den Fundamenten auf, die die eben errungene Herrschaft des Subjekts stützen könnten. Und auf diese Frage schien Kant eine klare Antwort schuldig geblieben zu sein. Mit den nachfolgenden Versuchen, diese Antwort zu geben, wurde der Schwindel zum Thema der Philosophie.

Damit scheint sich die Einsicht Platons zu bestätigen, der den Schwindel im *Theaitetos* als Grunderfahrung einer produktiven philosophischen Verunsicherung über die Grundlagen unseres Wissens exponiert. Als Theaitetos Sokrates gesteht, dass dessen scharfe Befragung der Relativität von Wahrnehmungsurteilen ihn „aus der Verwunderung [...] über die Bedeutung dieser Dinge“ nicht herauskommen lässt, und ihm „beim Blick auf sie geradezu schwindlig“ wird, versichert ihm dieser, dass „diese Gemütsverfassung [...] und nichts anderes [...] der Anfang der Philosophie“ sei.[42]

Hegel hat diese Bestimmung der exemplarischen philosophischen Situation durch den Schwindel in seiner *Geschichte der Philosophie* emphatisch aufgegriffen:

> Diese Verwirrung hat nun die Wirkung, zum Nachdenken zu führen; und dies ist der Zweck des Sokrates. Diese bloß negative Seite ist die Hauptsache. Es ist Verwirrung, mit der die Philosophie überhaupt anfangen muß und die sie für sich hervorbringt; man muß an allem zweifeln, man muß alle Voraussetzungen aufgeben, um es als durch den Begriff Erzeugtes wiederzuerhalten.[43]

Den klassischen Topos für einen solchen universalen Zweifel als Begründung der Philosophie der Neuzeit bieten Descartes' *Meditationes de prima philosophia.* Diese verge-

---

melsbewegungen nicht gut fort wollte, wenn er annahm, das ganze Sternheer drehe sich um den Zuschauer, versuchte, ob es nicht besser gelingen möchte, wenn er den Zuschauer sich drehen, und dagegen die Sterne in Ruhe ließ.“ (Kritik der reinen Vernunft, wie Anm. 35, S. 25).

42 Platon: Theätet. In: Ders.: Sämtliche Dialoge. Hamburg 1988, Bd. 4, S. 51 (155. St.). – Der Schwindel steht damit für Platon wohl in einem unmittelbaren Zusammenhang mit dem Philosophieren, aber nicht, wie Christina v. Braun vermutet, in dem negativen Sinn, dass er es „schlechterdings der Tugend unmöglich“ macht, „sich zu üben und zu bewähren.“ Im *Staat,* aus dem dieses Zitat stammt, wird zwar nachdrücklich darauf hingewiesen, dass eine falsche, sophistische Ausübung der Dialektik äußerst ungünstige Auswirkungen auf die Persönlichkeitsbildung haben kann; im Kontext der Stelle geht es aber keineswegs darum, sondern um eine „über die Gymnastik hinausgehende, übertriebene Pflege des Körpers“, deren schlimmste Folge Sokrates darin sieht, dass sie „für jede Art des Lernens, des Nachdenkens und der Selbsterkenntnis erschwerend“ sei, „da sie immer vor Kopfschmerzen und Schwindelanfällen *Angst hat*“ und „*behauptet*, sie kämen von der Anstrengung des Philosophierens her“. (Herv. von uns). Vgl. Christina v. Braun: Versuch über den Schwindel, wie Anm. 9, S. 18; Platon: Der Staat. In: Ders.: Sämtliche Dialoge. Hamburg 1988, Bd. 5, S. 118.

43 G.W.F. Hegel: Vorlesungen über die Geschichte der Philosophie 1. Frankfurt a. M. 1986, S. 466 f.

wissern sich allerdings des „cogito" als einer Letztbegründung des Subjekts, die dem Zweifel Einhalt gebietet. Die kritische Philosophie Kants lässt schon ihrer Form nach, die eben nicht die Form einer Grundsatzphilosophie aus einem absoluten Prinzip ist, einen solchen Gegenhalt vermissen und fordert deshalb unmittelbar entsprechende Sicherungsmaßnahmen heraus,[44] in denen dann allerdings die Verunsicherung durch den Schwindel erst recht aufdringlich wird.

So sieht sich Fichte in seinem Versuch, die *Wissenschaftslehre* im Prinzip der mit dem Satz „Ich=Ich" ausgedrückten absoluten Identität zu fundieren, unmittelbar dazu genötigt, die heikle Metapher vom „Schweben der Einbildungskraft zwischen unvereinbarem"[45] einzuführen und das Schweben zur Grundbestimmung des absoluten Wissens zu erklären:

> Der Mittel- und Wendepunct des absoluten Wissens ist ein *Schweben* [...] zwischen Seyn und Nichtseyn des Wissens, und eben damit zwischen nicht absolut Seyn und absolut Seyn des Seyns; indem das Seyn des Wissens die Absolutheit des Seyns aufhebt und das absolute Seyn die Absolutheit des Wissens.[46]

An dieses Motiv des Schwebens im Unentscheidbaren hat die romantische Kunst- und Erkenntnistheorie besonders nachdrücklich angeschlossen; es gehört zu den zentralen Bestimmungen von Schlegels berühmter Erläuterung der romantischen Poesie als einer „progressiven Universalpoesie", und es steht in engem Zusammenhang mit der Idee der „Ironie" als einer „absoluten Synthesis absoluter Antithesen, dem steten sich selbst erzeugenden Wechsel zwei streitender Gedanken".[47] Für Hegel war es ausgemacht, dass

---

44 Vgl. Dieter Henrich: Konstellationen. Probleme und Debatten am Ursprung der idealistischen Philosophie (1789-1795). Stuttgart 1991. Ders.: Der Grund im Bewußtsein. Stuttgart 1992.

45 J. G. Fichte: Grundlage der gesamten Wissenschaftslehre (1794). In: Fichtes Werke, hg. von Immanuel Hermann Fichte. Berlin 1845 f. (Reprint: Berlin 1971), Bd. 1, S. 217.

46 J. G. Fichte: Darstellung der Wissenschaftslehre (1801). In: Fichtes Werke, wie Anm. 45, Bd. 2, S. 51f. – Die Situation des „Schwebens" ist, wie oben bemerkt wurde (vgl. Absatz IV), als solche nicht notwendig schwindelerregend. Sie wird es aber in dem Augenblick, in dem das Schweben kein ungebundener Zustand mehr ist, sondern sich zwischen zwei unvereinbaren Optionen bewegt. Indem Fichte vom Schweben genau in diesem problematischen Sinn spricht, ist das Schweben bereits auf sein Gegenteil bezogen. Walter Schulz greift dies in seiner *Metaphysik des Schwebens* als ein allgemeines Merkmal des philosophischen Diskurses über das Schweben auf: „Schweben ist dialektisch bezogen auf Nichtschweben als einen Zustand, der durch Abwesenheit von Negativität, das heißt durch Positivität, Festigkeit, Sicherheit und Objektivität im Gegensatz zur Subjektivität gekennzeichnet ist. Dieser Zustand der Positivität ist von jeher ersehntes aber nie erreichtes Ziel, das der Mensch sich als vollendetes göttliches Dasein vorstellt." (W. Schulz: Metaphysik des Schwebens. Untersuchungen zur Geschichte der Ästhetik. Pfullingen 1985.) In einem Brief an Jeannot Simmen, den dieser in seinem Buch über den *Schwindel der modernen Kunst* mitteilt, weist Schulz auf den Fichteschen Hintergrund dieser Auffassung des Schwebens hin: „Schweben ist der Wechsel von Setzen und Aufheben. Dies hängt mit Fichte zusammen, der ausdrücklich vom Schwebezustand der Einbildungskraft redet." (J. Simmen: Schwindel der modernen Kunst. München 1990, S. 169.)

47 Friedrich Schlegel: Fragmente (Athenäums-Fragmente), Nr. 116 und 121. In: Kritische Friedrich-Schlegel-Ausgabe, hg. von Ernst Behler. München u. a. 1958 ff., 1. Abt. Bd. 2, S. 182 f. und 184 f.; Vgl. auch Lore Hühn: Das Schweben der Einbildungskraft. Eine frühromantische Metapher in Rücksicht auf Fichte. In: Fichte-Studien 12 (1997), S.127-151.

Fichtes Weg der Refundierung moderner Subjektivität in einem absoluten Ich als „Prinzip alles Wissens, aller Vernunft und Erkenntnis" ebenso wie die romantische Ironie, in der „die Prinzipien dieser Philosophie auf die Kunst angewendet wurden", nur zu einem dem Schwindel verfallenen Bewusstsein führen konnte.[48]

Für das „in sich selbst als Ich schon absolute Ich" steht das „Geltenlassen und Aufheben" jedes „Anundfürsichseiende[n]" im eigenen „Belieben", wodurch es sich zwar in hohem Maße seiner Freiheit bewusst werden kann, zugleich aber die Welt scheinhaft, „ein bloßes *Scheinen* durch das Ich" wird. Das ironische Bewusstsein ist für Hegel „bloße dialektische Unruhe und Auflösung des Unendlichen wie des Endlichen".[49] Darin gleicht es dem skeptischen Selbstbewusstsein, das er in der *Phänomenologie* auch als das „*unglückliche, in sich entzweite* Bewußtsein" bezeichnet und über das er bemerkt: „Dies Bewußtsein ist aber [...] statt sichselbstgleiches Bewußtsein zu sein, nur eine schlechthin zufällige Verwirrung, der Schwindel einer sich immer erzeugenden Unordnung."[50]

Von diesem Schwindel kann die Philosophie nach Hegels Überzeugung das Bewusstsein nur befreien, indem sie das Absolute, die Identität von Subjekt und Objekt nicht länger wie noch Fichte als „subjektives SubjektObjekt" behandelt und damit erneut den Antinomien des endlichen Verstandes aussetzt, sondern nur dadurch, dass sie zum spekulativen Aufweis der Selbstbewegung des Absoluten gelangt.[51] Ob die Einlösung dieses Programms in Hegels Systementwürfen die Philosophie tatsächlich vom Schwindel befreit hat, kann man bezweifeln; womöglich ersetzt die spekulative Dialektik den Schwindel des unglücklichen, endlichen Bewusstseins eher durch die suggestiven kreis- und spiralförmigen Bewegungen ihrer Argumentation, als ihn zu beseitigen.

Für einige zeitgenössische Rezipientinnen der von Kant ausgehenden philosophischen Anstrengungen an der Wende vom 18. zum 19. Jahrhundert war es jedenfalls offensichtlich, dass der Diskurs dieser Philosophie insgesamt dem Schwindel verfallen und selbst schwindelerregend war. So erschien Rahel Varnhagen die Philosophie ihrer Zeit als „die des sich selbst ins Unendliche, bis zum Schwindel spiegelnden Bewußtseins".[52] Und Bettina von Arnim, die sich von ihrer philosophisch ambitionierten Freundin Karoline von Günderode zur Lektüre der neuesten Philosophen genötigt sah, zeigt sich ganz un-

48 G.W.F. Hegel: Ästhetik [Vorlesungen über die Ästhetik], hg. von Friedrich Bassenge. Berlin 1985, Bd. 1, S. 72.

49 Ebd., S. 73, 76.

50 G.W.F. Hegel: Phänomenologie des Geistes, 3. Aufl. Frankfurt a. M. 1991, S. 161.

51 G.W.F. Hegel: Differenz des Fichteschen und Schellingschen Systems der Philosophie. Stuttgart 1982, S. 60. – Zur Überwindung des Standpunktes der Entzweiung schreibt Hegel: „Die Aufgabe der Philosophie besteht [...] darin, [...] das Seyn in das Nichtseyn – als Werden, die Entzweyung in das Absolute – als seine Erscheinung, – das Endliche in das Unendliche – als Leben zu setzen." (Ebd., S. 35).

52 Rahel. Ein Buch des Andenkens für ihre Freunde, hg. von Varnhagen von Ense. Berlin 1834, Tl. 1, S. 503; zit. nach Joseph von Eichendorff: Geschichte der poetischen Literatur in Deutschland. In: Ders.: Werke. München 1976, Bd. 3, S. 767.

empfänglich für die Differenz des Fichteschen und des Schellingschen Systems der Philosophie und resümiert für die Freundin:

> Dein Schelling und Dein Fichte und Dein Kant sind mir ganz unmögliche Kerle. Was hab ich mir für Mühe gegeben, und ich bin eigentlich nur davongelaufen hierher, weil ich eine Pause machen wollt. Repulsion, Attraktion, höchste Potenz – weißt du, wie mir's wird? Dreherig – Schwindel krieg ich in den Kopf, und dann weißt Du noch? – Ich schäm mich, – ja ich schäm mich, so mit Hacken und Brecheisen in die Sprache hineinzufahren, um etwas da herauszuholen, und daß ein Mensch, der gesund geboren ist, sich ordentliche Beulen an den Kopf denken muß und allerlei physische Krankheiten den Geist anbilden.[53]

Bettina von Arnim präsentiert sich mit solcher Kritik in der literarisch inszenierten Dokumentation ihrer Korrespondenz mit Günderode höchst bereitwillig als Goethes „Kind-Frau", die gegen den Geist philosophischer Abstraktion verlangt, dass die „Weisheit", da sie ja „lebendig" ist, auch „natürlich" auftreten soll.[54] Sie entspricht damit auch der männlichen Rollenerwartung an die Frau, sich als „ein unbedeutendes Mädchen" zu gerieren, das kein „philosophischer Kopf" sein kann.[55]

Allerdings war auch Fichte selbst durchaus bewusst, das manchen seiner Zuhörer die Einsicht, die seine *Wissenschaftslehre* verlangte, „schwindend und schwindelich" machen könnte; und er verlangte deshalb von den Teilnehmern seiner Vorlesung mit äußerstem Nachdruck vor allem eine Fähigkeit, die auch der medizinische Diskurs der Zeit als eines der wirksamsten Gegenmittel des Schwindels schätzte, nämlich „das Talent der ganzen vollen Aufmerksamkeit".[56] Seine Anleitung zur Überwindung des Schwindels des kopernikanischen Subjekts fordert allerdings mit der „Aufhebung" der Position des endlichen Bewusstseins einen Preis, der nicht nur einem *common sense*-Realismus, sondern auch und gerade den Anhängern dieser idealistischen Philosophie höchst bedenklich erscheinen konnte.[57]

---

53 Bettina von Arnim: Die Günderode. In: Dies.: Werke und Briefe, hg. von Gustav Konrad, 5 Bde. Frechen 1959, Bd. 1, S. 229.

54 Ebd.

55 Diese Einschätzung ihrer männlichen Bekannten, darunter der berühmte Mediziner Samuel Thomas Sömmering, für dessen Buch *Über das Organ der Seele* Kant ein Nachwort verfasst hatte, teilt Karoline von Günderode der Freundin mit: „Was Du Schlaftrunkenheit nenntest, das war nach *Sömmering* Nervenfieber, er sagt, [...] diesmal sei es von überspanntem Studieren gekommen. Die philosophischen Ausdrükke Absolutismus, Dualismus, höchste Potenz usw., mit denen Du in deinen Fieberphantasien spieltest, zeugten wider mich. [...] Der *Hohenfeld* sagte mir, *Ebel* erzähle, Du habest aus überreiztem Widerwillen gegen die Philosophie starkes Erbrechen gehabt, daraus sich ein galliges Nervenfieber gebildet habe; er warnte mich und sagte, Du seiest ein unbedeutendes Mädchen und kein philosophischer Kopf [...]." (Die Günderode, wie Anm. 53, S. 266 f.)

56 J. G. Fichte: Die Wissenschaftslehre (Vorträge 1804). In: Fichtes Werke, wie Anm. 45, Bd. X, S. 125.

57 Es geht Fichte nämlich um eine Aufmerksamkeit, „die sich selbst mit allem ihrem geistigen Vermögen in das vorliegende Objekt wirft, sich daran setzt und darin vollkommen aufgeht; so daß ein anderer Gedanke oder Einfall gar nicht eintreten kann, da ja für das Fremde in dem vom Objekte ganz ausgefüllten Geiste

1844, in dem selben Jahr, in dem Karl Marx seine politisch-ökonomischen Manuskripte niederschrieb, veröffentlichte Søren Kierkegaard mit seiner Abhandlung über den *Begriff Angst* einen Text, der diese Bedenken ausgiebig formuliert und dabei kaum zufällig den Schwindel als eine elementare Erfahrung des menschlichen Bewusstseins exponiert. Kierkegaard handelt vom Sündenfall, und er wirft die Frage, wie und warum der Mensch schuldig wird, warum seine Freiheit ‚danieder sinkt', als ein Problem auf, das exemplarisch auf die Grenzen der von der spekulativen Philosophie Hegels eingenommenen Perspektive der Versöhnung des endlichen Bewusstseins mit dem Unendlichen hinweist. Kierkegaard beharrt darauf, dass die Erfahrung des Negativen, durch die die endliche menschliche Existenz wesentlich bestimmt ist, nicht einfach im Sinne einer universalen spekulativen Logik als Negation behandelt werden kann, die sich dann auf dem Weg der Negation der Negation von selbst aufheben soll, wodurch das Negative überhaupt „zum Phantom" werde.[58] Dieser Logik der Aufhebung und unendlichen Vermittlung, die das Negative wie ein „Wortspiel" behandelt,[59] hält Kierkegaard die Erfahrung des Unvermittelten, der Wiederholung und des „Sprungs" entgegen.[60] Es geht ihm um „die Zufälligkeit, die ein wesentlich mit zu der Wirklichkeit Gehörendes ist",[61] und er betrachtet die Sünde deshalb als ein Phänomen, das nicht irgendwie onto-logisch abgeleitet werden kann, sondern als gegeben vorausgesetzt werden muss.[62] Allerdings kann nach den psychologischen Voraussetzungen des Sündenfalls gefragt werden, und dabei erweist sich dann der Schwindel als ein zentrales, womöglich sogar als das überhaupt entscheidende Motiv. Was die psychologische Erläuterung zu suchen hat, ist ein Zwischenzustand zwischen dem Zustand der Unschuld und Unwissenheit und dem Zustand der Schuld und des Wissens um die sexuelle Differenz und den Unterschied von Gut und Böse. Kierkegaard erkennt diesen Zwischenzustand in der Stimmung der Angst, die im Unterschied zum Gefühl der Furcht kein konkretes Objekt hat. In der Ambivalenz einer „süßen Beängstigung" verweist die Angst auf die unendlichen, aber auch unwirklichen und insofern nichtigen Möglichkeiten, die sich das weder wachende noch schlafende, sondern „träumende" Bewusstsein der

---

kein Raum übrig ist". (Die Wissenschaftslehre (Vorträge 1804), wie Anm. 56, S. 125.) – Noch deutlicher bekundet Hegel die Bereitschaft der spekulativen Philosophie, über das endliche Bewusstsein hinwegzugehen: „die Spekulation fordert in ihrer höchsten Synthese des Bewußten und Bewußtlosen, auch die Vernichtung des Bewußtseyns selbst [...]". (Differenz des Fichteschen und Schellingschen Systems der Philosophie, wie Anm. 51, S. 45.)

58 Søren Kierkegaard: Der Begriff Angst. Stuttgart 1992, S. 17.

59 Ebd., S. 16.

60 Ebd., S. 22, Anm.

61 Ebd., S. 14.

62 „Es ist daher ein Aberglaube, wenn man in der Logik annimmt, durch ein fortgesetztes, quantitatives Bestimmen könnte eine neue Qualität entstehen; es ist eine unverzeihliche Verschweigung, wenn man [...] es in die logische Bewegung hineinredet, wie Hegel es tut. Die neue Qualität erscheint sofort, mit einem Sprung, mit der Plötzlichkeit des Rätselhaften." (Begriff Angst, wie Anm. 58, S. 36 f.)

Unschuld vorspiegelt.[63] Um sich dem entscheidenden Augenblick des Sündenfalls zu nähern, in dem der schwebende Geist der Unschuld irdisch bestimmt und schuldig wird, sieht sich Kierkegaard dann bezeichnenderweise dazu genötigt, die Angst selbst „mit einem Schwindel [zu] vergleichen“:

> Demgemäß ist die Angst jener Schwindel der Freiheit, der aufkommt, wenn der Geist die Synthese setzen will und die Freiheit nun hinunter in ihre eigene Möglichkeit schaut und dann die Endlichkeit ergreift, um sich daran zu halten. In diesem Schwindel sinkt die Freiheit nieder. [...] Im selben Moment ist alles verändert, und wenn sich die Freiheit wieder erhebt, sieht sie, daß sie schuldig ist.[64]

Worauf es Kierkegaard besonders ankommt, das ist die Zweideutigkeit dieses Sündenfalls, der weder die Form einer bewussten Wahl haben kann, die ihrerseits schon das Bewusstsein für den Unterschied von Gut und Böse voraussetzen würde, noch aber ganz ohne die Beteiligung des Subjekts gedacht werden kann. Für diese Zweideutigkeit bietet der Schwindel und insbesondere der Höhenschwindel das beste Modell: „Wer in eine gähnende Tiefe hinunterschauen muß, dem wird schwindlig. Doch was ist die Ursache dafür? Es ist in gleicher Weise sein Auge wie der Abgrund.“[65]

Hinter der theologischen Thematik des Sündenfalls, die Kierkegaard ausdrücklich als eine alltägliche und persönliche Thematik behandelt,[66] ist unschwer die von Kant aufge-

---

63 Begriff Angst, wie Anm. 58, S. 50 f.

64 Ebd., S. 72.

65 Ebd. – Romano Pocai hat in einer vergleichenden Analyse von Kierkegaards *Der Begriff Angst* und Schellings *Philosophischen Untersuchungen über das Wesen der menschlichen Freiheit,* die ebenfalls das Motiv des Schwindels anführen, um die Frage nach der Herkunft des endlichen Bewusstseins und des Bösen zu klären, gezeigt, dass Kierkegaard gerade mit der Betonung der Zwischenstellung des Schwindels zwischen Aktivität und Passivität über Schelling hinausgeht und sich „in bestimmter Weise gegen die These Schellings [wendet], das Böse bleibe ‚immer die eigene Wahl des Menschen‘“. (Romano Pocai: Der Schwindel der Freiheit. Zum Verhältnis von Kierkegaards Angsttheorie zu Schellings Freiheitsschrift. In: István M. Fehér, Wilhelm G. Jacobs (Hg.): Zeit und Freiheit. Schelling – Schopenhauer – Kierkegaard – Heidegger. Budapest 1999, S. 95-106, hier: S. 104.) – Mit der Freiheits-Schrift vollzog Schelling selbst den Übergang von der Identitätsphilosophie zur Religionsphilosophie, die ihn bis zu seinem Tod 1854 beschäftigte. Diese Wende entfernte ihn von dem anfangs mit Hegel gemeinsam gegangenen Weg und machte ihn zu einem bedeutenden Vorbereiter der Existenzphilosophie. Kierkegaard selbst hörte Schelling 1841 in Berlin. Seine anfängliche Begeisterung über Schellings Problematisierung des Verhältnisses der Philosophie zur „Wirklichkeit“ wich aber rasch der Auffassung, auch Schellings Diskurs verbleibe im Bereich philosophischer Metaphysik. (Vgl. das Nachwort von Uta Eichler in: Begriff Angst, wie Anm. 58, S. 203-233. Hier: S. 210 f.) Vor diesem Hintergrund scheint es verständlich, dass Hegel im *Begriff Angst* als der eigentliche Antipode in Erscheinung tritt, Schelling aber trotz der gerade in der Bezugnahme auf das Motiv des Schwindels bezeichnenden Parallele, weder als negativer, noch auch als positiver Bezugspunkt nachdrücklich benannt wird.

66 „Wie die Sünde in die Welt gekommen ist, das versteht jeder Mensch einzig und allein durch sich selbst“. (Begriff Angst, wie Anm. 58, S. 61); „[...] das alles gibt es, es ereignet sich jeden Tag, wenn nur der Beobachter zur Stelle ist.“ (Ebd., S. 66).

worfene Frage der nach-metaphysischen Begründung moderner Subjektivität zu erkennen. Kierkegaard bemerkt dazu:

> Die gesamte Philosophie der Antike und des Mittelalters setzte voraus, daß das Denken überhaupt Realität besitzt. Diese Voraussetzung wurde durch Kant in Zweifel gezogen. Angenommen, die Hegelsche Philosophie hätte Kants Skepsis wirklich *durchdacht* [...] und hätte dahingehend das Frühere in einer höheren Form rekonstruiert, daß das Denken nicht kraft einer Voraussetzung Realität besäße – wäre diese bewußt hergestellte Realität des Denkens dann eine Versöhnung? Damit hat man die Philosophie doch nur dorthin gebracht, wo man in alter Zeit anfing – in alter Zeit, als eben die Versöhnung ihre ungeheure Bedeutung hatte.[67]

Was Kierkegaard als Zustand der Unschuld thematisiert, das Schweben des „träumenden Geistes“ zwischen dem Vermögen und dem Unvermögen, seine Möglichkeiten als Wirklichkeiten zu setzen, entspricht genau Fichtes Motiv der schwebenden Einbildungskraft, in der der „Geist [...] schwebt zwischen der Forderung und der Unmöglichkeit“, die Synthesis des Subjektiven und des Objektiven zu setzen;[68] aber anders als Fichte hat er Zweifel daran, dass die „Vernunft“ in dieser Situation „ins Mittel [tritt]“ und als jene universale Mediation, als die sie die spekulative Dialektik dann ausdrücklich auffasst, eine glückliche Lösung ermöglicht; statt dessen wird der schwebende Geist von der Gravitation des Realen erfasst und in den Schwindel gezogen.

Dass Kierkegaard den Schwindel zunächst mit der Angst vergleicht („Man kann die Angst mit einem Schwindel vergleichen“), um Angst und Schwindel dann zu identifizieren („Demgemäß *ist* die Angst jener Schwindel der Freiheit“), mutet seltsam an. Zwischen Angst und Schwindel besteht nämlich offenbar auch ein symptomatischer Zusammenhang. Insbesondere der Höhenschwindel ist seit Herz und Purkinje immer wieder als Folge und Ausdruck einer mehr oder weniger begründeten Angst vor dem Sturz in die Tiefe aufgefasst worden. Freud fasst dann den Schwindel als eines der prägnanten Symptome der „Angstneurose“, und auch die heutige Differentialdiagnostik des Schwindels erkennt in Angstzuständen eine der häufigsten Ursachen psychologisch induzierter pathologischer Schwindelzustände.[69] Kierkegaards merkwürdige Formulierungen weisen

---

67 Begriff Angst, wie Anm. 58, S. 15.

68 Grundlage der gesamten Wissenschaftslehre, wie Anm 45, S. 225.

69 In einem Beitrag für das *Hessische Ärzteblatt* (Nr. 5, 2002, S. 261-265) führen die Autoren den „phobischen Schwankschwindel“ als das zweithäufigste Schwindel-Syndrom nach dem „Benignen paroxysmalen Lagerungsschwindel“ an. (S. v. Stuckrad-Barre, K. v. Kriegstein, A. Kleinschmidt, H. Steinmetz: Leitsymptom Schwindel. Hier: S. 262.) Das entspricht den im Internet einzusehenden statistischen Werten der meisten Schwindel-Ambulanzen. – Freuds Hinweis auf die „hervorragende Stellung“ des Schwindels „in der Symptomengruppe der Angstneurose“ findet sich in seinem Aufsatz *Über die Berechtigung von der Neurasthenie einen bestimmten Symptomkomplex als ‚Angst-Neurose‘ abzutrennen.* (In: Ders.: Gesammelte Werke. Frankfurt a. M. 1999, Bd. 1, S. 313-342.) In der frühen Arbeit über die Angstneurose (1895) begreift Freud deren Entstehungsmechanismus rein energetisch als Erregungsverschiebung im subkortikalen Bereich und führt die Verwandlung ungebundener Libido in Angst auf frustrane Sexualpraktiken zurück,

aber gerade darauf hin, dass die Verfassung der modernen Subjektivität, um die es ihm geht, durch den Schwindel womöglich prägnanter bestimmt wird als durch die Angst, die dann eher als eine Seite der begleitenden Bewertung der durch die Ambivalenz von Angst und Lust geprägten Schwindelerfahrung erscheint. Tatsächlich bemerkt Kierkegaard gelegentlich, dass es ihm weniger um eine Psychologie der Angst zu tun ist, als um jenen Zwischenzustand von Freiheit und Notwendigkeit, der zwischen dem paradiesischen Zustand der Unschuld und dem irdischen Leben liegt: „Sollte die Wissenschaft über irgendeine andere Zwischenbestimmung verfügen, die den gleichen dogmatischen und ethischen und psychologischen Vorteil besitzt wie die Angst, dann ziehe man diese vor.“[70] Mit der Erläuterung der Angst als Schwindel der Freiheit gibt Kierkegaard selbst eine solche Bestimmung.

Gerade das Motiv des Schwindels erweist sich dann auch als ein ziemlich sicherer Index dafür, wie ernst es der existenzialistischen Philosophie, als deren Protagonist Kierkegaard gilt, jeweils mit der Problematik eines Lebens ohne metaphysischen Trost war. Bezeichnender Weise verlegt die Existenzial-Ontologie Heideggers in *Sein und Zeit* sich ganz auf das Motiv der Angst und vermeidet, obwohl Kierkegaard ausdrücklich als eines der bedeutendsten Vorbilder genannt wird,[71] jeden Hinweis auf dessen Interpretation der Angst als „Schwindel der Freiheit“. Der Schwindel gäbe zwar wohl einen der eindringlichsten Erfahrungswerte dafür, dass das Dasein im „Zwischen“ von Subjekt und Objekt situiert ist, dass es „In der Welt“ ist und ihr nicht gegenüber steht;[72] aber er scheint kaum dazu geeignet, das hermeneutische Pathos einer Erschließung von überhistorischen Möglichkeiten des ‚eigentlichen Seinkönnens‘ im vereinzelnden Bezug zum eigenen Tod zu bewähren.[73] Empfänglicher für den Schwindel zeigte sich der französische Existen-

worunter er fast alles rechnet, was nicht dem Modell des „normalen Koitus“ (ebd., S. 355) mit befriedigendem Orgasmus folgt. Die späte Arbeit *Hemmung, Symptom und Angst* (1926) revidiert diese Auffassung zugunsten einer Ätiologie der Angstneurosen, die mit der inzwischen entstandenen Metapsychologie kompatibel ist und – indem sie das „Ich“ als „eigentliche Angststätte“ identifiziert – die Genese neurotischer Angstsymptome auf verdrängte Realängste zurückführt, insbesondere die Kastrationsangst, die Freud bekanntlich für eine reale hält. Damit rückt er die Erklärung des Schwindels als eines Angstsymptoms wieder in den Bereich eines spezifisch psychologischen Verständnisses, wie es für den Schwindel als hysterisches Symptom bereits die 1895 gemeinsam mit Breuer publizierten *Studien über Hysterie* formuliert hatten, indem sie die Neigung zu Schwindelanfällen als Hinweis auf verdrängte Konflikte interpretierten. (Studien über Hysterie. In: S. Freud: Gesammelte Werke. Frankfurt a. M. 1999, Bd. 1, S. 73-312, hier: S. 163 ff. und S. 184 ff.)

70 Begriff Angst, wie Anm. 58, S. 91.

71 „Am weitesten ist S. Kierkegaard vorgedrungen in der Analyse des Angstphänomens [...].“ Martin Heidegger: Sein und Zeit, 16. Aufl. Tübingen 1986, S. 190, Anm. 1.

72 Vgl. Sein und Zeit, wie Anm. 71, S. 130 ff.: 5. Kapitel, Das In-Sein als solches.

73 „Die Angst benimmt dem Dasein die Möglichkeit, verfallend sich aus der ‚Welt‘ und der öffentlichen Ausgelegtheit zu verstehen. Sie wirft das Dasein auf das zurück, worum es sich ängstet, sein eigentliches In-der-Welt-sein-können. Die Angst vereinzelt das Dasein auf sein eigenstes In-der-Welt-sein, das als verstehendes wesenhaft auf Möglichkeiten sich entwirft.“ (Sein und Zeit, wie Anm. 71, S. 187.) „Das Vor-

zialismus. Sartre ist zwar in *L'être et le néant* ausdrücklich darum bemüht, die Vereinbarkeit der Auffassungen von Kierkegaard und Heidegger zu erweisen, beginnt diesen Nachweis aber mit dem programmatischen Satz „Il faut donner raison d'abord à Kierkegaard";[74] und er folgt Kierkegaard dann vor allem darin, dass er den Schwindel als paradigmatische Situation diskutiert, wodurch er sich von Heidegger im selben Maß entfernt, wie er sich seinem eigenen literarischen Entwurf des Existenzialismus in seinem Erstlingsroman *La Nausée* annähert.[75]

Wie schon Kierkegaard selbst bemerkte, setzt die philosophische Würdigung des Schwindels eine gewisse „Leidenschaft des Absurden" voraus,[76] die Bereitschaft, in der Ambiguität und Ambivalenz der Freiheit auszuharren. Noch Nietzsches Rede des „tollen Menschen", der angesichts des Todes Gottes die Frage aufwirft „Stürzen wir nicht fortwährend? Und rückwärts, seitwärts, vorwärts, nach allen Seiten?",[77] scheint dagegen in ihrem Pathos auf das anthropologische Ideal des schwindelfreien Übermenschen bezogen zu sein. Es blieb deshalb wohl der Ernüchterung der Postmoderne vorbehalten, im Krisensymptom des Schwindels ein Phänomen zu erkennen, das als solches und nicht nur

---

laufen [in den Tod] erweist sich als Möglichkeit des Verstehens des *eigensten* äußersten Seinkönnens, das heißt als Möglichkeit *eigentlicher Existenz*." (Ebd., S. 263.)

74 Jean Paul Sartre: L'être et le néant. Essai d'ontologie phénoménologique. Paris 1943, S. 64 ff.

75 Jean Paul Sartre: La Nausée (1938). Paris 1981. – In dem französischen Wort „nausée" ist noch deutlich die Anlehnung an das lateinische „nausea" zu erkennen, das bis heute als medizinischer Ausdruck für die Seekrankheit verwendet wird, und vor allem solche Arten der Übelkeit und des Brechreizes bezeichnet, die im Zusammenhang mit einer Kinetose, also einer durch Reizung des Gleichgewichtsorgans erregten Bewegungskrankheit stehen. – Tatsächlich sind die Erfahrungen, in denen sich für Sartre der Ekel als eine unheimliche, entfremdende Grundstimmung manifestiert, die konzeptionell an die Stelle der „Angst" bei Heidegger tritt, von massiven Schwindelerlebnissen geprägt: „Ich schlafe mit offenen Augen ein, schon vergrößert sich das Gesicht im Spiegel, ein riesiger bleicher Schein, der ins Licht gleitet...
Ich werde plötzlich wach, weil ich das Gleichgewicht verliere. Ich finde mich rittlings auf einem Stuhl sitzend wieder, noch ganz benommen. Haben andere Menschen auch so viel Mühe, ihr Gesicht zu beurteilen?" – „Ich habe eine lebhafte Enttäuschung in den Genitalien verspürt, ein langanhaltendes, unangenehmes Kitzeln. Gleichzeitig fühle ich mein Hemd gegen meine Brustwarzen scheuern und wurde von einem trägen, farbigen Wirbel eingehüllt, gepackt, von einem Wirbel aus Nebel, aus Lichtern im Rauch, in den Spiegeln, mit den Bänken, die im Hintergrund glänzten, und ich begriff weder, warum das da war, noch, warum das so war. Ich stand auf der Türschwelle, ich zögerte, und dann entstand ein Sog, ein Schatten huschte über die Decke, und ich fühlte mich vorwärts gestoßen." (Jean-Paul Sartre: Der Ekel. Reinbek bei Hamburg 1982, S. 27 und 28.) – Georges Bataille hat solche Erlebnisse in *L'Erotisme* als notwendige Stadien des „religiösen Verhaltens" beschrieben: „Es liegt im Wesen des Menschen, die Gewaltsamkeit der natürlichen Triebregungen zurückzudrängen; aber dieser Widerstand bedeutet nicht einen Bruch, er verrät im Gegenteil ein tiefes Einverständnis. Und das Einverständnis bewahrt im Hintergrund das Gefühl, das den Widerstand hervorrief: dieses Gefühl bleibt so wirksam, daß die Erregung, die das Einverständnis durchsetzt, immer schwindelerregend ist. Der Ekel, dann die Überwindung des Ekels, auf die ein Taumel folgt, das sind die Phasen eines seltsamen Tanzes, die das religiöse Verhalten vorschreibt." (Der heilige Eros. Darmstadt, Neuwied 1963, S. 13.)

76 Begriff Angst, wie Anm. 58, S. 22.

77 Friedrich Nietzsche: Die fröhliche Wissenschaft (§125). In: Ders.: Sämtliche Werke, hg. von G. Colli und M. Montinari. München, Berlin, New York 1980, Bd. 3, S. 481.

als Ausdruck der Krisis, die zur Entscheidung drängt, zu respektieren ist: „L'horizon d'une double annihilation – micro ou macrodévastatrice, par les corps ou par l'esprit – introduit un principe aussi rigoureux que celui de radicalité et parce que également fondamental remarquablement différent. Je propose de le nommer principe du vertige."[78]

VI

Dass Schwindelphänomene symptomatische Qualitäten besitzen und als ein Indikator gravierender Irritationen im kulturellen Gefüge verstanden werden können, lässt sich exemplarisch an einigen Schlüsseltexten der Literatur um 1800 erweisen. Das auffällige Interesse, das ihnen in dieser Zeit entgegengebracht wird, eröffnet einen Zugang zu markanten kulturhistorischen Problemlagen, die diese Texte formiert haben. Zugleich geben die Darstellungen des Schwindels auch Aufschluss über neue Konzeptualisierungen des Subjekts, nachdem die Annahmen der aufgeklärten Anthropologie über ein verlässliches Gravitationszentrum des Menschen an Glaubwürdigkeit eingebüßt haben. Dass der Schwindel so viel Aufmerksamkeit findet, lässt darauf schließen, dass die Entwürfe des ‚ganzen' Menschen, in die, wie erwähnt, die Aufklärung und nach ihr der Klassizismus alle Hoffnung setzen, auch von Zweifeln begleitet werden.

Daneben bestätigen diese Thematisierungen auch zwei der oben skizzierten Grundzüge des Schwindels: seine Doppeldeutigkeit und seine Ambivalenz. Er kann zwischen Taumel und Täuschung changieren. Und er kann als beängstigend, ebenso aber auch als reizvoll erfahren werden; dabei zeigt sich, dass Schwindelangst und Schwindellust oft ineinander übergehen und schwer zu trennen sind.

In den literarischen Darstellungen von Schwindelerfahrungen lässt sich insbesondere eine Symptomatik des Schwindels beobachten, die in den zeitgenössischen anthropologischen und philosophischen Diskursen vergleichsweise wenig Beachtung findet. Der Schwindel wird hier im Zusammenhang mit Problemen der Affektregulierung thematisiert, die zu erbringen eine kulturelle Leistung ist. Während Goethe in seiner autobiographischen Schrift *Dichtung und Wahrheit*, die 1811-14 und schließlich 1833 erschien, den

78 André Glucksmann: La force du vertige. Paris 1983, S. 147. („Die Perspektive einer doppelten Verneinung – mikrozerstörerisch/makrozerstörerisch, physisch/geistig – führt ein ebenso strenges Prinzip ein wie das der Radikalität, das dennoch auf bemerkenswerte Weise anders, weil ebenso fundamental ist. Ich schlage vor, es das Prinzip des Schwindels zu nennen." A. Glucksmann: Philosophie der Abschreckung. Stuttgart 1984, S. 193.) – Wie aus dem Zitat ersichtlich, hält Glucksmann das ‚Prinzip des Schwindels' einer Logik der oppositionellen Entscheidung entgegen. Er erinnert an Roger Callois' Arbeit *Les jeux et les hommes. Le masque et le vertige* (Paris 1958), weist aber gegen Callois darauf hin, dass der Schwindel nicht der „sphère extraordinaire du ‚sacré'" vorbehalten ist: „Un passe-temps aussi banal n'introduit-il pas plutôt au sentiment parfaitement quotidien des limites du quotidien pour un être qui se sait mortel à tout instant du temps?" (La force du vertige, S. 148.)

Schwindel als exemplarischen Fall einer affektiven Irritation fasst, die überwunden werden muss, deutet Rousseau ihn einige Jahrzehnte früher in den *Confessions*, die er zwischen 1765 und 1770 niederschrieb, als Ausdruck einer leidenschaftlichen Erfahrung unbeherrschter Natur, deren Genuss jedenfalls erstrebenswert ist. Im Rückblick auf seine Straßburger Zeit beklagt Goethe eine „gewisse Reizbarkeit", die ihn „nicht immer im Gleichgewicht" lasse, er erwähnt „krankhafte Gegenstände", die in ihm „Ekel und Abscheu" erregen und fährt dann fort:

> Besonders aber ängstigte mich ein Schwindel, der mich jedesmal befiel, wenn ich von einer Höhe herunterblickte. [...] Ich erstieg ganz allein den höchsten Gipfel des Münsterturms, und saß in dem sogenannten Hals, unter dem Knopf oder der Krone, wie man's nennt, wohl auf eine Viertelstunde lang, bis ich es wagte, wieder heraus in die freie Luft zu treten, wo man auf einer Platte, die kaum eine Elle ins Gevierte haben wird, ohne sich sonderlich anhalten zu können, stehend das unendliche Land vor sich sieht, indessen die nächsten Umgebungen und Zieraten die Kirche und alles, worauf und worüber man steht, verbergen. Es ist völlig, als wenn man sich auf einer Montgolfiere in die Luft erhoben sähe. Dergleichen Angst und Qual wiederholte ich so oft, bis der Eindruck mir ganz gleichgültig ward, und ich habe nachher bei Bergreisen und geologischen Studien [...] von jenen Vorübungen großen Vorteil gezogen.[79]

Für Goethe steht außer Frage, dass der Höhenschwindel, wie Abscheu und Ekel, zu den „Mängeln" zählt, die man durch Immunisierung beheben soll, „und zwar, weil ich keine Zeit verlieren wollte, auf eine etwas heftige Weise".[80] Rousseau dagegen verbindet das Geständnis, dass Abgründe ihm Furcht einjagen, mit der ausdrücklichen Versicherung, dass sie auch exquisite Reize bieten. Von einer Wanderung in der Nähe von Chambéry berichtet er:

> Man hat den Weg zur Vermeidung von Unglücksfällen mit einem Geländer eingefasst, deshalb konnte ich geruhig in die Tiefe hinabblicken, und mir das Schwindligwerden nach Herzenslust verschaffen, denn verwunderlicherweise werde ich trotz meiner Liebe zu steilen Hängen schwindlig an ihnen, aber gerade dieses Schwindelgefühl behagt mir, sobald ich in Sicherheit bin.[81]

Goethes und Rousseaus Beobachtungen lassen den Schluss zu, dass Unlust und Lust am Schwindel nicht im Verhältnis einer historischen Sukzession stehen,[82] sondern zwei Seiten des kulturanthropologischen Problems der Affektkontrolle bieten: Rousseau muss

---

79 Goethes Werke, Hamburger Ausgabe [HA], hg. v. Erich Trunz, 3. Aufl. Hamburg 1959, Bd. 9, S. 374. – Vgl. auch Albrecht Koschorke: Die Geschichte des Horizonts. Frankfurt a. M. 1990, S. 145-147.

80 HA 9, S. 374. Ähnlich geht Goethe später mit der Seekrankheit um, die ihn während der Überfahrt nach Palermo tagelang plagt. Bei stürmischer See greift er auch hier zu einem Mittel der Selbsttherapie; er zieht sich in seine Kajüte zurück und überarbeitet den *Tasso* – mit doppeltem Erfolg: für die Gesundheit und das dramatische Werk. Italienische Reise (30.3. - 2.4.1787), HA 11, S. 226-228.

81 Jean-Jacques Rousseau: Bekenntnisse. Frankfurt a. M. 1956, S. 219.

82 Anders Christina von Braun: Versuch über den Schwindel. Zürich 2001, S. 24 ff.

sie, zugunsten eines fingierten und in die Vergangenheit projizierten Bildes vorzivilisatorischer Natur, verwerfen, während Goethe sie um des humanen Fortschritts willen begrüßt.

Es ist kein Zufall, dass sich gerade in der Literatur der Romantik Situationen des Schwindels häufen. Immer wieder finden sich Heldinnen und Helden an Felsklüften und Abgründen, an Schächten, die in die Tiefe führen, in turbulenten Bildern und Traumbildern des Chaotischen, in apokalyptisch-kosmologischen Visionen des wilden Gestirnlaufs, in phantastischen Tranceflügen, in der Erfahrung des trügerischen Augenscheins und der Nichtigkeit der wirklichen Welt.[83]

Das Spektrum der Bezugnahme auf ihn reicht dabei von der bewussten Provokation des Schwindels, die von einer impliziten ‚Poetik des Schwindels' etwa bei Tieck und E.T.A. Hoffmann in Aussicht gestellt wird,[84] bis zu Kleists Analyse des Schwindels, der im Gefolge gewaltsam ausgetragener Machtkonflikte um die Durchsetzung einer je subjektiv entworfenen Wirklichkeit entsteht.

Bei Novalis wird den Protagonisten in den *Lehrlingen zu Sais* (1802) auf ihrer Suche nach wahrer Naturerkenntnis zumal an der „listigen Fallgrube des Verstandes" schwindlig;[85] dessen Strukturen scheinen denen der Natur so wenig zu entsprechen, dass ein Bewusstsein, das versucht, innerhalb der Bahnen des Verstandes Zugang zu den Zusammenhängen der Natur zu finden, in eine haltlose Verwirrung gezogen wird. Bezeichnend ist dabei, dass die Lehrlinge eher die Möglichkeit in Betracht ziehen, sich diesem Schwindel ganz zu überlassen, als eine Reduktion ihrer extremen Erkenntnisansprüche zu erwägen.[86]

Während die Romanfragmente des Novalis die Einbildungskraft fraglos als das zentrale Vermögen der Poesie beglaubigen, zeigt die von E.T.A. Hoffmann inaugurierte phan-

---

83 Jean Pauls *Vorschule der Ästhetik* interpretiert den Schwindel vor allem als optisches Phänomen und verwendet die Überforderung des Auges bei zu geringem Reizabstand u. a. als metaphorische Erklärung für den „Seelen-Schwindel", den der Skeptizismus erzeugt. Ders.: Werke, hg. v. Norbert Miller, 3. Aufl. München 1973, Bd. 5, S. 132.

84 Für Tieck hat Jörg Bong in seiner Studie *Texttaumel. Poetologische Inversionen von „Spätaufklärung" und „Frühromantik" bei Ludwig Tieck* (Heidelberg 2000) eine „Poetik des Schwindels" diagnostiziert. Er schließt dabei an Motive der intendierten Zusammenhangslosigkeit an, die u. a. auch schon von Winfried Menninghaus in seinem Buch *Lob des Unsinns* (Frankfurt a. M. 1995) entwickelt worden sind. Aufgrund ausdrücklicher Hinweise von Tieck auf den Schwindel als poetologisches Motiv kann Bong die Rede von einer „Poetik des Schwindels" vor dem Hintergrund auch der zeitgenössischen Erfahrungsseelenkunde, an der Tieck nachhaltiges Interesse hatte, plausibel machen. Zweifelhaft ist allerdings, ob eine bei Tieck zu beobachtende Poetik des Schwindels durchweg den Intentionen einer anti-hermeneutisch gesonnenen Dekonstruktion entspricht und im Gegensatz zu den Grundmotiven der frühromantischen Poetologie bei Friedrich Schlegel und Novalis steht. – Zu E.T.A. Hoffmann vgl. Jörn Steigerwald: Schwindelgefühle. In: Thomas Lange, Harald Neumeyer (Hg.): Kunst und Wissenschaft um 1800. Würzburg 2000, S. 109-131; Christine Weder: Ein medizinisch-literarisches Symptom: Zum Schwindel bei E.T.A. Hoffmann und im Kontext des medizinischen Diskurses der Zeit. In: E.T.A Hoffmann-Jahrbuch 10 (2002), S. 76-95.

85 Novalis: Schriften. 2. Aufl. Darmstadt 1965 ff., Bd. 1, S. 88.

86 Vgl. Fabian Stoermer: Schein und Abgrund. Über den Schwindel. In: Hans Richard Brittnacher, F. Stoermer (Hg.): Der schöne Schein der Kunst und seine Schatten. Bielefeld 2000, S. 281-313. Hier: S. 293-296.

tastische Literatur die poetische Einbildungsbildungskraft im unlösbaren Konflikt mit ihren potentiell pathologischen Energien, für die später die gleichzeitig entstehende Psychiatrie die Zuständigkeit beanspruchen wird. Hoffmann selbst gibt im *Sandmann* (1816) eine psycho-biographische Genese des Schwindels, von dem der Protagonist der Erzählung immer nachhaltiger bis hin zum tödlichen Sturz erfasst wird. Wenn Nathanael zwei Mal die Sinne schwinden, dann nicht deshalb, weil der Student eine der vertrauten Adoleszenzkrisen zu bewältigen hat, die in diesen Jahren vielfach erzählt werden.[87] Vielmehr wird ihm etwas abverlangt, was in der Bildungsgeschichte bis dato nicht vorgesehen war. Er soll seine Individualität auf einem weithin unbekannten Terrain gewinnen, nämlich in der Grenzzone zwischen Bewusstsein und Unbewusstem. Kein Wunder also, dass die Wahrnehmung versagt und auch vom Fernglas keine Hilfe zu erwarten ist; denn die Nutzung des optischen Geräts kann den Blick schärfen, aber ebenso gut auch verzerren.[88]

Auch *Des Vetters Eckfenster* (1822), das einer der letzten Erzählungen Hoffmanns den Titel gibt, scheint sich als schwindelerregendes optisches Instrument zu erweisen. Auf den Erzähler, der durch das Fenster auf den Marktplatz der Hauptstadt herabblickt, macht dieser den „Eindruck eines großen, vom Winde bewegten, hin und her wogenden Tulpenbeetes". Er muss sich gestehen, „daß der Anblick zwar recht artig, aber auf die Länge ermüdend sei, ja wohl gar aufgereizten Personen einen kleinen Schwindel verursachen könne, der dem nicht unangenehmen Delirieren des nahenden Traums gliche".[89] Mit dem sanften Schwindel impressionistischer Imagination verfehlt der Erzähler allerdings, worauf ihn der Vetter sofort aufmerksam macht, die wahre poetologische Funktion des Eckfensters. Für diese ist es erforderlich, aus dem „scheckichten, sinnverwirrenden Gewühl" des Marktplatzes „die mannigfachste Szenerie des bürgerlichen Lebens" herauszusehen.[90] Dem dient neben einem optischen Glas die mentale Strategie der Aufmerksamkeit, die sich dem Schwindel entgegenstellt und deren Maxime lautet: „das Fixieren des Blicks erzeugt das deutliche Schauen".[91]

Als Symptom einer relativen Schwäche des Verstandes und des Willens und einer besonderen sinnlichen Irritierbarkeit scheint der Schwindel, gemäß den normativen Implikationen des patriarchalen Geschlechterdiskurses, wesentlich feminin codiert zu sein. Darüber gibt, wie gezeigt wurde, u. a. Bettina von Arnims Erinnerungsbuch *Die Günderode* (1840) Auskunft. In Hoffmanns *Sandmann* kehrt sich diese Zuordnung jedoch gerade

87 Vgl. Hartmut Böhme: Romantische Adoleszenzkrisen. In: Klaus Bohnen u. a. (Hg.): Literatur und Psychoanalyse. München 1981, S. 133-176.

88 Gerhard Neumann: E.T.A Hoffmann. *Der Sandmann.* In: Reinhard Brandt (Hg.): Meisterwerke der Literatur. Leipzig 2001, S. 185-226. – Zur Erweiterung des Blicks in Naturwissenschaft und Literatur vgl. Ulrich Stadler: Der technisierte Blick. Optische Instrumente und der Status von Literatur. Ein kulturhistorisches Museum, Würzburg 2003; zu E.T.A. Hoffmann: S. 168-181.

89 E.T.A. Hoffmann: Poetische Werke. Berlin 1958, Bd. 6, S. 745.

90 Ebd., S. 746.

91 Ebd., S. 747.

um: Der männliche Protagonist erliegt dem Schwindel, während seine Geliebte, worauf schon ihr Name, Clara, hinweist, als Muster einer rational kontrollierten Weltsicht eingeführt wird.

Entschlossener als jeder andere Autor um 1800 wendet sich Kleist jenen besonderen Erfahrungen zu, die dazu angetan sind, das stabile Selbstverhältnis des Subjekts in Zweifel zu ziehen. Der Aufsatz *Über das Marionettentheater* (1810)[92] erklärt dessen grundlegende Verfassung als eine des verlorenen Gleichgewichts,[93] und so nimmt es nicht wunder, dass Kleists Protagonisten immer wieder dem Schwindel des Körpers und der Erkenntnis erliegen. Dessen komische Konsequenz lässt sich in der Parodie des Sündenfalls und Kontrafaktur des Ödipus-Schemas am Dorfrichter Adam (*Der zerbrochne Krug*) beobachten; dessen tragische Konsequenz an *Penthesilea*, die aus den Täuschungen der Liebe in den Blutrausch taumelt. Kaum eine Kleistsche Gestalt, die festen Boden unter die Füße bekäme. Beständig gerät, nicht nur beim *Erdbeben in Chili*, die Welt ins Wanken, lassen das Wunderbare und Rätselhafte (*Das Käthchen von Heilbronn*), Täuschungen (*Amphitryon, Die Marquise von O...*) wie auch Exzesse des Rechts (*Die Familie Schroffenstein, Prinz Friedrich von Homburg, Michael Kohlhaas*) die Handelnden in Schwindel geraten.

Die Erschütterung des Selbst- und Weltvertrauens, der Kleist seine Protagonisten aussetzt, ergibt sich unmittelbar aus einer intersubjektiven und politischen Problemlage. Sie erweist sich als Folge gewaltsam ausgetragener Machtkonflikte um die Durchsetzung von Zielen, deren Legitimität jeder unabhängigen Kontrolle entzogen zu sein scheint. Dabei führt Kleist die Motive der affektiven Überwältigung und der Irritation der Einbildungskraft zusammen, die für die Thematisierung des Schwindels bei Goethe und Rousseau einerseits und in der Romantik andererseits maßgeblich waren.

An der Wende vom 19. zum 20. Jahrhundert ist jene Überforderung des Wahrnehmungsvermögens durch die Geschwindigkeit wechselnder Reizeinwirkungen, die von Marcus Herz noch weitgehend als innerpsychische Tatsache gedeutet werden konnte, zur unhintergehbaren äußeren Gegebenheit der technisierten Lebenswelt geworden. Bezeichnenderweise geht Ernst Machs Interesse am Schwindel u. a. von Erfahrungen bei der Eisenbahnfahrt aus. Zwischen den Schwindelerfahrungen, die die Romantiker um 1800 beschäftigen, und jenen, von denen sich die Literatur des Fin de siècle fasziniert zeigt,

92 Heinrich von Kleist: Sämtliche Werke und Briefe, hg. von Helmut Sembdner. München 1961, Bd. 2, S. 338 ff.

93 Ob aber eine Zentrierung des Daseins wünschenswert wäre, bleibt umstritten. Ludwig Tieck versteht sie im *William Lovell* als Antidot des Schwindels (Brief Eduard Burtons an Mortimer): „[...] ich fühle, daß ich mich selbst zum Mittelpunkte machen, daß ich das Auge wieder auf mich selbst zurückwenden muß, um nicht zu schwindeln." (Ludwig Tieck: Werke in vier Bänden, hg. v. Marianne Thalmann. München 1978, Bd. 1, S. 522.) Schon Karl Philipp Moritz sieht aber im *Anton Reiser* die bedenklichen Folgen dieser Zentrierung: „[...] alles mußte sich um ihn, als den einzigen Mittelpunkt, umher bewegen, bis ihm schwindelte." (K. Ph. Moritz: Anton Reiser, Frankfurt a. M. 1979, S. 32.)

vollzieht sich aufgrund der Entwicklung der Verkehrs- und Kommunikationstechnik eine dramatische Beschleunigung der Lebensprozesse.[94] Zumal die Eisenbahnfahrt fungiert als eine „optische Maschinerie“; sie induziert jene weitreichende „Verflüchtigung von Objektbeziehungen“, die für den Schwindel charakteristisch ist. Die Beschleunigung der Lebensvorgänge, deren Inbegriff die Eisenbahn ist, begünstigt Sensationen, denen sich auch die Medizin zuwendet.[95]

Parallel zu den technologischen Entwicklungen im 19. Jahrhundert gehen auch im Bereich der Erkenntnistheorie rapide Veränderungen vonstatten. Sie sind u. a. am radikalen Skeptizismus und Nihilismus abzulesen, die um die Jahrhundertwende zu einem zentralen Thema werden. Es ist vor allem die Philosophie Nietzsches, die für viele seiner Zeitgenossen eine nicht mehr zu revidierende Zerstörung der moralischen und erkenntnistheoretischen Grundlagen rationaler Weltorientierung repräsentiert. Schon Nietzsches Frühwerk *Die Geburt der Tragödie* (1872) behauptet auf eindringliche Weise die Haltlosigkeit eines menschlichen Daseins, das sich von den Illusionen rationaler Aufklärung losgesagt hat. Entscheidend ist dabei, dass Relativismus und Skeptizismus, anders als um 1800, mit erheblichem Pathos aufgegriffen werden. So kann dann der Verlust normativer Grundlagen als existentielle Herausforderung zum „Schweben ohne moralische Erhebung und [...] zum lustvollen Stürzen ohne Gefallensein“ aufgefasst werden: „Fallen wird zum ichbewussten Stürzen; Lust in Ohnmacht abzugleiten, zur modernen Rausch-Erfahrung.“[96]

Allerdings lässt sich in der Literatur des Fin de siècle nicht ohne weiteres entscheiden, ob sie sich der Faszination des Schwindels lustvoll bedient oder seine Zumutungen stillzustellen oder zu überwinden sucht. Hofmannsthals *Chandos*-Brief und Rilkes *Malte,* Wedekinds Lulu-Tragödie, P. Scheerbarts *Lesabendio* wie auch S. Przybyszewskis *De Profundis* bezeugen diese Unentschiedenheit. Zunächst spricht einiges dafür, dass der Schwindel in diesen Texten eher positiv beurteilt wird. Bei näherer Untersuchung zeigt sich allerdings, dass die Schwindelerfahrung im Kontext der Décadence und des Fin de siècle zwar als Folge einer forcierten Übersensibilisierung verstanden wird, von der sich das ästhetizistische Bewusstsein die entscheidende Überlegenheit gegenüber dem ideologisch befangenen ‚bürgerlichen‘ Normalerleben verspricht. Gleichzeitig gibt sie sich aber auch als fragwürdiger Preis zu erkennen, der für solche Distinktionsgewinne bezahlt werden muss.[97] „Immer habe ich einen Abgrund gespürt“, heißt es einmal bei Baudelaire,

94 Sie lässt sich u. a. an folgenden Daten ablesen: 1833 Erfindung des Telegraphen, 1835 erste deutsche Eisenbahnlinie, 1861 Erfindung des Fernsprechers, 1866 erstes transatlantisches Kabel, 1876 Erfindung des Otto-Motors, 1903 erster Motor-Flug der Gebrüder Wright.

95 Vgl. Christoph Asendorf: Super Constellation. Flugzeug und Raumrevolution. Wien, New York 1997, S. 39-42.

96 Jeannot Simmen: Vertigo. Schwindel der modernen Kunst. München 1990, S.16.

97 Vgl. Andreas Hiepko: Die schönen Tode des Autors. Das Beispiel Baudelaire. In: Hans Richard Brittnacher, Fabian Stoermer (Hg.): Der schöne Schein der Kunst und seine Schatten. Bielefeld 2000, S. 178-192.

> nicht nur den Abgrund des Schlafes, sondern auch den Abgrund des Handelns, des Traums, der Erinnerung, des Begehrens, der Schuldgefühle, des Selbstmitleids, des Schönen, der Zahl [...] Ich habe meine Hysterie genussvoll und mit Schrecken kultiviert. Jetzt ist mir immerzu schwindlig, und heute, den 23. Januar 1862, ist eine sonderbare Warnung an mich ergangen; ich fühlte *das Wehen des Flügels der Verblödung* über mich hinstreichen.[98]

Als Auslöser für den Schwindel erscheint etwa in Hofmannsthals *Chandos*-Brief nicht die viel beschworene Sprach- und Erkenntniskrise selbst, wie man sie beispielhaft bei Autoren wie Nietzsche, Mauthner und Mach diagnostiziert findet, sondern erst die Besetzung der als konventionell durchschauten Identitätskonstruktionen mit negativen Affekten, insbesondere dem Ekel.[99] Damit wird evident, dass für die Konzeptualisierung des Schwindels um 1900 nicht nur die im Prozess der Industrialisierung entfaltete technische und soziale Dynamik, sondern auch der parallele Vorgang einer zunehmenden Normalisierung entscheidend ist.[100]

Die am Schwindel ablesbaren Szenarien einer vielfachen Irritation erweisen sich dabei auch als ein möglicher Ausgangspunkt ästhetischer Innovationen, in denen die ungebundenen Elemente der Wahrnehmung zu Quellen neuartiger ästhetischer Intensitätserfahrungen werden. Sie versetzen das Bewusstsein gerade nicht mehr in Schwindelzustände, sondern ermöglichen ihm eine innere Sammlung, deren Beschreibungen oft deutlich von traditionellen Motiven der Mystik geprägt sind. Seinen poetischen Ausdruck soll dieses neue Bewusstsein dann u. a. in der Artikulation einer ‚stummen Sprache‘ der Dinge finden.

An Hofmannsthals Lord Chandos ist zu beobachten, dass die Krise des Subjekts über das Sprach- und Denkvermögen hinaus die ganze Person und ihre Sinne affiziert und sie Schwindelgefühlen anheimgibt. Es gelingt ihm nicht mehr, die Menschen und ihre Handlungen

> mit dem vereinfachenden Blick der Gewohnheit zu erfassen. Es zerfiel mir alles in Teile, die Teile wieder in Teile, und nichts mehr ließ sich mit einem Begriff umspannen. Die einzelnen Worte schwammen um mich; sie gerannen zu Augen, die mich anstarrten und in die ich wieder hineinstarren muss:

98 Charles Baudelaire: Oeuvres complètes, hg. von Claude Pichois. Paris 1975-76, Bd. 1, S. 668. Übersetzung von Andreas Hiepko; zitiert nach: A. Hiepko: Die schönen Tode des Autors, wie Anm. 97, S. 181.

99 Zum Ekel, dessen Symptomatik in vielfacher Weise mit derjenigen des Schwindels verbunden ist, vgl. Winfried Menninghaus: Ekel. Theorie und Geschichte einer starken Empfindung. Frankfurt a. M. 1999.

100 Solche Prozesse der Normalisierung hat etwa Jonathan Crary in seiner Studie zu dem komplementär auf den Schwindel bezogenen Konzept der Aufmerksamkeit beschrieben. (Jonathan Crary: „Aufmerksamkeit". Wahrnehmung und moderne Kultur. Frankfurt a. M. 2002). Anders als die etwa in Goethes autobiographischer Verarbeitung des Schwindels beschriebene Affektregulierung zielen die Strategien der Disziplinierung und Normalisierung, wie sie Foucault u. a. unter dem Stichwort der Biopolitik insbesondere für das 19. Jahrhundert beschrieben hat, nicht auf die Ausbildung einer kulturell bestimmten harmonischen Subjektivität, sondern auf die Kontrolle in erster Linie biologisch definierter Individuen. Das mag ein Grund dafür sein, dass die Normalität von den Literaten an der Wende zum 20. Jahrhundert besonders negativ besetzt wird.

Wirbel sind sie, in die hinabzusehen mich schwindelt, die sich unaufhaltsam drehen und durch die hindurch man ins Leere kommt.[101]

Wenige Seiten, nachdem Lord Chandos von diesem Schwindel berichtet hat, gibt er über die alternative Erfahrung der Wirbel eines verflüssigten Denkens Auskunft. Diese führen nicht wie „die Wirbel der Sprache ins Bodenlose“, sie sind gerade nicht schwindelerregend, sondern scheinen „in den tiefsten Schoß des Friedens“ zu führen.[102] Ähnlich kommentiert Rilke das Schwindelerleben Maltes umgehend mit dem Hinweis auf die utopische Erwartung seines Protagonisten, dass dieses Elend sich unvermittelt in die Seligkeit einer ganz neu gedeuteten Welt verwandeln könnte. Und im Blick auf seinen Schwindel und die fragwürdige Hoffnung auf dessen Überwindung charakterisiert Malte seine Aufzeichnungen dann ebenso wie Chandos seinen Brief als ein von tiefen Zweifeln eingenommenes Sprechen, das an den Rand des Verstummens reicht.

Wenn die Literatur beider Jahrhundertwenden vielfältige Schwindelphänomene wohl unterschiedlich, aber auffallend häufig und eindringlich verhandelt, dann deshalb, weil sie in ihnen eine für ihre Zeit charakteristische Gefühlslage erkennt. Sie veranschaulicht Irritationen im Selbstverhältnis des Subjekts und deutet auf Prozesse der Modernisierung, die zu seiner Desorientierung beitragen. Sie experimentiert mit Situationen, die den aufrechten Gang verwehren oder dem Subjekt spielerisch andere, leichtere Bewegungsarten abverlangen, ja ihm mitunter den Boden zu entziehen scheinen. Sie konfrontiert ihre Figuren mit reizvollen oder riskanten emotionalen und physischen Erfahrungen, die dazu führen, dass die Einbildungskraft zu schweifen beginnt und die Sinne ihre Orientierungskraft zu verlieren drohen. Vor allem fallen, im Widerspruch zu den Erwartungen der Aufklärung, die Prognosen über die Verlässlichkeit des Sehsinns und seinen Beitrag zur Identitätsbildung, ungeachtet auch der technisch möglichen, bislang ungeahnten Erweiterung des Blickfeldes, um 1800 wie auch um 1900 mehr als skeptisch aus. Wer seine Selbstvergewisserung und sein Weltverhältnis auf Aufmerksamkeit gründet, findet sich leicht getäuscht und aus dem Gleichgewicht gebracht.

Der Schwindel als Krankheit oder als exquisiter Ausnahmezustand, als Übergangsphänomen zwischen Taumel und Täuschung, als Zustand lustvoller oder bedrohlicher Sinnverwirrung, stets so gefasst, dass das Gleichgewicht wiedergewonnen werden kann; der Schwindel schließlich als Seismograph erheblicher Irritationen in unserem kulturellen Zusammenhalt – er gab Anlass zu einer Reihe von Fragen, denen sich eine Konferenz unter dem Titel „Schwindelerfahrungen“ im November 2001 an der Freien Universität Berlin gewidmet hat. Diese Konferenz fand im Rahmen eines von der Deutschen Forschungsgemeinschaft geförderten Projekts gleichen Namens statt. Sie hat Mediziner,

101 Hugo v. Hofmannsthal: Ein Brief. In: Ders.: Gesammelte Werke, Erzählungen, Erfundene Gespräche und Briefe. Reisen. Frankfurt a. M. 1979, S. 461-472. Hier: S. 466.
102 Ebd., S. 471.

Philosophen, Kunsthistoriker, Literatur- und Filmwissenschaftler zusammengeführt. Ihre Beiträge zur medizinischen Diagnose sowie zur anthropologischen, kulturhistorischen und ästhetischen Signifikanz von Schwindelerfahrungen werden in diesem Band vorgestellt.

VII

Der erste Beitrag von Hans-Ludwig Spohr nähert sich dem Schwindel aus neurologischer und pädiatrischer Sicht. Auf kursorische Weise vergegenwärtigt er das medizinische Verständnis des Schwindels als ein unspezifisches Symptom der gestörten Raumorientierung. Als Leiter einer Klinik für Kinder- und Jugendmedizin ist sich Spohr in besonderem Maße der Problematik einer wissenschaftlichen Objektivierung dieser diffusen Selbstwahrnehmung bewusst. In der kinderärztlichen Praxis kompliziert sich die Differentialdiagnose insofern, als die kindlichen Unsicherheiten bei der Beschreibung von Symptomen die jungen Patienten nicht selten dem Verdacht aussetzen zu simulieren. Anhand ausgesuchter Bildbeispiele macht er deutlich, wie besonders die Epilepsie oder Fallsucht in der Geschichte der Medizin zu Fehldiagnosen führte. Eine religiös begründete Heilkunst neigte dazu, den Schwindel als Besessenheit zu interpretieren, also einer Denkfigur zu folgen, die den Schwindel als Dämon versteht, der sein Opfer ergreift – als „Schwindelgeist", wie ihn schon in der Bibel Gott unter die Fürsten und Weisen Ägyptens „ausgegossen hat", mit der Folge, dass jene ehrwürdige Hochkultur „wie ein Trunkenbold taumelt, wenn er speit" (Jes. 19,14). Und noch in Wielands *Oberon* „übermannt" er seine Opfer, so dass selbst alte Männer „sich tanzens nicht enthalten"[103] können. Erst spät wird aus dem Schwindelgeist, der übermannt, überwältigt, ergreift oder einfährt, ein Mensch, der einen solchen Geist hat: ein Schwarmgeist oder Phantast.

Nach diesem medizinischen Auftakt eröffnet Hans-Christian von Herrmanns Beitrag die kultur-, literatur- und filmwissenschaftlichen Annäherungen an Schwindelphänomene. In einem weit gespannten zeitlichen Bogen, der von 1500 bis in die jüngste Vergangenheit reicht, werden drei historische Typen des Schwindels unterschieden.

Um 1500 schreibt Antonio Manetti die *Novelle vom dicken Holzschnitzer*, in der eine verschworene Gemeinschaft von Zunftmeistern und Patriziern den biederen Handwerker Manetto Ammanantini glauben macht, er sei ein anderer und ihn so in einen „Zwiespältigkeitswahn" (*una fantasia d'ambiguità*) stürzt, in dem Traum und Wachen, Täuschung und Wirklichkeit ununterscheidbar werden. Für sich genommen scheint diese Novelle nur die Ausführung eines sattsam bekannten Themas zu sein. Bedenkt man jedoch, dass der Initiator des Streiches, der den Holzschnitzer sich in einen schwindelerregenden Zweifel

103 Zit. nach Grimm: Deutsches Wörterbuch, wie Anm. 9, Bd. 9, Sp. 2658.

über seine Identität verlieren lässt, Filippo Brunelleschi ist, dem der Florentiner Dom bekanntlich seine Kuppel verdankt, so wird die Erzählung als „dunkle Rückseite der Urszene der [...] repräsentativen Bildlichkeit der Neuzeit" lesbar, als die Brunelleschis berühmtes Perspektivexperiment verstanden werden kann. An dessen Ende stand die Überzeugung, dass das perspektivische Bild den Platz der Dinge einnehmen und sie in ihrer Abwesenheit repräsentieren kann; allerdings bleibt die zum Bild gewordene Welt, wie die Engführung von Experiment und bösem Streich zeigt, durch einen „abgründigen Mangel an Sein" bedroht. Die perspektivische Bildkonstruktion, also jener kohärente Raum mit genauen Maßangaben, an dem sich bis ins 19. Jahrhundert die ästhetische wie die lebensweltliche Aufmerksamkeit orientiert, beruht mithin auf einer Täuschung.

Wenn um 1800 im Begriff der Erscheinung bzw. Vorstellung Erkenntnis und Täuschung ausdrücklich miteinander verknüpft werden, wird der Schwindel zum psychologischen Sachverhalt, für den Marcus Herz' *Versuch über den Schwindel* Zeugnis ablegt. Im Verlauf des 19. Jahrhunderts, das die quantifizierende Untersuchung der Sinnesleistungen und ihrer Grenzen in den Vordergrund rückt, beginnt jedoch der unaufhaltsame Abstieg der Aufmerksamkeit, bis sie schließlich um 1900 ihren konstitutiven Stellenwert verliert. Benjamins Kunstwerk-Aufsatz (1936) resümiert die Effekte dieser neuen epistemologischen Lage auf Kunst und Kunsttheorie und erklärt das Kino zu dem Ort, an dem das aufmerksame bürgerliche Individuum und sein perspektivisch festgelegter Standpunkt ausgespielt haben. An seine Stelle tritt der „zerstreute Examinator", der sich für die schwindelerregenden Geschwindigkeiten des modernen städtischen Verkehrs, die automatisierten Fabriken und den maschinisierten Krieg rüstet.

Einige Jahre zuvor verfasste Wolfgang Metzger seine Mitteilungen über *Optische Untersuchungen im Ganzfeld*, die 1930 erschienen. Metzger hatte in Berlin psychologische Laborexperimente durchgeführt, in denen die Probanden vollkommen konturlosen Flächen ausgesetzt waren. Sie glaubten „in einem Lichtnebel zu schwimmen" und in eine „schwankende Umgebung ohne feste räumliche Struktur versetzt" zu sein.

Diese Ganzfeldexperimente, die in den 50er und 60er Jahren des letzten Jahrhunderts in den USA wieder aufgenommen wurden, lassen sich als „experimentell erzeugter Bildausfall" verstehen, der, wie im Fall der Himmelsmyopie oder der Nachtblindheit, die Suche nach Haltepunkten enttäuscht. Die Lichtinstallationen James Turrells und Yves Kleins monochrome Bilder, so von Herrmann, haben schließlich auch die Museumsräume in „Ganzfelder" verwandelt. Mit dem Museum war auch die letzte Bastion gesteigerter Aufmerksamkeit und Konzentration gefallen, und mit der Auflösung der Bildfläche waren die Ordnungskoordinaten neuzeitlicher Bildlichkeit gesprengt.

Nach dieser fünfhundertjährigen Verfallsgeschichte der Aufmerksamkeit folgen mehrere literaturwissenschaftliche Einzeluntersuchungen in chronologischer Abfolge. 1820 erschien E.T.A. Hoffmanns späte Erzählung *Prinzessin Brambilla*, die nicht nur von Heine als schwindelerregend empfunden wurde. ANDREAS HIEPKO versucht, sie als frühes Zeugnis einer Gesellschaft des Spektakulären zu deuten. Tatsächlich bietet Hoffmann in seinem Capriccio das gesamte semantische Spektrum auf, das mit dem Schwindel assoziiert werden kann: Täuschung, Taumel, Drehschwindel, Maskerade und Illusionismus. Erzählt wird die Geschichte vom eitlen Tragödienschauspieler Giglio Fava, den der „stadtbekannte Ciarlatan“ Celionati mittels einer wohldurchdachten Intrige zur Commedia dell'Arte bekehrt. Die raffinierten Täuschungsmanöver des vermeintlichen Budenzauberers dienen jedoch keiner betrügerischen Absicht, sondern haben therapeutischen Wert; der Schwindel, in den sie Giglio versetzen, ist heilsam. Aus der Ohnmacht, die den Schauspieler schließlich übermannt, erwacht er ernüchtert und erkennt seinen Selbstbetrug. Für ihn gilt, dass „der Moment, in dem der Mensch umfällt, der erste [ist], in dem sein wahrhaftes Ich sich aufrichtet“.

Schon Baudelaire bemerkte, dass Hoffmann sein „exzentrisches Drama [...] aus wohlerwogenen Gründen auf den turbulenten Korso [Roms] verlegt“ hat. Die Handlung spielt sich während des Karnevals ab, dem Goethe bekanntlich dreißig Jahre zuvor ein kleines Büchlein gewidmet hatte. Hiepko zieht diesen Text heran, um zwei grundsätzlich verschiedene Beurteilungen des schwindelerregenden närrischen Treibens miteinander zu konfrontieren. Während Goethe das Geschehen aus einem „ethnographischen“ Blickwinkel betrachtet, um Italienreisenden eine „Übersicht“ über „die Freuden und den Taumel dieser Tage“ zu verschaffen, legt es Hoffmann darauf an, den Leser durch die Verdopplung der Personen und abrupte Wechsel der Erzählperspektive zu desorientieren, oder, wie Heine es ausdrückte, ihm „den Kopf schwindligt [zu] mach[en].“ Mit dieser ebenso kurzen wie emphatischen Beurteilung von Hoffmanns wohl umstrittenster Erzählung begann eine produktive Rezeption durch Autoren wie Baudelaire und Kierkegaard, von denen der Schwindel nicht länger als ein pathologisches Grenzphänomen, sondern als zentrale anthropologische Kategorie betrachtet wurde.

Herman Melvilles letzter Roman *The Confidence-Man: His Masquerade*, der 1857 in New York erschien, ist die nächste Station. Andreas L. Hofbauers Lektüre dieses Romans konzentriert sich auf den Schwindel als „Unterbau sozialer Gefüge“. Die denkbar handlungsarme Geschichte spielt sich auf einer Dampferfahrt auf dem Mississippi ab, an nur einem Tag, dem 1. April, und nimmt somit das von Hoffmann gewählte Thema der Narren wieder auf. Hofbauer interessiert jedoch weniger die verwirrende Personage dieser literarischen Ausflugsgesellschaft, die den Leser schnell die Orientierung verlieren lässt. In einer präzisen Analyse der Schlusskapitel versucht er vielmehr, das Phantasma des Gesellschaftsvertrages als solches hervortreten zu lassen. Hier geht es um den Schiffsbarbier William Cream, der von Beruf aus misstrauisch ist. Zumindest konzediert man Friseuren gemeinhin Menschenkenntnis, da sie täglich mit Schminke und falschem oder gefärbtem Haar zu tun haben, und nicht umsonst wird die Hauptbeschäftigung des Barbiers, das Schaumschlagen und Einseifen, auch und gerade im übertragenen Sinne gebraucht. Der also nicht grundlos Misstrauische gewährt keinen Kredit. „No trust“ lautet deshalb die Aufschrift eines in seinem Salon aufgehängten Schildes. Frank Goodmann, der Philanthrop und Weltbürger, der es sich zur Aufgabe gemacht hat, Vertrauen unter die

Menschen zu bringen, muss dies selbstredend als Affront betrachten. Sie schließen einen Vertrag, in dem der Menschenfreund versichert, dem Barbier seine eventuellen Verluste zu kompensieren, wenn er sein plakatives Misstrauen gegen die Menschen ablegt.

Der Roman würde wohl nicht *Confidence-Man* heißen, wenn dieser Vertrag eingehalten würde. Denn der Con-Man ist ein Trickbetrüger genuin amerikanischer Prägung. Er agiert nicht allein, sondern inszeniert einen Komplott, der eine Unternehmung fingiert, mit der das schnelle Geld in den Bereich des Möglichen rückt und sich selbst das Opfer als besonders gerissen vorkommt. Nur scheitern die Deals, die bei hohem Einsatz eine vielfach höhere Rendite versprechen. Denn bevor diese ausgezahlt werden kann, treten Ordnungskräfte auf, um die windigen Geschäfte zu vereiteln. Diese vertrauenswürdigen Vertreter der Staatsmacht sind allerdings selbst Spieler im Con-Game, was nur das sich ertappt fühlende Opfer nicht weiß.

Während Hofbauers Melville-Lektüre nahe legt, dass allen Tauschverhältnissen Täuschungsverhältnisse zu Grunde liegen, führt ROLF-PETER JANZ einen ganzen Reigen von Verstellungskünstlern ins Feld und versucht eine erste Systematik ihrer Strategien. Felix Krull, der diesen Reigen anführt, findet nicht zufällig sein Idol unter den Illusionisten des Zirkus, nämlich in der Trapezkünstlerin Andromache, deren halsbrecherische Aktivitäten, als phantasmagorisches Selbstbild, seine eigenen hochstaplerischen mit dem Odium der Gefahr umgeben sollen. Dennoch wird dem Schwindler schwindlig. Denn sein Artistentum hat weniger mit Körperdrill als mit der Beherrschung sozialer Konventionen zu tun. Jaroslav Hašeks Schwejk ist das Gegenbild des eleganten Hochstaplers, ein Tiefstapler, der nicht hoch-, sondern durchzukommen versucht. Seine Strategie besteht darin, sich dumm zu stellen, wobei nicht mehr zu erkennen ist, ob er den Idioten nur spielt oder tatsächlich einer ist. Literarisch der Tradition des Pikaro, des Schelmen entwachsen, geht es ihm nicht darum, die Nachfolge eines idealistischen Schwarmgeistes, also eines Don Quichote, anzutreten, sondern um die gewitzte Bauernschläue Sancho Pansas.

Jakob von Gunten, der Protagonist des letzten in Robert Walsers Berliner Zeit entstandenen Romans, ist wiederum ein Aristokrat, der eine Dienerschule besucht, „um eine reizende kugelrunde Null“ zu werden. „Emporkömmlingstugenden“ besitzt er keine und nähert sich so der Figur des Dandys an. Er gibt den renitenten Schüler, der seine Lehrerin deshalb fasziniert, weil er beizeiten durchblicken lässt, dass seine selbsterniedrigende Dienstfertigkeit nur gespielt sein könnte, um eine alle Realitäten missachtende Selbstüberschätzung ausagieren zu können. Hoch- oder Tiefstapler, ob es ihnen nun gelingt aufzusteigen, zu überleben oder mit einer gewissen Heiterkeit ihre Bedeutungslosigkeit zu ertragen, allen gemeinsam ist, dass ihre Fähigkeit, sich zu verstellen, ihr virtuoser Umgang mit Maskeraden, ihr Simulationsgeschick, als Lebenskunst ausgelegt werden kann. Der Affe ‚Rotpeter‘ aus Franz Kafkas Erzählung *Ein Bericht für eine Akademie* hingegen, der der Devise folgt, „sich in die Büsche zu schlagen“, um einen „Ausweg“ zu finden, nobilitiert den Schwindler nicht mehr, indem er dessen Verstellung zur Kunst stilisiert, sondern als Dressur deutet, als ausweglose Einübung in die sozialen Normen, mit denen seine literarischen Wegbereiter noch glaubten spielen zu können.

Während Felix Krull von der „Heiterkeit" des Wirtschaftswunders getragen wird, wählte Thomas Mann gut vierzig Jahre zuvor einen weniger leichtfüßigen Umgang mit dem Schwindel. FABIAN STOERMERS Interpretation von Manns Erzählung *Der Tod in Venedig* zeigt eindrücklich, dass der Schwindel immer auch ein „Vorspiel vor dem Tod" (Kant) ist. Gustav von Aschenbachs „nur halb körperliche Schwindelanfälle" haben ihren guten somatischen Grund. Sie sind die Symptome einer letalen Cholerainfektion, mithin Begleiterscheinungen einer vulgären Krankheit, die aus eben jenem exotistischen Orient stammt, der Aschenbach die Fluchtrichtung vorgab. Hier ist der Schwindel von einer „heftig aufsteigenden Angst begleitet", einem „Gefühl der Ausweg- und Aussichtslosigkeit", das an die fatalistische Sicht von Kafkas *Bericht für eine Akademie* gemahnt.

Aschenbachs angstauslösender Schwindel kann vor dem Hintergrund von Freuds Theorie der Angstneurose betrachtet werden. Er wird von einer „fehlgehenden" Sexualität verursacht, die den Protagonisten als einen exemplarischen Vertreter der Décadence veranlasst, lustvoll und geängstigt zugleich dem Todestrieb zu folgen. Zum Abgrund aber, vor dem Aschenbach schließlich dem Schwindel erliegt, wird das Begehren erst von den Versuchen seiner kulturellen und ästhetischen Ökonomisierung gemacht. Gerade darin erfasst Thomas Manns Novelle eine zentrale Qualität des Schwindels, von dem nie ganz klar ist, ob er „sich auf die äußere Welt oder auf [die] [...] eigene Existenz" bezieht. Aschenbachs undramatisch eingeführter, aber dramatisch endender Schwindel weist, so Stoermer, noch jenseits der erkennbaren Intentionen Thomas Manns darauf hin, „dass sich der Zusammenhang von Bewusstem und Unbewusstem, von dem, was in einer Kultur jeweils vorgestellt werden kann, und dem, was von der Repräsentation ausgeschlossen ist, gerade gegen den Versuch, die Unterscheidung von beidem gewaltsam zu befestigen, jenseits jeder rationalen Ökonomie der Darstellung und der Sublimierung Geltung verschafft".

DORIS BORELBACHS Untersuchung lenkt die Aufmerksamkeit auf einen Text, in dem der individualgeschichtlich relevante Übergangszustand der Adoleszenz mit einem epochalen Umbruch zusammenfällt. Jene Phase des Lebens, in der man glaubt, kein Kind mehr zu sein, noch auch berechtigt ist, sich zu den Erwachsenen zu zählen, wird in regulierten Systemen gemeinhin durch *Rites de passage* strukturiert und abgeschlossen. Solche Übergangsriten haben in erster Linie die Funktion, einer von bislang unbekannten Hormonzuständen überraschten und folglich höchst schwindelanfälligen Jugend Orientierungsmuster nicht – wie es im pädagogischen Diskurs unserer Tage heißen muss – anzubieten, sondern in sie, mitunter auch buchstäblich, einzuschreiben. Auf solche stabilisierenden Mechanismen kann der Protagonist des von Doris Borelbach analysierten Romans jedoch nicht zurückgreifen. *Die Verwirrungen des Zöglings Törleß* werden nicht mehr durch eine institutionalisierte Initiation in ruhigere Bahnen gelenkt. Robert Musils Törleß bleibt angesichts der „Brüchigkeit kultureller und gesellschaftlicher Orientierungsmuster" mit seinen pubertären Anfechtungen allein, und er kann sich ihrer auch nicht mittels sanktionierter Verfahren erwehren. Der Zögling erliegt dem pubertären Schwindel. Denn statt ihn als Symptom einer unabgeschlossenen, weiter fortdauernden Adoleszenz zu deuten, das es um den Preis des Erwachsenseins zu unterdrücken gilt, beginnt er diese Zustände der Verwirrtheit nachgerade zu kultivieren. Seine unübersehbar erotisch besetzten Schwindelanfälle verbürgen als intensive Erfahrung eine Wirklichkeit, die um 1900 nicht unerheblich in Mitleidenschaft gezogen wurde. So durchlebte Musil seine eigene Pubertät eben in jenen Jahren, in die – seit den ersten Filmvorführungen der Brüder Lumière – der Siegeszug des Kinematographen fiel. Ein Apparat, wie Törleß bemerkt, der nur „die Vision von Visionen" liefert, und, die menschlichen Wahrnehmungsschwellen unterlaufend, uns glauben macht, Bewegungen zu sehen, wo nichts als Einzelbilder sind.

Um 1500 machte die Erfindung der Zentralperspektive es möglich, Flächen räumlich erscheinen zu lassen. Vierhundert Jahre später nutzt die Erfindung des Kinos das sinnesphysiologische Faktum des Nachbildeffekts, um mittels still gestellter Bilder Bewegungen zu suggerieren. Doch der Film erschöpft sich nicht in dieser optischen Täuschung. Im abschließenden filmwissenschaftlichen Beitrag erwägt THOMAS KOEBNER den „semantischen Wert der psycho-physischen Reaktionen auf die neuen technischen Stimuli der Film-Rhetorik", die nicht selten, u. a. durch schnelle Schnitte, Schwindeleffekte zu erzeugen vermögen.

Er versteht den Schwindel als „Indikator einer Urangst", der Angst *vor* dem Sturz, die ihn als „Vorzeichen einer äußersten Gefährdung des Daseins" zu deuten nötigt. An markanten Beispielen aus der nunmehr hundertjährigen Filmgeschichte wird jedoch ersichtlich, dass diese „Urangst" in unterschiedlichen Kontexten ihre Wirkung entfaltet. So gibt Walter Ruttmanns *Berlin – Die Sinfonie der Großstadt* von 1927 einer allgemeinen Krisenstimmung Ausdruck, die seit der Jahrhundertwende vor allem die Verlierer der neuen Gegebenheiten ergreift. Diejenigen, die mit dem Tempo der Moderne nicht mehr Schritt halten können, empfinden die Eskalation der Geschwindigkeit nicht als lustvollen Kitzel. Folgerichtig endet eine Sequenz, in der Drehtüren, rotierende Spiralscheiben und eine Achterbahnfahrt montiert werden, mit einer Szene, in der eine Frau von einer Brücke in die Strudel des Wassers blickt, von denen sie einen Schnitt später in die Tiefe gezogen wird; sie ertrinkt.

In den 40er und 50er Jahren, so Koebner, ist es nicht mehr die kollektive Krise, die im Vordergrund steht. Die sozialen Konflikte werden individualisiert und ins Psychologische gewendet. So experimentierte Hitchcock schon lange vor *Vertigo* mit Kameraeinstellungen, die den Sog in die Tiefe bildhaft werden lassen sollten. Allerdings trägt dieser Film von 1958, dessen Plot ohne die Höhenangst seines Protagonisten nicht erzählt werden könnte, seinen Titel zu Recht, weil hier der Meister des Suspense das Thema des Schwindels wie wohl kein zweites Mal in der Filmgeschichte auf jede nur erdenkliche Weise durcharbeitet.

Ein neues Kapitel schlagen dann die ikarischen Helden wie Super-, Bat- und Spiderman auf. Ihnen eignet die Fähigkeit, sich virtuos der Schwerkraft zu entziehen. Und wenn auch das Doppelleben dieser im Alltag meist überangepassten Helden offensichtlich einer Allmachtsphantasie entspringt, markiert ihr Blick aus der Höhe in die Häuserschluchten der am Muster New Yorks orientierten Simulationen zukünftiger Metropolen doch eine posthumane Schwindelfreiheit, die schließlich in der Science-Fiction kulminiert. Im Weltraum sind alle irdischen Ordnungskoordinaten suspendiert; zwischen Vertikale und Horizontale zu unterscheiden entbehrt im All jeden Sinns. Wir schreiben das Jahr 2001. In Stanley Kubricks Replik auf die Odyssee wird der Sturz einer Raumgondel, die von der Schwerkraft des Jupiter hinabgerissen wird, zur ekstatischen Jenseitsreise, wie sie sich sonst nur die Mystiker erträumt haben.

* * *

Die Herausgeber danken der Deutschen Forschungsgemeinschaft und dem Außenamt der Freien Universität Berlin für die Unterstützung der Tagung, aus der dieser Band hervorgegangen ist. Unser besonderer Dank gilt ferner Gisela Krone, sie hatte die ersten Ideen zum Thema und war bei der Planung des Forschungsprojekts „Schwindelerfahrungen“ beteiligt; Katrin D. Dapp für die Organisation und Durchführung der Konferenz im November 2001 und vielfältige Anregungen und Hilfen sowie Mathias Hennig für die Erstellung der Bibliographie.

Berlin, März 2003 Die Herausgeber

Hans-Ludwig Spohr

Kindliche Schwindeleien

Bei der Nachfrage eines Titels für meinen Beitrag als Kinderarzt zu diesem Symposium habe ich Peter Janz rasch, leichtsinnig und kokett „Kindliche Schwindeleien" am Telephon angegeben. Eigentlich tat ich das nur, um dem etwas trockenen, akademischen, trüben Titel „Der Schwindel in der kinderärztlichen Praxis oder Schwindel aus pädiatrischer Sicht" zu entgehen, dann aber auch der eklatanten Doppeldeutigkeit wegen, die sich in diesem Begriff augenblicklich aufdrängt.

Kinder, besonders die kleinsten unter ihnen, und sie werden in der Regel häufiger von diesem Symptom betroffen und können mit dem ärztlichen Begriff „Schwindel", also mit einem somatischen Empfinden der Irritation und der räumlichen Orientierungslosigkeit überhaupt nichts oder doch kaum etwas anfangen. Schwindelzustände bei Kindern erzeugen Verwirrung, Unruhe und Unsicherheit, bei einem Kleinkind in der Regel einfach große Angst.

Bei Kindern mehr noch als bei Erwachsenen sind schwindelerregende Situationen, im Übergang von Wachen und Träumen, Wirklichkeit und Illusion,Taumel und Täuschung, also ilusionäre Wahrnehmungen, stets eng mit dem Begriff Schwindeln verwoben. Schwindelig sein, z. B. durch eine mütterlich strenge Nachfrage bei einer etappten kleinen Notlüge, ist ihnen und ihrem kindlichen Fühlen näher als das Symptom des Schwindels als einer Überforderung der Wahrnehmungskoordination.

Aber Schwindeln, Flunkern, Phantasieren, Prahlen und Lügen auf der einen Seite und Drehen, blass werden, Schwindeln, das Gleichgewicht verlieren und Stürzen auf der anderen Seite sind auch und gerade in der Kindheit und also stets von Anfang an vorhanden, sind entwicklungspsychologische Grenzphänomene, die sich in dem Begriff der Schwindelerfahrung gegenüberstehen; zwei Seiten einer Medaille, die sich im klinischen Alltag begrifflich oft im Wege stehen, janusköpfig austauschbar und – mehr als es uns Ärzten lieb ist – uns verwirren und zu Fehldiagnosen anstiften können.

Und aus einer etwas entfernteren, medizingeschichtlichen Perspektive betrachtet, hat über Jahrhunderte dieser Januskopf die ärztliche Heilkunst Krankheitsbilder aus historischem Mangel an Wissen oft auf schreckliche Weise fehlinterpretieren und die betroffenen armen Geschöpfe unter zumeist martialischen Therapieversuchen leiden lassen. Ich werde darauf noch genauer eingehen.

Aber zurück in den klinischen Alltag der „Kindlichen Schwindeleien". – Ein Beispiel: Kleine Kinder können – wie wir gesehen haben – ihre Symptome nicht genau beschreiben. Fragen Sie einen 3-jährigen bei einer klinischen ambulanten Vorstellung auf den

Kopf zu, wo er denn genau seine „Kopfschmerzen“ habe, derentwegen er offenbar von seiner beunruhigten und an Migräne leidenden Mutter vorgestellt wird, so wird das Kind möglicherweise spontan auf seinen Bauch zeigen, der ihm wahrscheinlich viel eher ein bisschen wehtut und zwickt als der Kopf.

Er sagt in der Regel eben nur „aua“ und „es tut weh“; aber seiner den lieben langen Tag über die eigenen Kopfschmerzen klagenden und insistierenden Mutter, wo denn das „aua“ sitze, weist er zu Hause der geliebten Mama nacheifernd stolz auf den Kopf hin; und damit ist nicht selten ein „Kopfschmerzkind“ geboren.

Andererseits, weil allgemein Kinder so unsicher sind in der Beschreibung ihrer subjektiven Beschwerden und vom Schwindel-Symptom, das ja eine akute Überforderung der Wahrnehmungskoordination ist, nur hilflos irritiert wirken und die Ärzte oft bei der Untersuchung auch nichts finden können, stehen die kleinen Patienten schnell als Schwindler da. Ich finde nichts, sagt gewichtig der Doktor, Du schwindelst doch nur. Du bist nicht lieb, Du hast doch gar nichts, sagt dann auch die enttäuschte Mama.

So wird die Unfähigkeit, die Unreife, Gefühle und subjektive Missempfindungen adäquat zu beschreiben oder zu benennen, zur Falle. In unserem Beispiel also der Schwindel zur Schwindelei, zur Lüge. – Eine frühe, elmentare und, wenn man so will, archaische kindliche Erfahrung.

Das hat nicht selten tragische Folgen: Schwindel als Simulieren und nicht das Erkennen einer dem Schwindel zugrunde liegenden und möglicherweise schwerwiegenden Erkrankung. Oder aber auch Schwindel als unachtsam wahrgenommmenes Phänomen, das man als temperamentvolles Toben eines Kleinkindes, als Ungeschicklichkeit oder altersbedingte Tapsigkeit abtut und das doch ein sensibles und oft untrügliches Zeichen eines unerkannten Hirntumors darstellen kann.

Als neuropädiatrisch tätiger Kinderarzt, der sich besonders mit kindlichen neurologischen Erkrankungen vom Neugeborenenalter bis zur Adoleszenz beschäftigt, habe ich dem Symptom Schwindel in jeder kindlichen Anamnese von jeher mein besonderes ärztliches Augenmerk und meine besondere Beachtung geschenkt.

Das eben skizzierte Beispiel eines übersehenen kindlichen Hirntumors lässt verständlich werden, dass das Symptom kindlicher Schwindel stets eine ärztliche innere Unruhe auslösen muss. Und nicht selten muss das Schwindel-Symptom als Hinweis auf eine Gleichgewichtsstörung und in Verbindung mit morgendlichem Erbrechen als ein mögliches Zeichen auf ein zerebrales Geschehen direkt und insistierend vom Kinde erfragt werden, um es früh genug als Warnsignal zu erkennen.

Wie bei jedem – auch den erwachsenen Patienten – ist der Schwindel (Vertigo) ein unspezifisches Symptom der gestörten Raumorientierung. Seine Erfassung ist nicht selten auch bei größeren Kindern, die sich eigentlich artikulieren könnten, schwierig, es besteht fast bis in die Pubertät hinein – und vor allem auch dort – eine merkwürdige Indolenz in der Beschreibung des eigenen Beobachtens, der eigenen Gefühlswelt, der

Körperwahrnehmung, eben weil es sich wie bei anderen Gefühlen um eine subjektive, nicht messbare Sensation handelt. Jeder kennt das von seinen eigenen pubertierenden Kindern; Söhnen allemal: über Gefühle spricht man nicht, jedenfalls nicht mit Eltern, mit einem Handy soll es wohl deutlich besser gehen.

Woody Allen hat die Subjektivität des Symptoms „Vertigo“ wie kaum ein anderer filmisch dokumentiert und unvergesslich gemacht. In seinem *Stadtneurotiker* erfasst ihn plötzlich die unheimliche Angst, einen Hirntumor zu haben (ich entschuldige mich ein wenig, dass dies schreckliche Krankheitsbild hier so strapaziert wird). Also Woody Allen glaubt an dieses Krankheitsbild, dass ihn von Stund an wie eine Obsession im Banne hält. Er klagt über alle möglichen Symptome, entdeckt immer mehr für dieses Krankheitsbild typische Veränderungen an sich und – man ist schließlich als Zuschauer selbst völlig mitgenommen – tut dann das einzig Richtige, er geht zum Arzt und lässt eine zerebrale Kernspintomographie, ein MRT oder damals wohl eher eine Computer-Tomographie, ein CT anfertigen.

Jetzt sehen wir in einer langen Bild-Sequenz, wie der arme mit dem Leben schon abschließende Allen eine stille New Yorker Straße dahinwankt; man sieht ihn schwindelnd, tastend, kaum das Gleichgewicht haltend dahin gehen, und dies ist bei einem Manne, dessen schauspielerische Bewegungen an sich schon im gesunden Zustand ataktisch schwindelerregend sind, ein Bild des schieren Jammers. Der Deliquent bei einer Hinrichtung geht geraderen Schrittes und aufrechter dem Todesurteil entgegen. Schnitt...

Dieselbe ruhige Straße, derselbe junge, mit seiner großen dunklen Hornbrille unverkennbare Mann. Er kommt nun dem Betrachter entgegen, aber was für ein Bild: Strahlend und selbstsicher, mit akrobatischem Gleichgewicht tänzelnd, auf kleine Mauern und Simse springend mit choreographisch perfektem Beinschlag; der ganze Schwindel wie weggeblasen im wahrsten Sinne des Wortes; die Schädel-Tomographie – wir brauchen die Bestätigung nicht auszusprechen – war negativ ausgefallen.

In der Tat: Schwindel ist eben als subjektive Empfindung eine objektiv nicht messbare Größe!

Es gibt zahlreiche Mechanismen, die Schwindel erklären und Erkrankungen, die Schwindel verursachen können. Visuelle, propriozeptive und vestibuläre Afferenzen sind die wesentlichen Informationsquellen für die Position von Kopf, Rumpf und Extremitäten im Raum. Ein Schaden in einem dieser Systeme, aber auch Störungen in den Hirnzentren, in denen diese afferenten Informationen integriert und verarbeitet werden, können zu Schwindel führen.

Drei wesentliche Gruppen von Schwindel sind denkbar:

1. die peripher-vestibuläre Ursache
2. die zentral-neurologische, vom ZNS, dem zentralen Nervensystem ausgehende Ursache
3. allgemeine Ursachen

Einige anatomische Bemerkungen zum Schwindel seien mir gestattet. Der 8. Hirnnerv, der N. vestibulo-cochlearis hat zwei Komponenten, die pars cochlearis, die dem Hören dient, und die pars vestibularis, die wir zur Aufrechterhaltung des Gleichgewichts benötigen. Der N. vestibularis nimmt die Dreh-Impulse durch Verlagerung der Endolymphe und Reizung der Haarzellen in den Ampullen der Bogengänge, positive und negative Beschleunigung und besonders Drehbewegungen des Kopfes aus den drei Bogengängen auf und gibt diese Drehimpulse aus den Bogengängen zentral an die Vestibularis-Kerne weiter. Neben der Aufrechterhaltung des Gleichgewichtes kontrolliert der Vestibularis auch die Funktion der Fixation. Die Vestibulariskerne in der Medulla oblongata haben wichtige Verbindungen zu den Augenmuskelkernen, dem Kleinhirn, Rückenmark und dem temporalen Cortex, dem Schläfenlappen. So führt ein möglicherweise flüchtiger Ausfall der pars vestibularis des 8. Hirnnerven zu Drehschwindel, Ataxie und Horizontal-Nystagmus wie beim benignen Vertigo des Kleinkindes, auf den ich gleich noch zu sprechen komme.

Ein Vertigo, der sich als eine Illusion von Bewegung im Raume darstellt, weist stets auf eine vestibuläre Ursache hin. Der richtungsbezogene horizontale Drehschwindel gilt dabei als charakteristisch für eine einseitige *vestibuläre Störung*. Er wird auch bei geschlossenen Augen wahrgenommen und wird in der Akutphase von Nystagmus und vegetativen Symptomen wie Nausea, Erbrechen, Schweißausbrüchen, oft auch von Hörstörungen und Ohrgeräuschen begleitet. Im Kindesalter in der Regel eine sehr viel seltenere Ursache als bei Erwachsenen.

Den beidseitigen peripher-vestibulären Störungen ähnelt die Symptomatik eher *zentral-neurologischer Störungen*. Die strenge Richtungsbezogenheit und die Kopplung von Schwindel und Nystagmus fehlen bei diesen. Die Patienten geben Schwanken,Taumeln, Fallneigung und allgemeine Unsicherheit oder Betrunkenheitsgefühl an.

Bei den *allgemeinen Ursachen* für Schwindel sind die angegebenen Empfindungen noch weitläufiger: Atemnot, Schwäche in den Beinen, Leere im Kopf oder Magen, Flimmern, Schwarzwerden vor den Augen, tachykarder, unregelmäßiger Puls, Kollaps mit und ohne Bewusstlosigkeit, Kopfschmerzen, Doppelbilder treten auf.

Zur Differentialdiagnose gehört neben der Anamnese die körperliche Untersuchung (Neurologie und Gleichgewicht, Herz, Kreislauf, HNO), Labor, Technische Untersuchung: bei Erwachsenen die Prüfung der vestibulären Störung durch kalorische Stimulation der horizontalen Bogengänge und Messung der Auswirkung auf den Nystagmus (Elektronystagmographie = ENG), MRT, EKG, Echokardiographie, Kipptisch-Untersuchung.

Zu den häufigen kindlichen Schwindeldiagnosen gehören:

- gutartiger familiärer Vertigo des Kleinkindes
- Hyperventilationssyndrom
- medikamenteninduzierter Vertigo
- kindliche Migräne
- Epilepsie

Charakterisierung des Hauptsymptoms	**weiterführende Nebenbefunde**	**Verdachtsdiagnosen**	**Bestätigung der Diagnose**
spontane Vertigo, Dauer Minuten bis Stunden	Kopfschmerzen	Migräne	
	häufig Säugling oder Kleinkind	benigne paroxysmale Vertigo	
	Hörstörung, Tinnitus	M. Menière	
spontane Vertigo, Dauer länger als 24 Stunden	Virusinfekt	Vestibularneuritis	
	Otitis media	bakterielle Labyrinthitis	
	evtl. andere Hirnnervenausfälle, Sehstörung	multiple Sklerose	Schädel-MRT
provozierte Vertigo	Dauer wenige Sekunden	benigner paroxysmaler Lagerungsschwindel	
Z. n. Trauma		posttraumatische Vertigo	Anamnese
Medikamenteneinnahme	z. B. Sedativa, Antiepileptika, Neuroleptika, Blutdrucksenker	medikamenteninduzierte Vertigo	Anamnese, Medikamentenspiegel
andere periphere Ursachen		Labyrinthfistel	Schädel-MRT
	evtl. Tinnitus	fokale Ischämie, erbliche Degeneration	
meist Dauerschwindel	neurologische Symptome	multiple Sklerose, Tumor hinter Schädelgrube, Hirnstammischämie, heredodegenerative Erkrankungen	Schädel-MRT Liquor EEG Stoffwechseldiagnostik
	Hörstörung	Kleinhirnbrückenwinkeltumor	FAEP, Schädel-MRT
	Hörstörung, Keratitis	Cogan-Syndrom	FAEP = frühe akustisch evozierte Potentiale
paroxysmaler Schwindel		fokale Epilepsie	EEG
	Kopfschmerzen	Migräne	
Vertigo	Nystagmus, Doppelbilder, Sehstörung	okulärer Schwindel	ophtalmologischer Befund
	Angst	Angstzustände, Panik, Hyperventilation	Anamnese, Klinik
	niedriger Blutdruck	Hypotension, Synkope	Blutdruck-Monitoring, Kipptisch
	Medikamenteneinnahme	Intoxikation	Anamnese, Spiegel
	Fieber	Infektionen (Meningitis, Enzephalitis, etc.)	Liquorpunktion
	chronische Erkrankung	endokrine Störung (Diabetes, etc.)	Hormonspiegel
		Systemerkrankung	Immundiagnostik

Tabellen zur Differentialdiagnose der Vertigo: a) periphervestibuläre, b) zentralneurologische und c) allgemeine Ursachen.

Benigner Vertigo des Kleinkindes

Der wirklich reinen Form eines peripher vestibulären kindlichen Schwindels begegnen wir in dem benignen Vertigo des Kleinkindes, dessen Ursache völlig unbekannt ist. Er kann familiär gehäuft auftreten und trifft gesunde Säuglinge und Kleinkinder. Urplötzlich und ohne Vorboten befällt die kleinen Patienten der Vertigo, sie werden blass, fallen zu Boden oder klammern sich an der nächst sich ihnen bietenden Gelegenheit fest; die größeren Kinder halten sich meist krampfhaft und ängstlich fest, ohne hinzufallen; manchmal gelingt es noch, im Anfall zur Mutter zu laufen, um sich bei ihr verwirrt anzuschmiegen. Im Anfall und von den Eltern meist nicht bemerkt, kann es zum Auftreten eines kurzen, feinschlägigen Horizontal-Nystagmus kommen. Der benigne Vertigo dauert in der Regel nur Sekunden oder wenige Minuten bis maximal eine halbe Stunde. Die Ätiologie ist – wie so oft in der kindlichen Neurologie – unbekannt, die Schwindelattacke tritt nach meiner Erfahrung meist nur wenige Male auf und bedarf keiner Therapie; die Prognose ist absolut günstig.

Paroxysmaler Schwindel bei Kopfschmerzen

Paroxysmaler Schwindel kommt nicht selten bei Kopfschmerzen vor; dem nächsten schwindelerregenden Krankheitsbild. Unter den verschiedenen chronischen Kopfschmerzformen ist die Migräne häufigste Ursache sowohl bei Kindern als auch bei Erwachsenen. Schwindel kann dabei sowohl als zusätzliches Symptom oder aber auch als unabhängige, selbständige Erkrankung in Erscheinung treten; dies ist im Kindesalter eher selten. Die Migräne-Attacken sind charakterisiert durch 2-3 der folgenden Symptome: Heftiger Kopfschmerz („throbbing nature"), oft einseitig vorwiegend im Schläfenbereich auftretend, Erleichterung und Ende nach anschließendem Schlaf; Auftreten einer Aura, assoziiert mit Bauchschmerzen, Übelkeit, Schwindel und Erbrechen.

Die Inzidenz liegt bei 3,5% ; eine finnische Studie von 1983 ergab folgende Zahlen:

Häufigkeit mit 7 Jahren	2,7% (Jungen > als Mädchen);
Häufigkeit mit 14 Jahren	6,4% Jungen
	14,8% Mädchen (!).

20% der Kinder haben ihre erste Attacke vor dem 5. Lebensjahr.

Die Pathogenese der Migräne ist bis heute unklar, es besteht eine hohe Familiarität (bis 70%). Es gibt viele Varianten und komplizierende Verläufe von der einfachen Migräne mit und ohne Aura bis hin zur Migräne accompagneé, der hemiplegischen Migräne, der konfusionellen oder ophthalmoplegischen Form.

Wichtig in unserem Zusammenhang ist die Tatsache, dass bei der einfachen klassischen Migräne mit Aura diese Auren in der Regel aus folgenden Symptomen bestehen: Benommensein und Schwindel, oft in Kombination mit Doppelsehen oder visuellen Störungen wie Verschwommensehen, Lichtempfindlichkeit, bunte Farben, Skotome, Streifensehen, Schwarz-weiß-Sehen.

Es ist also festzuhalten, dass uns der kindliche Schwindel besonders häufig bei kindlichen Kopfschmerzen und dabei besonders bei der Migräne und ihren abortiven Formen begegnen kann.

Kindliche Epilepsie

Das letzte Beispiel eines kindlichen Schwindels stellt die Epilepsie dar. Auch hier ist es die Aura, die epileptische Aura, bei der uns der Schwindel begegnet.

Die häufigste Anfallsform ist bekanntlich der Fieberkrampf; dieser hat vergleichsweise zur Migräne nur eine Inzidenz von 5% und noch seltener sind afebrile Krampfanfälle; die eigentliche Epilepsie hat eine Inzidenz von nur 0,7%. Die epileptischen Auren sind also ein relativ seltenes kindliches Ereignis.

Über die Jahrhunderte hat der epileptische Anfall sein unheimliches Gesicht, seine Stigmatisierung nicht verloren. Erst heute wird diese Volksseuche – in Deutschland sind über eine halbe Million Menschen daran erkrankt; davon mehr als 200.000 Kinder – besser verstanden, gibt es moderne Möglichkeiten der Diagnose und Therapie, wirkungsvolle Medikamente, hoch spezialisierte Zentren für Epilepsiechirurgie und besonders wichtig: Erst in den letzten 25 Jahren gibt es eine wirksame Laienaufklärung durch die internationale Liga gegen Epilepsie.

Der Anfall

Nicht selten kommt es nach einem vorangehenden taumelnden Schwindel zum Sturz mit Bewusstlosigkeit, starr verdrehten Augen, Zucken der Glieder, Speichelfluss, Zungenbiss, Einnässen; nach langen und für alle Angehörigen schrecklichen, bangen Minuten findet das Kind langsam wieder zur Besinnung, verwirrt noch und oft schwindelig und unsicher, nicht selten mit Kopfschmerz, um dann zumeist für Stunden in einen Tiefschlaf zu verfallen.

Grand-mal-Anfall ist der medizinische Terminus technicus; das „große Böse“. Als Fallsucht ist diese Krankheit im Volksmund seit alters her bekannt. Dazu möchte ich abschließend noch einige Bildbeispiele kommentieren.

Abb. 1. Über Jahrhunderte hat die ärztlichen Heilkunst das Krankheitsbild der Epilepsie aus historischem Mangel an Wissen auf schreckliche Weise fehlinterpretiert und die betroffenen armen Geschöpfe unter oft martialischen Therapieversuchen leiden lassen.

Hier der Heilige Zeno auf der Bronzetür von St. Zeno Maggiore in Verona aus dem 13. Jahrhundert. Zeno war der 8. Bischof von Verona und als Heiliger besonders beliebt unter dem einfachen Volk und den Kindern, weil er als Schwarzer – er stammte aus Mauretanien – immer einem der heiligen Drei Könige ähnlich sah. So wurde Zeno wie auch die heiligen Drei Könige selbst zu einem der „Helfer in der Fallenden Not".

Hier auf dem Bronzerelief heilt er die hübsche Tochter des Kaiser Gallienus, die unter der Last der Besessenheit das Gleichgewicht schwindelnd verliert, indem er – zur damaligen Zeit eine oft gebrauchte Methapher – den Teufel aus dem Kinde treibt; der Teufel hält sich aber noch kräftig mit einem Krallfuß im Munde des Kindes fest.

Abb. 2. Die heilige Anastasia, die „Auferstandene" (gr.), ist auf diesem schönen hinterglasgemalten Votivbild aus Benediktbeuren in allerhöchster Not angerufen worden, um das kleine Mädchen, das schwindelnd und taumelnd zu Boden stürzte und das Bewusstsein verlor, zu retten. Sie hat geholfen; der Anfall ging vorbei.

Abb. 3. Weitaus rabiater sind therapeutische Interventionen, wie sie in der Klinik St.Medard im Paris des 17. Jahrhunderts üblich waren. Im Zeitalter der beginnenden Technisierung war der Mensch Arbeitsware, die göttliche Hilfe trat in den Hintergrund. Was nicht funktionierte, wurde zurechtgerückt.

Hans-Christian von Herrmann

Bildausfall
Schwindelerfahrungen zwischen Experiment und Kunst

> Das Erscheinen des Bodenlosen wird überall begleitet von dem des Schwindelerregenden.[1]

Die Schwindelerfahrungen, um die es im folgenden gehen soll, wurden zuerst Ende der zwanziger Jahre im Rahmen psychologischer Laborexperimente beschrieben. Lebensweltliche Relevanz erlangten sie allerdings erst, als düsengetriebene Flugzeuge nach dem II. Weltkrieg die Piloten in Höhen führten, in denen häufig starke Störungen der Raumwahrnehmung auftraten. Seitdem sind ‚Ganzfelder', wie die Psychologie vollkommen konturlose Flächen in ihrer Wirkung auf das menschliche Auge nennt, auch zu einer ästhetischen Inauguralerfahrung geworden. Bevor allerdings von diesen Experimenten sowie von ihrer künstlerischen Transformation die Rede ist, sollen zunächst einige verschiedene historische Typen des Schwindels unterschieden werden, um damit jene, uns mehr oder weniger zeitgenössischen, Erfahrungen klarer konturieren zu können. Dabei wird sich der Doppelsinn des deutschen Wortes ‚Schwindel' als „Betrug" und „Taumel" in unterschiedlicher Weise auch als sachlicher Zusammenhang erweisen.

Als Verfasser der Ende des 15. Jahrhunderts entstandenen *Novelle vom dicken Holzschnitzer* gilt der Florentiner Humanist und Mathematiker Antonio Manetti, dessen Name heute vor allem mit der ihm ebenfalls zugeschriebenen Biographie des Architekten Filippo Brunelleschi verbunden ist. Hauptfigur der *Novelle vom dicken Holzschnitzer* ist der titelgebende Holzschnitzer Manetto Ammanatini, der zumeist einfach „der Dicke" (*el Grasso*) genannt wird und dem von einer Gruppe prominenter Florentiner Bürger ein übler Streich gespielt wird. Drahtzieher ist niemand anderer als Filippo Brunelleschi, der Architekt der Florentiner Domkuppel, „ein Mann von so wunderbarem Talent und Verstand, daß er", wie es einleitend im Text heißt, auch etwa vier Jahrzehnte nach seinem Tod „noch dem größten Teil der Menschen bekannt ist".[2] „Ich hätte meine Freude daran," wendet sich Brunelleschi an die aus Mitgliedern der regierenden Familien, aus Künstlern und Handwerksmeistern bestehende Versammlung, „wenn wir ihm [sc. dem Holzschnitzer] einen ergötzlichen Streich spielten, als Rache dafür, daß er heute abend nicht gekommen, so

1 Hans Sedlmayr: Der Verlust der Mitte. Die bildende Kunst des neunzehnten und zwanzigsten Jahrhunderts als Symptom und Symbol der Zeit. 11. Aufl. Salzburg, Wien 1998, S. 146.

2 Antonio Manetti: Die Novelle vom dicken Holzschnitzer, übers. v. Marianne Schneider. Frankfurt a. M. 1993, S. 11.

daß wir noch viel Vergnügen und Kurzweil hätten; und wenn ihr mir das glauben würdet, so hätte ich meine größte Freude daran: ich habe nämlich eben gedacht, wir könnten ihn glauben machen, er sei ein anderer geworden und sei nicht mehr der dicke Holzschnitzer".[3] Der Dicke, der innerhalb dieser Gesellschaft ehrenwerter Männer den geringsten sozialen Rang innehat, im Übrigen aber „zu den guten Meistern jener Zunft" der *legnaiuoli* gehört und dafür bekannt ist, „sehr schöne Intarsien"[4] anzufertigen, empfängt also gewissermaßen eine Strafe für unentschuldigtes Fehlen. Zuvor war man nämlich zu dem Schluss gekommen, sein Fernbleiben könne nur seiner bekannten Eigensinnigkeit (*bizzaria*) geschuldet sein. Indem der Streich darauf zielt, den Holzschnitzer glauben zu machen, ein anderer geworden zu sein, lässt er den, der sich dem Anspruch der Gemeinschaft entzieht, deren Macht über den Einzelnen spüren. Auch wenn Manetti von einer „vergnüglichen Geschichte"[5] (*storia sollazzevole*) spricht, hat sie doch, ganz wie ein Traum, einen abgründigen und grausamen Kern.

In der Folge überwacht und lenkt Brunelleschi, der mit den Gewohnheiten des Dikken gut vertraut ist, das Geschehen wie ein verborgener Gott. Der Streich beginnt, indem der Holzschnitzer bei der Rückkehr aus seiner Werkstatt sein Haus verriegelt vorfindet. Im Innern vermutet er seine Mutter, tatsächlich aber ist dort Brunelleschi, der die Stimme des Dicken nachahmt und ihn zu seinem Erstaunen mit dem Namen Matteo anspricht.

> Filippo, der zum Treppenabsatz gekommen, sagte mit einer verstellten Stimme, die wie die Stimme des Dicken klang: „Wer ist da unten?" Der Dicke sagte, obwohl ihm die Stimme nicht wie die seiner Mutter vorkam, sondern die eines andern: „Hier ist der Dicke." Da tat Filippo so, als ob der, welcher gerade gesprochen, eben jener Matteo wäre, in den sich nach ihrer Absicht der Dicke verwandelt fühlen sollte, und sagte: „Ach Matteo, geh mit Gott, ich habe eine Menge Verdruß [...]" [...] Und nachdem er sich umgewandt, tat er, als würde er zu seiner Mutter sagen: „Beeilt Euch, schafft mir ein Abendessen; sind schon zwei Tage her, daß Ihr zurücksein solltet, und nun kommt Ihr auch noch des Nachts." Und darauf ließ er noch etliche Scheltworte folgen. Als der Dicke hörte, wie der, der im Haus war, seine Mutter ausschalt und es ihn nicht nur seine eigene Stimme, sondern auch seine eigene Manier dünkte, sagte er bei sich selbst: „Was soll das heißen? Mich dünkt, als ob der, welcher oben im Haus ist, ich wäre [...]." Und als er zurückgetreten war, um zu den Fenstern hinaufzurufen, kam auf einmal, wie vereinbart, der Schnitzer Donatello daher, [...] und bei ihm angelangt, sagte er in die Abenddämmerung hinein: „Guten Abend, Matteo, suchst du den Dicken? Der ist gerade vorhin ins Haus gegangen." Und er blieb nicht stehen, sondern ging seiner Wege. Wenn sich der Dicke über das, was er vorher vernommen, gewundert, so wunderte er sich jetzt noch mehr, als er hörte, daß Donato ihn Matteo nannte. Und wie von Sinnen und so bestürzt, daß ja und nein im Kopf ihm stritten, stellte er sich auf die Piazza San Giovanni, indem er bei sich sagte: „Jetzt bleibe ich so lange hier stehen, bis jemand kommt und mir sagt, wer ich bin."[6]

---

3 Ebd.

4 Ebd., S. 10.

5 Ebd., S. 12.

6 Ebd., S. 15-17.

So stürzt Brunelleschis Streich den Holzschnitzer in einen schwindelerregenden Zweifel, in dem die ihm vertraute Welt ins Wanken gerät. Die Lage spitzt sich noch weiter zu, als wenig später ein angeblicher Gläubiger jenes Matteo mit einem Beauftragten des Zunftgerichts und sechs Gehilfen auf den Dicken zukommt und ihn ins Gefängnis werfen lässt. Da er auch dort „nichts anderes sah und hörte, als daß ihn alle Matteo nannten, dünkte es ihn in seiner Verstörung beinahe sicher, daß er nun ein anderer sei".[7] Von den Brüdern des Matteo, die ihn als ihren Bruder ansprechen, aus dem Gefängnis ausgelöst und mit nach Hause genommen, wird er, in Schlaf versetzt, von Brunelleschi wieder in sein eigenes Haus gebracht und verkehrt herum ins Bett gelegt. Als er am nächsten Morgen erwacht, erkennt er, dass er sich wieder zu Hause befindet

> [I]hn dünkte, als sei er nun wieder der Dicke und Herr aller seiner Dinge, die er vordem schlimmer als verloren geglaubt hatte; beinahe weinte er vor Glück und wollte schier aus der Haut fahren; doch lag er zu seiner Verwunderung und Verstörung verkehrt im Bett, mit dem Kopf am Fußende; da er sich an alles erinnerte, was geschehen und wo er sich am Abend zu Bett gelegt, und sah, wo er sich befand, verfiel er sogleich in einen Zwiespältigkeitswahn [*in una fantasia d'ambiguità*]: Hatte er jenes geträumt, oder träumte er jetzt?[8]

Als ihm im Laufe des Tages der wirkliche, ebenfalls eingeweihte, Matteo begegnet, erzählt dieser ihm eine zu seiner komplementäre Geschichte. Er habe sich, um seinem Gläubiger aus dem Weg zu gehen, aufs Land begeben, wo er einen ganzen Tag und zwei Nächte lang in Schlaf gefallen sei und geträumt habe, der Dicke gewesen zu sein. Erst als der Dicke von seiner Mutter erfährt, sie sei gar nicht in Florenz gewesen, als er ihre Stimme in seinem Haus zu hören glaubte, wird ihm klar, dass er auf einen Streich hereingefallen ist.

Ausgesperrt aus dem eigenen Haus, verloren auf dem Domplatz stehend, ins Gefängnis geworfen und in ein fremdes Haus gebracht – der Streich Brunelleschis führt den Dicken an eine Schwelle, an der Traum und Wachen, Täuschung und Wirklichkeit nicht mehr unterscheidbar sind. Es liegt daher nahe, die Novelle als dunkle Rückseite des ungleich berühmteren, ebenfalls durch Antonio Manetti überlieferten, Perspektiveexperiments Brunelleschis zu lesen, das heute als Urszene der säkularen, repräsentativen Bildlichkeit der Neuzeit gilt.

7 Ebd., S. 19.
8 Ebd., S. 46 f.

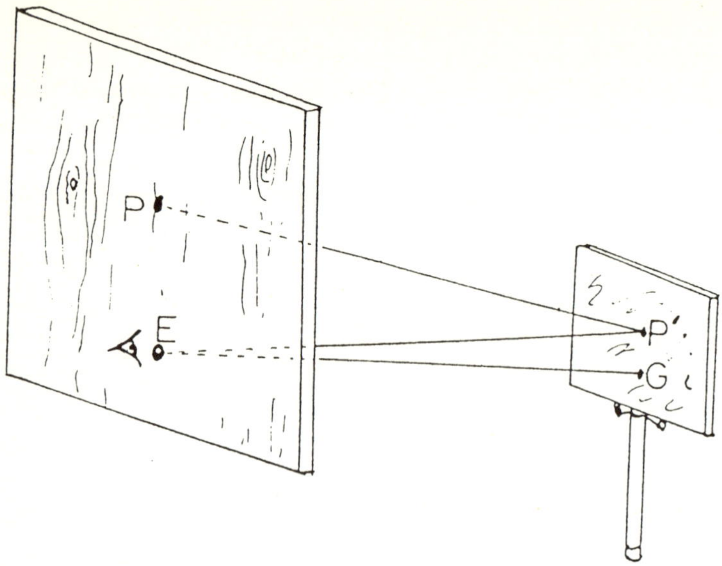

Abb. 1. Brunelleschis Perspektiveexperiment (aus: Martin Kemp: The Science of Art. Optical Themes in Western Art from Brunelleschi to Seurat. New Haven 1990).

Was in der Novelle nämlich geschieht, ist eben das, was gerade den Erfolg jenes Experiments ausgemacht hatte: die Ununterscheidbarkeit von Wirklichkeit und malerischer Täuschung. So heißt es in Manettis biographischem Bericht:

> Und diesen Fall der Perspektive zeigte er [sc. Brunelleschi] zum ersten Mal auf einer Tafel von etwa einer halben Elle im Quadrat, auf der er eine Darstellung der Außenansicht des Tempels von San Giovanni in Florenz geschaffen hatte. Und er hat diesen Tempel so gezeichnet, wie man ihn auf einen Blick von außen sieht. [...] Bei diesem Bild sorgte der Maler dafür, daß er nur einen Platz bestimmte, von wo aus man es betrachten konnte, sowohl was die Höhe und Tiefe wie auch was die Seiten und die Entfernung angeht. Und damit man keinen Fehler bei seiner Betrachtung begehen konnte [...] hatte er ein Loch in die Tafel gemacht, auf der dieses Bild war, das sich in der Abbildung des Tempels von San Giovanni genau an der Stelle befand, wohin das Auge blickte vom Platz innerhalb der Mitteltür von Santa Maria del Fiore, an dem er beim Zeichnen gestanden hatte. [...] Er wollte, daß das Auge des Betrachters auf der Rückseite, wo das Loch groß war, sei, und mit der einen Hand sollte dieser das Bild zum Auge führen und in der anderen Hand, der Tafel gegenüber einen ebenen Spiegel halten, von dem das Bild reflektiert wurde. [...] Zusammen mit den anderen erwähnten Umständen [...] schien es bei der Betrachtung von diesem Punkt, als wenn man das Baptisterium wirklich und wahrhaftig sähe. Und ich habe es in Händen gehalten und mehreremale zu meiner Zeit gesehen und kann dafür Zeugnis ablegen.[9]

9 Zit. nach Bernd Busch: Belichtete Welt. Eine Wahrnehmungsgeschichte der Fotografie. München, Wien 1989, S. 63.

Der Biograph Manetti übernimmt also die Rolle eines Augenzeugen, der die Übereinstimmung des zentralperspektivischen Bildes, das er, der Anweisung folgend, von der Rückseite der Holztafel durch ein trichterförmiges Loch und über einen Spiegel betrachtet hatte, mit der unverstellten Ansicht des Baptisteriums bestätigt. Am Ende des Experiments steht damit die Überzeugung, dass das perspektivische Bild, dessen Himmel im übrigen nicht gemalt, sondern mit Spiegelglas belegt war, um die Illusion nicht durch die veränderlichen Formationen der Wolken zu stören, den Platz der Dinge einnehmen und sie in ihrer Abwesenheit repräsentieren kann. Der Zwiespältigkeitswahn, in den der Dicke angesichts des Streichs, der ihm gespielt wird, verfällt, entspricht genau diesem Blick durch Brunelleschis durchbohrte Bildtafel und verweist damit auf einen abgründigen Mangel an Sein, der die zum Bild gewordene Welt bedroht. Die Ununterscheidbarkeit von Fiktion und Wahrheit erzeugt Schwindel, wie man ihn auch angesichts des perspektivisch zurückweichenden Marmorfußbodens unter der großen Kuppel des Florentiner Doms empfindet, der, von der oberen Galerie aus gesehen, die ohnehin schon atemberaubende Höhe des Baus noch einmal steigert. Man meint hier in einen Trichter zu schauen, wie ihn wiederum Antonio Manetti in den Randbemerkungen zu seiner Abschrift von Dantes *Divina Commedia* als räumliche Darstellung der Höllenkreise vorgeschlagen hat. Es war dies der erste Versuch, das symbolische Universum, das Dantes Text entfaltet, in einen kohärenten Raum mit genauen Maßangaben zu übersetzen, einen Raum also, wie ihn Brunelleschis Experiment und die ihm nachfolgenden Traktate von Leon Battista Alberti, Piero della Francesca und anderen zur perspektivischen Bildkonstruktion visuell fassbar gemacht hatten.[10] Manettis Trichter erinnert an eine auf den Kopf gestellte Kuppel, deren Laterne durch die Schlucht der Riesen gebildet wird und die ins Zentrum der Erdkugel führt, zu Lucifers eisigem Grab. Ähnliche Abgründe tun sich, in malerisch gebändigter Form, in vielen perspektivischen Straßen- und Zimmerfluchten des 16. und 17. Jahrhunderts auf. Sowohl im gemalten Bild als auch in der gebauten Architektur reißt die perspektivische Verkürzung das Auge mit sich in die Tiefe. Dabei vollzieht es eine infinitesimale Operation, die es über eine unbegrenzte Verkleinerung zu einer unbegrenzten Größe oder Entfernung gelangen lässt. Solchermaßen aufgespannt zwischen Nichts und Unendlichkeit ist der Fluchtpunkt – als virtuelles Ziel dieses Sturzes – also zutiefst doppeldeutig. Konstruktiv gesehen ist er ein ausdehnungsloser Punkt, der das gesamte perspektivische Gefüge strukturiert und trägt. Als Bildpunkt betrachtet aber vermag er dem Auge keinerlei Halt zu bieten, insofern er sich jedem Versuch einer objektivierenden Feststellung entzieht.

Der Zusammenhang von Perspektive (bzw. Repräsentation), Täuschung (bzw. Fiktion) und Schwindel (bzw. Seinsverlust), wie ihn Manettis Novelle für die Frühneuzeit

10 Vgl. Henrik Engel: Der Ort der Handlung. Das ‚Inferno‘ in graphischen Schemata. In: Dantes „Göttliche Komödie“. Drucke und Illustrationen aus sechs Jahrhunderten (Katalog, Staatliche Museen zu Berlin), hg. von Lutz S. Malke. Berlin 2000, S. 243-272. Hier: S. 248-253.

reflektiert, weicht am Ende des 18. Jahrhunderts einer neuen Problemkonstellation, die im Begriff der ‚Vorstellung' oder ‚Erscheinung' Erkenntnis und Täuschung ausdrücklich miteinander verknüpft, insofern „wir", wie es in Kants transzendentaler Ästhetik heißt, „die besonderen Bedingungen der Sinnlichkeit nicht zu Bedingungen der Möglichkeit der Sachen, sondern nur ihrer Erscheinungen machen können".[11] Der Schwindel wird vor diesem Hintergrund zum psychologischen Sachverhalt, dessen Symptomatik von Medizinern untersucht und verhandelt wird. 1786 erscheint in Berlin der *Versuch über den Schwindel* von Marcus Herz, der zum Berliner Kreis um Karl Philipp Moritz gehörte. Ein „wissenschaftliches Phänomen", so hat Michael Hagner festgestellt, wurde der Schwindel also „genau in dem historischen Moment [...], da Selbsterfahrung, Selbstbeobachtung und Selbstexperiment für eine anthropologisch und psychophysiologisch zugeschnittene Konstruktion des modernen Selbst entscheidend wurden".[12] „Zur Deutung der Schwindelphänomene", so Hagner weiter,

> ging Herz von einer sensualistisch inspirierten Theorie des Seelenlebens aus. Danach besteht das Grundvermögen der Seele darin, Vorstellungen zu haben. Im Verlauf dieser Vorstellungen hat die Seele nun ihren ganz bestimmten Rhythmus. Die verschiedenen sie affizierenden Vorstellungen müssen in einem bestimmten zeitlichen Abstand aufeinander folgen, damit sie klar bleiben. Geht dieser Prozess der aufeinander folgenden Vorstellungen zu langsam vonstatten, so entsteht Langeweile; geht er zu schnell, so entsteht Schwindel. Schwindel ist also ungeachtet seiner Ursache ein individuelles Beschleunigungsphänomen, das die Seele mit zunehmender Dauer zwingt, ihre Aufmerksamkeit auf die immer schneller ankommenden Vorstellungen zu richten, bis diese Vorstellungen sich dann irgendwann [...] ineinander verkeilen. Dieser chaotische Zustand wird dann als vollkommener Verlust des Gleichgewichts empfunden.[13]

Wie Hagner betont, ist diese von Herz entwickelte psychologische „Beschleunigungstheorie [...] nicht im Sinne einer Theorie industriell und technologisch bedingter Beschleunigung der Lebenswelt zu verwerten, wie sie für die Moderne in der zweiten Hälfte des 19. Jahrhunderts charakteristisch werden sollte".[14] Stattdessen handelt sie von einem Ausnahmezustand, in dem sich die Erkenntnistätigkeit des Subjekts im Taumel der produzierten Vorstellungen selbst zu ruinieren droht.

Indem sich zu Beginn des 19. Jahrhunderts das wissenschaftliche Interesse zunehmend einer Quantifizierung der menschlichen Sinne und ihrer Grenzen zuwandte, trat, wie Hagner weiter zeigt, nunmehr das Experiment als Schauplatz des Schwindels an die

11 Immanuel Kant: Kritik der reinen Vernunft, nach der ersten und zweiten Original-Ausgabe neu hg. von Raymund Schmidt. Hamburg 1956, A 27.

12 Michael Hagner: Psychophysiologie und Selbsterfahrung. Metamorphosen des Schwindels und der Aufmerksamkeit im 19. Jahrhundert. Max-Planck-Institut für Wissenschaftsgeschichte Berlin 2000 (Preprint 138), S. 2.

13 Ebd., S. 7.

14 Ebd.

Stelle der Selbstbeobachtung. Als einer der ersten entwickelte der Prager Anatom und Physiologe Jan Evangelista Purkinje eigene Versuchsanordnungen, die vor allem dem Drehschwindel gewidmet waren. Was diese allerdings noch mit der Erfahrungsseelenkunde von Herz und Moritz verband, war die Tatsache, dass es sich um Selbstversuche handelte, in denen der Aufmerksamkeit eine konstitutive Rolle zukam. So stellte Purkinje fest, „daß er die postrotatorischen Scheinbewegungen", die er in seinen Versuchen zum Drehschwindel erzeugte, „zum Anhalten brachte, wenn er seine Aufmerksamkeit auf einen bestimmten Punkt fixierte. Die Scheinwelt im Kopf wurde somit durch einen gezielten Wahrnehmungsakt wieder zur Räson gebracht".[15] Spätestens mit den Schwindelexperimenten Ernst Machs aber sollte die Aufmerksamkeit – als visuelle Fokussierung – ihren ehemals konstitutiven Stellenwert für das psychologische Wissen verlieren und zu einer, nun ihrerseits untersuchten, physiologischen Funktion herabsinken.[16] Die Wirkungen dieser neuen epistemologischen Lage auf Kunst und Kunsttheorie bilden seit einigen Jahren ein ergiebiges kulturwissenschaftliches Forschungsfeld. Es sei hier nur auf Jonathan Crarys Studie *Techniques of the Observer. On Vision and Modernity in the Nineteenth Century* verwiesen, in der er unter anderem auf den zeitlichen und sachlichen Zusammenhang der Sonnenbilder William Turners mit den Nachbildexperimenten von David Brewster, Joseph Plateau und Gustav Fechner[17] hingewiesen hat. Aber auch der nach 1930 verfasste Aufsatz Walter Benjamins über *Das Kunstwerk im Zeitalter seiner technischen Reproduzierbarkeit*, der geradezu paradigmatisch den Zusammenhang zwischen Labor, Lebenswelt und Kunst entwickelt, ist hier zu nennen. „Der Film", heißt es dort, „drängt den Kultwert", sprich: den Werkcharakter der Kunst, „nicht nur dadurch zurück, daß er das Publikum in eine begutachtende Haltung bringt, sondern auch dadurch, dass die begutachtende Haltung im Kino Aufmerksamkeit nicht einschließt. Das Publikum ist ein Examinator, doch ein zerstreuter."[18] Zum Examinator oder Psychotechniker wird das Publikum dadurch, dass es den Film nicht als theatrale Aufführung, sondern als Test rezipiert, einen Test allerdings, der nicht nur die psychophysiologische Konstitution der Filmschauspieler, sondern auch das Publikum selbst betrifft. Im Sinne Benjamins muss das Kino als ein Ort verstanden werden, an dem das bürgerliche Individuum, mit Bertolt Brecht zu sprechen, so ummontiert wird, dass es den schwindelerregenden Geschwindigkeiten des modernen städtischen Verkehrs, der automatisierten Fabrik und des maschinisier-ten Krieges gewachsen ist.

---

15 Ebd., S. 16.

16 Vgl. ebd., S. 20.

17 Vgl. Jonathan Crary: Techniken des Betrachters. Sehen und Moderne im 19. Jahrhundert. Dresden, Basel 1996, S. 141-151.

18 Walter Benjamin: Gesammelte Schriften, hg. von Rolf Tiedemann und Hermann Schweppenhäuser. Frankfurt a. M. 1974-1987, Bd. I.2, S. 505.

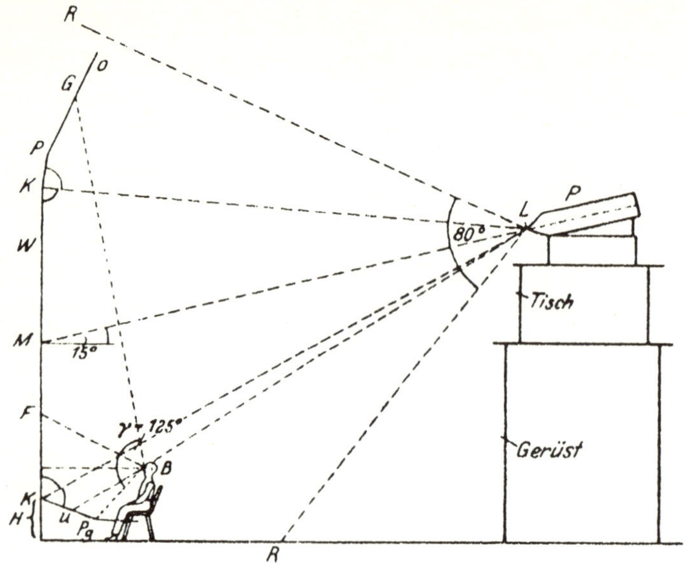

Abb. 2. Metzgers Ganzfeldexperiment (aus: Psychologische Forschung, 13 [1930)]).

Das Experiment, auf das im folgenden etwas näher eingegangen werden soll, knüpft an die physiologische Psychologie des 19. und frühen 20. Jahrhunderts an, markiert aber gleichzeitig einen neuerlichen epistemologischen Bruch, insofern sich hier der Fokus vom Subjekt und seinen Sinnen zu den Medien und Codes verschiebt, die das Verhältnis der Sinne zu den Dingen einrichten. Beschrieben findet es sich in einer 1929 von Wolfgang Metzger verfassten „Mitteilung" aus dem Psychologischen Institut der Universität Berlin über „Optische Untersuchungen am Ganzfeld".[19] Die Versuchsperson sitzt frontal vor einer sorgsam geglätteten Wand, an die sich seitlich sowie oberhalb und unterhalb Schirme aus mit Leinwand bespannten Holzrahmen anschließen, so dass das gesamte Gesichtsfeld abgedeckt ist. Der Anstrich besteht aus einem Gemisch aus Zinkweiß und Kreide. Die Versuchsperson schaut nicht waagerecht vor sich hin, sondern mit leicht zurückgeneigtem Kopf schräg aufwärts. Über einen 6 m entfernten Projektionsapparat wird dieses Ganzfeld mittels 1000 Watt starker Lampen gleichmäßig ausgeleuchtet. Während des Experiments können Graukeile in den Lichtweg eingeschoben werden, um auf diese Weise die Beleuchtungsstärke zu variieren.

19 Wolfgang Metzger: Optische Untersuchungen am Ganzfeld, II. Mitteilung: Zur Phänomenologie des homogenen Ganzfelds. In: Psychologische Forschung, 13 (1930), S. 6-29. Die Experimentalanordnung ist Inhalt der „I. Mitteilung", die von Willy Engel verfasst ist (vgl. ebd., S. 1-5).

Wörtlich heißt es in Metzgers Bericht:

> Das Ganzfeld erscheint bei unserer Anordnung in der helleren Hälfte des Beleuchtungsbereiches gewöhnlich als senkrechte feste Wand, also als *ebene Oberfläche*, bei schwächerer Beleuchtung als leicht konkaves flächenartiges Gebilde und schließlich als Nebel. [...] Wenn die Mitte des Feldes eine Zeitlang ununterbrochen fixiert wird, kommt es oft vor, daß die Beschaffenheit des Feldes sich ändert. Weiße Nebelmassen lagern sich in den Raum zwischen Beobachter und Wand, ähnlich den grauen Nebelmassen, die [...] für Beobachtungen im Finstern beschrieben wurden. Dabei bleibt die Wand als hinterer Abschluß des Raumes zunächst erhalten. Vielfach geht die Veränderung aber weiter: „Die Wand wird weich, sie zerfließt, sie wird wie Schlagsahne". Diese Masse fließt auf den Beobachter zu und ihr Abstand wird unbestimmt. [...] Bei fortgesetztem Aufenthalt in dem so beschaffenen Feld (oder beim Entstehen aus völliger Dunkelheit) wird die flächige Begrenzung des Hohlraumes aus einer elastischen Masse zu einer *Nebelmasse*, die gegen den Beobachter hin in gewöhnlichen durchsichtigen Leerraum übergeht. Die Auflösung der Wand des Hohlraumes kann noch weiter gehen, derart, daß der Raum überhaupt keine bestimmte Weite mehr hat, sondern seine Farbe sich nur vom Betrachter aus allmählich verdichtet. [...] Die Raumbegrenzung plötzlich ganz anschaulich sich auflösen zu sehen, ist ein ausgesprochen unangenehmes Erlebnis, schwindelartig: Der Raum saugt sich förmlich um den Beobachter; eine Art Schwund der Umwelt wird erlebt, nicht eine gleichgültige Umformung. Die Augen suchen unwillkürlich nach etwas Festem, einem Haltepunkt, der den Schwund verhindert.[20]

Was den Augen im Ganzfeld entzogen wird, sind nicht eigentlich sichtbare Gegenstände, sondern was verschwindet, ist die gesamte Raumstruktur als ein Gefüge von konturierten Oberflächen. „[U]nsere Beobachtungen [sprechen] dafür", so Metzger weiter,

> daß die Wahrnehmung einer Oberfläche, und zwar auch einer völlig homogenen Oberfläche, das Bestehen objektiver Inhomogenitäten irgendwelcher Art voraussetzt, entweder einer Rauhigkeit, die die Fläche trägt, oder von Grenzen, zwischen denen sie ausgespannt ist. Danach wäre die Wahrnehmung einer völlig homogenen Oberfläche von der Ausdehnung des Gesichtsfeldes unmöglich. In dem Augenblick, wo die letzte Inhomogenität wegfällt, wird es gleichgültig, von welcher Natur die Lichtquelle ist. Ob der Beobachter sich vor einer nahen oder fernen, einer ebenen oder gekrümmten Fläche befindet oder in einem wirklichen Nebel, das Erlebnis muß immer dasselbe sein: Er schwimmt in einem Lichtnebel, der sich in unbestimmter Entfernung verdichtet.[21]

Die Versuche im Ganzfeld führen das Sehen an seinen Nullpunkt, an dem ihm mit der räumlichen Wahrnehmung das abhanden kommt, was Kants transzendentale Ästhetik als „Form des äußeren Sinnes überhaupt"[22] bezeichnet hatte. Metzger bezieht sich auf Erich von Hornbostel, wenn er das „‚Dasein und Sosein von Dingen außer uns', ‚die objektive, gegenständliche' Art des Gegebenseins" als „*Wahrnehmung*" von der „*Empfindung*" als der „‚subjektive[n], ungegenständliche[n]' Art des Gegebenseins" unterscheidet.[23] Zur näheren Erläuterung zitiert er Hornbostel direkt:

---

20 Ebd., S. 6-9.

21 Ebd., S. 13.

22 Kant: Kritik der reinen Vernunft, wie Anm. 11, B 41.

23 Metzger: Optische Untersuchungen am Ganzfeld, wie Anm. 19, S. 18.

> Man kann sie [sc. die beiden gegensätzlichen Erscheinungsweisen] sich leicht deutlich machen, wenn man mit der einen Hand über die andere, ruhende streicht: die tastende Hand nimmt die andere wahr, die betastete empfindet. Aber auch beim Gehör ist der Unterschied offenbar: bei natürlichem Verhalten nehmen wir einen vorbeifahrenden Lastwagen wahr, den Ton einer nah vor dem Ohr schwingenden Stimmgabel empfinden wir. [...] [D]ie Gegenständlichkeit wird nicht erst durch unser Zutun erreicht, Schälle unterscheiden sich durch den natürlichen Grad ihrer Gegenständlichkeit, erscheinen von vornherein, bei neutralem Verhalten, mehr oder weniger dinghaft.[24]

Gerade dieses ‚Mehr oder weniger' ist es, das Metzger nun aufgreift, um es gegen Hornbostels phänomenologische Trennung von gegenständlichem Wahrnehmen und ungegenständlichem, ‚subjektivem' Empfinden zu wenden. „Von einem echten Gegenstand, den ich vorfinde, dem ich gegenüberstehe, gilt", so Metzger,

> auch umgekehrt: er steht draußen außer mir und ich bin von ihm ‚ausgeschlossen'; er ist einfach da und tut mir nichts; der Raum zwischen ihm und mir ist von der Art eines toten Intervalls. Wenn mir soundso zumute ist, ist das ein Zustand oder Geschehen meiner selbst, in oder an mir. Das Mehr oder Minder besteht nun, wie ich zeigen möchte, darin, daß eine *Außenerscheinung* nicht mehr einfach da ist und mich ausschließt, sondern anschaulich – oft spürbar durch einen dazwischenliegenden Raum – *in Beziehung zu mir tritt*, auf mich einwirkt, mir irgendetwas tut, es unmittelbar anschaulich, ohne irgendwelche gedanklichen Umwege, bewirkt, daß mir soundso zumute ist.[25]

Metzger führt also einen gemischten dritten Erscheinungstyp ein, den er als „anschaulich erlebte Beziehung einer Außenerscheinung zum Erlebenden" definiert und in Abweichung von Hornbostel als Empfindung bezeichnet, im Unterschied zum bloß subjektiven Zumutesein, dessen empirische Nachweisbarkeit zugleich höchst fraglich bleibt. Denn „[e]s besteht anschaulich kein bloß reines Zumutesein, nicht nur ein Zustand von mir. Außer mir besteht in der Regel noch etwas, und zwischen Beidem *eine Beziehung*, die von mir aus: mich hingeben, von der Erscheinung aus unter ausgeprägten Bedingungen: mich packen, mich ergreifen heißt."[26] Ist ein solches Auf-den-Leib-Rücken gewisser Erscheinungen in den Bereichen des Gehör- und Tastsinns nicht überraschend, so scheint es für den Gesichtssinn weitgehend zu fehlen. Ebendies nun bestreitet Metzger vor dem Hintergrund seiner Ganzfeld-Versuche:

> Von den Erscheinungen des Gesichtssinnes sind solche Eigenschaften, wenigstens in psychologischen Schriften, nur wenig bekannt. Es scheint ziemlich allgemein angenommen zu werden, daß es sich in der Regel um reine Wahrnehmungen handelt. Aber anschaulich erlebte Beziehungen zum Subjekt fehlen hier durchaus nicht. Beim Leuchten, besonders im Dunkeln, ist das Zu-mir-kommen des Scheines ganz deutlich. Neben der Lichtperspektive im Hellen gehört das wohl sogar zu den Wesenszügen des Leuch-

---

24 Ebd., S. 18 f. Die hier von Metzger zitierte Passage stammt aus: Erich von Hornbostel: Psychologie der Gehörerscheinungen. In: Handbuch der normalen und pathologischen Physiologie, hg. von Albrecht Bethe. Berlin 1925-32, Bd. 11, S. 701 f.

25 Ebd., S. 19 f.

26 Ebd., S. 20.

tens. Nebel umhüllt uns. ‚Zu nahe Wände (vor mir) bedrücken mich' (*v. Hornbostel* [...]); dagegen nahe Wände hinter mir stützen mich, auch wenn sie mich nicht berühren. Gelbliches Rot dringt auf uns ein; bestimmtes Blau weicht vor uns zurück und zieht uns nach (*Goethe*). Abgründe ziehen uns hinab, ebenso dunkles fließendes Wasser.[27]

Lichteffekte, vor allem im Dunkeln, dichter Nebel, einengende bzw. schützende Wände, intensive Farben, Abgründe und bewegte Wasseroberflächen – in all diesen Fällen weicht das distanzierte Verhältnis von Auge und Objekt im Fall der Wahrnehmung einem Szenario, in dem die Position des Subjekts als bedroht erscheint. Statt in einer geordneten Welt von Gegenständen findet es sich in einer schwankenden Umgebung ohne feste räumliche Struktur wieder, die wie ein Strudel alles mit sich in die Tiefe zieht. Die Erscheinungen, die Metzger anführt, stellen allesamt Kants „reine Anschauung"[28] des Raumes in Frage, insofern bei ihnen von einer kohärenten Raumstruktur nicht die Rede sein kann. Was bleibt, ist das beängstigende Andrängen von visuellen Empfindungen und gefühlsmäßigen Wirkungen. Lacans Psychoanalyse hat solche Umheimlichkeiten mit einem Hinweis auf den „Vorrang des Blicks vor dem, was er sieht", erläutert, „ein[en] Vorrang, der das gesamte Feld der ‚Objektivität' vom Blick abhängig macht."[29] Fassbar wird diese Unterscheidung von Auge und Blick beispielsweise in der Anamorphose, die Betrachter und Perspektivpunkt auseinandertreten lässt und auf diese Weise das Sichtbare einer geometrisch-regelmäßigen Verzerrung unterwirft. Begegnet der dem gegenständlichen Sehen vorgängige „Blick" dem Subjekt hier „als" gestaltloser „Fleck",[30] so findet es sich im Ganzfeld mit einer vollkommen konturlosen, beleuchteten Oberfläche konfrontiert. Der Empfindungscharakter (in dem neu festgesetzten Sprachgebrauch), so Metzger,

ist beim homogenen Ganzfeld besonders stark. Das ist kein Wunder: Das Entstehen von Gegenständen oder Dingen, die wahrgenommen werden, hat zur Vorbedingung, dass sich *etwas* abgrenzt, *von einem Grunde abhebt* [...]. Diese Bedingung ist an unserem Ganzfeld nur in leisester Andeutung erfüllt. Die Hauptzüge sind das *Einhüllen*, das Umschließen, und zweitens das *Auf-mich-zukommen* des Lichtes, seine strahlende Einwirkung; besonders beim ersten Aufleuchten, ‚dringt das Licht von allen Seiten auf mich ein'.[31]

Der Verlust der Möglichkeit räumlicher Anschauung in der Konfrontation des ‚äußeren Sinnes' mit einer konturlosen leuchtenden Oberfläche knüpft das, was Kant als „*transzendentale Idealität*"[32] des Raumes der „subjektiven Beschaffenheit unseres Gemüts"[33]

27 Ebd., S. 21.

28 Kant: Kritik der reinen Vernunft, wie Anm. 11, A 25.

29 Slavoj Žižek: Hitchcocks Universum. In: Slavoj Žižek (Hg.): Der Triumph des Blicks über das Auge. Psychoanalyse bei Alfred Hitchcock. Wien 1992, S. 199-274. Hier: S. 266.

30 Ebd., S. 267.

31 Metzger: Optische Untersuchungen am Ganzfeld, wie Anm. 19, S. 21.

32 Kant: Kritik der reinen Vernunft, wie Anm. 11, A 28.

33 Ebd., A 23.

zugerechnet hatte, an die materielle An- oder Abwesenheit einer visuellen Differenz, die die Information des Auges durch das Licht ermöglicht. Als der amerikanische Psychologe James Gibson in den fünfziger und sechziger Jahren die Berliner Ganzfeldversuche fortsetzte, kam er zu folgendem Ergebnis hinsichtlich der Raumwahrnehmung:

> What my observers and I saw under these conditions could better be described as ‚nothing' in the sense of ‚no thing'. It was like looking at the sky. There was no surface and no object at any distance. Depth was not present in the experience but missing from it. What the observer saw, as I would now put it, was an empty *medium*.[34]

Das Licht als physikalisches Medium, in dem das Auge wie ein Taucher schwimmt, tritt im Ganzfeld auch als Medium im ontologischen Sinne Marshall McLuhans hervor, der es das einzige nannte, dessen Inhalt nicht wiederum ein anderes Medium ist.[35] Seinen Inhalt hat das Licht nämlich in den Inhomogenitäten, die die Oberflächen der Dinge hinsichtlich ihrer absorbierenden und reflektierenden Wirkung im Alltag aufweisen. Das experimentell erzeugte Verschwinden aller Differenzen führt nicht nur zu Erschöpfung, Koordinations- und Gleichgewichtsstörungen, sondern auch zu Störungen der Zeitwahrnehmung als der bei Kant zweiten, für das Verhältnis von Subjekt und Welt konstitutiven, Anschauungsform des ‚inneren Sinnes', die sich bis zur Depersonalisation steigern können.[36] Es sind dies dieselben Symptome, die auch bei Piloten beobachtet werden, die sich mit ihrem Flugzeug längere Zeit in Höhen von 10.000 m und mehr bewegen.[37] Blauer Himmel, Dunst und Nebel machen den Augen ein Fokussieren unmöglich, so dass sie sozusagen hilflos auf der Suche nach Haltepunkten herumstochern. Das Ergebnis ist eine Himmelsmyopie, die der Blindheit im Ganzfeld ebenso vergleichbar ist wie der Nachtblindheit. Wenn kein Objekt gefunden wird, an dem sich das Auge ‚festhalten' kann, kommt es zur Wahrnehmung von Trübungen, von Blutgefäßen der Netzhaut, intrinsischen Licht- und Schatteneindrücken und, in extremen Fällen, zu Halluzinationen. Eine länger dauernde homogene Stimulation lässt den Gesichtssinn vorübergehend völlig ausfallen. Man spricht dann von einem *blank out*.[38] Es handelt sich dabei um einen tranceartigen Zustand wie ihn auch die Meditationsübungen tibetischer Mönche erzeugen, die sich an klaren Tagen auf die Spitze eines Felsens begeben, so dass sie, auf dem Rücken liegend, nichts anderes sehen als die Streuung des Sonnen-

34 Zit. nach Craig Adcock: James Turrell. The Art of Light and Space. Berkeley, Los Angeles, Oxford 1990, S. 220.

35 Marshall McLuhan: Die magischen Kanäle. „Understanding Media", übers. von Meinrad Amann. Düsseldorf, Wien 1968, S. 62.

36 Vgl. Lloyd L. Avant: Vision in the Ganzfeld. In: Psychological Bulletin, 64 (1965), S. 246-258. Hier: S. 247.

37 Vgl. R. H. Brown: „Empty-Field" Myopia and Visibility of Distant Objects at High Altitudes. In: The American Journal of Psychology, 70 (1957), 3, S. 376-385. Hier: S. 376.

38 Vgl. Avant: Vision in the Ganzfeld, wie Anm. 36, S. 252 f.

lichts durch die Luftmoleküle der Erdatmosphäre, die den Himmel tagsüber blau erscheinen lässt.

War das Auge von der Psychophysik des 19. Jahrhunderts auf seine physiologischen Grenzen hin vermessen worden, so entzieht ihm das Ganzfeld mit allen visuellen Differenzen die Bedingung der Möglichkeit überhaupt, etwas zu sehen, so dass es zuletzt einfach ausfällt. Diesen experimentell erzeugten Bildausfall, der die Herrschaft des Auges im Feld des Sichtbaren untergräbt, künstlerisch aufgegriffen und reflektiert zu haben verbindet, bei aller Unterschiedlichkeit, die Arbeiten Yves Kleins und James Turrells. Turrell, der Ende der sechziger Jahre, im Rahmen des Arts & Technology-Program des Los Angeles County Museum of Art, in der Forschungsabteilung der Garrett Aerospace Corporation selbst Ganzfeldexperimente durchführen konnte, beutet in seiner Lichtkunst häufig ganz direkt die von Metzger und seinen Nachfolgern beschriebenen Effekte aus. Seine vielleicht gelungenste Installation ist „City of Arhirit“, die er 1976 im Stedelijk-Museum in Amsterdam errichtete. Sie war nach Arhirit, der mythischen Stadt des Lichts, benannt und verwandelte mehrere Museumsräume in Ganzfelder, so dass sie, verbunden mit farbigen Nachbildeffekten, bei den Besuchern die typischen Schwindel- und Desorientierungssymptome auslösten. In vier Räume, deren Wände die Qualität von homogenen visuellen Feldern hatten, fiel verschiedenfarbig gefiltertes Licht von außen ein. Betrat man einen Raum, ließ die wahrgenommene Farbe aufgrund der Netzhautermüdung schon nach kurzer Zeit nach, aber dennoch betrat man den nächsten mit dem Nachbild des vorhergenden Raumes. Im ersten Raum beispielsweise war das Licht zart grün. Den zweiten Raum betrat man daher mit einem rosafarbenen Nachbild, das den bereits leicht roten Raum intensiv rot färbte. Das Nachbild dauerte nur etwa 10 Sekunden, so dass man nach kurzer Zeit die eigentliche Raumbeleuchtung sehen konnte, die dann aufgrund der Ermüdung wieder verschwand. Zudem „empfanden die Besucher“, wie sich Turrell erinnert,

> die Störung des Gleichgewichts als so stark, daß sie auf Händen und Knien durch die Ausstellung krochen. Man ging zuerst durch einen Raum, der sich bald zu verdunkeln schien, denn ohne Form läßt sich Farbe nicht [längere Zeit fest]halten. Nach Verlassen des ersten Raumes, der hellgrün war, blieb auf der Netzhaut des Auges ein rosaroter Eindruck zurück. Der nächste Raum war rot, und man betrat ihn mit diesem Rosarot, es war einfach beeindruckend. Ich setzte also eine Raumfolge ein, um die nachhallende Farbe mit der Farbe, die man gleich sehen würde, zu mischen, auch im Bewußtsein, daß der Farbeindruck sich ständig verdunkeln würde. Die Besucher hatten den Eindruck, als ob jemand ständig das Licht an- und ausmachte, obwohl sie nur eine Folge von vier Räumen durchquerten, die auf diese Art und Weise beleuchtet waren. Wir mußten schließlich einen Weg in den Boden schneiden, aber selbst dann fiel es manchen schwer aufrecht zu stehen. Die Aufsichtspersonen befestigten zwei Punkte an der Wand und trugen Brillen mit dicken Gläsern, so daß sich zwischen den Punkten ein Horizont einstellte. Bei der Ausstellung [vier Jahre später] im [New Yorker] Whitney Museum fielen tatsächlich ein paar Leute hin. Danach fing ich an, Installationen zu machen, die man nicht betreten mußte, sondern in die man hineinschaute.[39]

---

39 James Turrell: City of Arhirit. In: Ders.: The Other Horizon (Katalog, Museum für angewandte Kunst, Wien). Wien 1998, S. 124.

Viel eleganter als die 1967 von Pierre Boulez im Dienste der seriellen Musik provokativ geforderte Sprengung der Opernhäuser[40] lässt die Verwandlung des Museums in eine Folge farbiger Ganzfelder mit den gerahmten Gemälden auch den ihnen zugehörigen Ausstellungsraum in Lichteffekten verschwinden, die dem Sehen in jedem Wortsinn den Boden entziehen. Allein gehalten durch eine filternde Brille und einen künstlichen Horizont kann das Aufsichtspersonal hier noch seiner Aufgabe als Statthalter repräsentativer Distanz nachkommen.

Yves Klein malte seine berühmten monochromen blauen Bilder 1960 und 1961. Es handelt sich dabei um gleichmäßig eingefärbte, konturlose Flächen, die allerdings aufgrund ihres überschaubaren Formats weniger spektakuläre Wirkungen zeitigen. Für das patentierte *International Klein Blue (IKB)* gilt höchstens die von Metzger angeführte Beobachtung Goethes, dass „bestimmtes Blau [...] vor uns zurück[weicht] und [uns nach]zieht“,[41] beim Betrachter also einen leichten Schwindel erzeugt. Dennoch haben auch Kleins Bilder, ob bewusst oder unbewusst, im Ganzfeldexperiment ihren epistemologischen Bezugspunkt. Auf der Titelseite der „Zeitung eines einzigen Tages“, die Klein am 27. November 1960 als begleitendes Manifest herausbrachte, trägt ein als graues Rechteck reproduziertes monochromes Gemälde den Titel „L'espace, lui-même“. Die zweite Abbildung auf dieser Seite, die Yves Klein selbst zeigt (Abb. 3), ist mit folgender Schlagzeile versehen: „Un homme dans l'espace!“ Und darunter ist zu lesen: „Le peintre de l'espace se jette dans le vide!“ Etwas weiter unten heißt es schließlich: „Je suis le peintre de l'espace. Je ne suis pas un peintre abstrait, mais au contraire un figurativ, ou un réaliste. Soyons honêttes, pour peindre l'espace, Je me dois de me rendre sur place, dans cet espace même.“[42] Das Foto, das eine als solche nicht zu erkennende Montage aus zwei Bildern ist, die eine Gruppe von Judoka samt dem von ihnen ausgespannten Sprungtuch zum Verschwinden bringt, stellt den kurzen Moment des Schwindels, den ein Sprung von der 4,50 m hohen Dachkante eines Hauses im Pariser Vorort Fontenay-aux-Roses zweifellos erzeugt, auf Dauer, nicht aber um selbst Schwindel zu erregen, sondern um vor Augen zu führen, worum es in den vermeintlich abstrakten monochromen Bildern Yves Kleins geht: um die Auflösung der Bildfläche und den visuellen Sprung in eine leuchtende Leere, in der das Auge jeden Halt verliert und damit, statt etwas zu sehen, ins Bodenlose zu stürzen beginnt.

40 Vgl. Pierre Boulez: Sprengt die Opernhäuser in die Luft! Spiegel-Gespräch mit dem französischen Komponisten und Dirigenten Pierre Boulez. In: Der Spiegel 21 (1967), Nr. 40, S. 166-174.

41 Vgl. Metzger, Untersuchungen am Ganzfeld, wie Anm. 19, S. 21.

42 Yves Klein (Katalog, Museum Ludwig, Köln), hg. von Sidra Stich. Ostfildern 1994, S. 210. („Ich bin der Maler des Raums. Ich bin kein abstrakter Maler, im Gegenteil, ich bin ein gegenständlicher, realistischer Maler. Seien wir ehrlich, um den Raum zu malen, muß ich mich direkt vor Ort begeben, in diesen Raum selbst.“)

Abb. 3. Yves Kleins Sprung in die Leere (aus: Yves Klein [Katalog, Museum Ludwig, Köln], hg. von Sidra Stich. Ostfildern 1994).

Andreas Hiepko

Der Schwindel des Karnevals[1] Zu E. T. A. Hoffmanns Capriccio *Prinzessin Brambilla*

„Prinzessin Brambilla ist eine gar köstliche Schöne, und wem diese durch ihre Wunderlichkeit nicht den Kopf schwindligt macht, der hat gar keinen Kopf."[2] So lautet das viel zitierte Urteil über Hoffmanns Erzählung von 1820, das Heinrich Heine im dritten und letzten seiner *Briefe aus Berlin* den Lesern des *Rheinisch-Westfälischen Anzeigers* verkündete. Der letzte Berliner Brief datiert vom 7. Juni 1822. *Meister Floh* war, in einer zensierten Fassung, eben erschienen. Zwar hatte mittlerweile „die Untersuchung gegen den Verfasser aufgehört. Derselbe kränkelt[e jedoch] noch immer."[3] Im vorausgegangenen Brief vom 16. März hatte Heine seinen rheinisch-westfälischen Lesern in Aussicht gestellt, schon bald mehr über diesen Schriftsteller zu schreiben, den er – was er im Voraus meinte, klarstellen zu müssen – „zu sehr liebe und verehre, um schonend von ihm zu sprechen".[4] Heine enttäuschte seine Leser nicht. Denn das wenn auch etwas dunkle, so doch jedenfalls emphatische Lob der *Brambilla* bildet nur den versöhnlichen Abschluss einer – wie angekündigt – schonungslosen Abrechnung mit den zu dieser Zeit jüngsten Publikationen Hoffmanns: *Meister Floh* sei, bis auf das erste Kapitel, „unerquicklich", sein Ende „nicht befriedigend"; *Klein Zaches* zu „lieblich und heiter"; der *Theater-Direktor* ein „ziemlich mittelmäßiger Schelm"; im *Elementargeist* schließlich sei Wasser das Element und „Geist gar keiner drin".[5] Heine diagnostizierte bei seinem Lieblingsdichter Auszehrungserscheinungen; und ordnete in weiser Voraussicht – Hoffmann starb noch im selben Monat – schon einmal dessen Nachlass. Er unterschied zwei Rubriken. Während die erste das „geschätzte", selbst „geliebte" Frühwerk umfasst, das sich durch „das Gepräge des Außerordentlichen"[6] auszeichnet, versammelt die andere die „Späten Werke", in denen sich ihr Verfasser als Schatten seiner selbst präsentiert. Nur einmal noch blitzt es auf, „das Außerordentliche", intensiver und unfassbarer denn je. Ein Text, so Heine, adversiert der zunehmen-

1 Dieser Text basiert auf einem Vortrag, der am 24. November 2001 als erster Teil des Tagungsbeitrags „Der Geist des Schwindels in Romantik und Décadence" (gemeinsam mit Fabian Stoermer) gehalten wurde. Die vorliegende Fassung ist zwischen Ende Februar und Anfang März 2003 überarbeitet worden und einem unterdessen im Kölner Karneval „geschundenen Leib" zugedacht.

2 Heinrich Heine: Briefe aus Berlin. In: Ders.: Reisebilder. Erzählende Prosa. Aufsätze, hg. von Wolfgang Preisendanz (Werke, Bd. 2). Frankfurt a. M. 1968, S. 7-62. Hier: S. 60.

3 Ebd., S. 59.

4 Ebd., S. 35.

5 Ebd., S. 60.

6 Ebd.

den Verflachung, die Hoffmanns poetische Produktion seit 1819 prägte. „Aber Prinzessin Brambilla ist eine gar köstliche Schöne [...].“ Noch bevor der geschätzte Autor auf dem Friedhof III der Jerusalem- und Neuen Kirchengemeinde am heutigen Mehringdamm in Berlin seine letzte Ruhe fand, war sich Heine schon sicher, dass das wunderliche Märchen, in das sich der Schauspieler Giglio Fava während des römischen Karnevals versetzt sieht, Hoffmanns Vermächtnis werden würde. „[...] und wem diese durch ihre Wunderlichkeit nicht den Kopf schwindligt macht, der hat gar keinen Kopf.“ Einiges spricht dafür, dass der Schwindel hier, in Berlin, am 7. Juni 1822, im ästhetischen Diskurs erstmals „positiv besetzt“[7] wurde. Mehr noch, Schwindelanfälligkeit ist in Heines Logik nicht länger das untrügliche Zeichen für Kopflosigkeit, sondern, umgekehrt, derjenige, der für den Schwindel und ihm ähnliche Überwältigungserfahrungen unempfänglich ist, muss für kopflos gelten. Seines edelsten Organs, seines Kopfes wird sich der Mensch nur bewusst, wenn ihm schwindelt oder ihn Kopfschmerzen befallen.

Weder Heines hohe Meinung von Hoffmanns *Brambilla* noch seine Betonung des Schwindels als ihrer unvermeidbaren (Neben-)Wirkung auf den Leser haben in der deutschsprachigen Rezeption tonangebend werden können. Bereits 1823 zählte Hoffmanns Freund und Biograph Julius Eduard Hitzig die Erzählung zu jenen Werken Hoffmanns, „in denen sich seine Eigentümlichkeit auf die seinen Lesern am wenigsten angenehmste [sic] Weise entwickelt hatte, die entweder die schaudervollsten Schilderungen des Wahnsinns, oder die geisterhaftesten Zerrbilder aufstellten“.[8] Berlin war in den 20er Jahren des 19. Jahrhunderts offensichtlich noch nicht reif für einen literarischen Versuch über den Schwindel der „Gesellschaft des Spektakels“.[9] Und auch später, als Berlins Spektakularität sich mit der anderer europäischer Metropolen messen lassen konnte, wurde der Faden nicht wieder aufgenommen.[10]

7 Jörn Steigerwald: Schwindelgefühle. Das literarische Paradigma der ‚Darstellung‘ als Anthropologikum (Klopstock, Sulzer, Herz, Hoffmann). In: Thomas Lange, Harald Neumeyer (Hg.): Kunst und Wissenschaft um 1800. Würzburg 2000, S. 109-131. Hier: S. 131. Zur Wunderlichkeit als ästhetischer Kategorie vgl. auch: ders.: Die fantastische Bildlichkeit der Stadt. Zur Begründung der literarischen Fantastik im Werk E.T.A. Hoffmanns. Würzburg 2001, S. 137 f.

8 Aus E. T. A. Hoffmann’s Leben und Nachlaß, herausgegeben von dem Verfasser des Lebensabrisses Friedrich Ludwig Zacharias Werners [d. i. Julius Eduard Hitzig]. Berlin 1823, Bd. 2, S. 313.

9 „Bei der Analyse des Spektakels muß in einem gewissen Maß die Sprache des Spektakulären geredet werden, insofern dabei der methodologische Boden dieser Gesellschaft, die sich im Spektakel ausdrückt, betreten wird.“ Guy Debord: Die Gesellschaft des Spektakels. Berlin 1996, S. 17.

10 Erst der „scientific turn“, der in den letzten Jahren die Literaturwissenschaften ergriffen hat, sollte Heines Urteil wieder an Plausibilität gewinnen lassen. So beschäftigen sich immer mehr wissenschaftsgeschichtlich orientierte Interpretationen mit literarischen Verarbeitungen von Schwindelerfahrungen um 1800, seit man glaubt, mit Marcus Herz’ *Versuch über den Schwindel* (1786) den „medizinischen Diskurs der Zeit“ dingfest gemacht zu haben, mit dem auch unsere immerhin 36 Jahre jüngere *Prinzessin* ein interdiskursives Verhältnis unterhalten soll. Vgl. Christine Weder: Ein medizinisch-literarisches Symptom: Zum Schwindel bei E. T. A. Hoffmann und im Kontext des medizinischen Diskurses der Zeit. In: E. T. A. Hoffmann-Jahrbuch 10 (2002), S. 76-95.

In Heines Exil fiel Hoffmanns Vermächtnis dafür auf um so fruchtbareren Boden. Nur in der Hauptstadt des 19. Jahrhunderts konnte die *Brambilla* zum „Katechismus" (Baudelaire) werden: zum Lehrbuch des L'art pour l'art.

Als am 24. Januar 1820, seinem 44. Geburtstag, Hoffmann von dem Serapionsbruder und Arzt David Ferdinand Koreff eine Mappe mit 24 Radierungen des französischen Grafikers Jacques Callot (1592-1635) geschenkt bekam, ahnte noch niemand, dass das Geburtstagskind seinen Ehrentag nur noch zweimal begehen wird. Die *Balli di Sfessania* (1622) benannte Serie kombinierte typische Figuren der Commedia dell'Arte zu immer neuen Paarungen, die, je nach Geschlechterkombination, in Scheinduelle oder Tänze verwickelt waren. „Callots fantastisch karikierte Blätter" wurden zur „Basis" von Hoffmanns letztem großen Wurf.[11] Wohl wissend, dass dem Gros des deutschen Lesepublikums dieser Wurf uneinholbar über das Ziel hinausschoss, adressierte er nur diejenigen Leser, die „etwa willig und bereit sein sollte[n], auf einige Stunden dem Ernst zu entsagen und sich dem kecken launischen Spiel eines vielleicht manchmal zu frechen Spukgeistes zu überlassen" (ebd.). Ganz Vermächtnis, richtet sich Hoffmanns „Capriccio nach Jakob Callot" an eine kommende Leserschaft, die nicht nur willens sondern auch fähig ist, sich lesend in Schwindel zu versetzen; und mehr noch, so sehr des Lesens mächtig ist, dass sie es selbst der Ohnmacht nahe noch bewerkstelligen kann. Wie nachhaltig muss sich die allgemeine Alphabetisierung durchgesetzt haben, wie restlos muss das leise, von Vorstellungen begleitete Lesen zur Routine geworden sein, damit die Kulturtechnik der Lektüre, die eine gewisse Unbewegtheit voraussetzt, wie immer scheinhafte Bewegungsempfindungen verursachen kann? Heine jedenfalls weist sich mit seinem Bedürfnis nach schwindelinduzierender Literatur als ein früher Vertreter jener kommenden Leserschaft aus, die nicht mehr aufmerksam liest und gegebenenfalls zurückblättert, um den Überblick nicht zu verlieren, sondern sich, der eigenen, hoch trainierten Lesefähigkeit vertrauend, den Desorientierungsstrategien des Autors überlässt.

> „Gut nur, daß ich gerade hier stand und Euch in meinen Armen auffing, als die lose Dirne gerade im Begriff stand, Euch, Euren Schwindel benutzend, zu entführen." „Ich danke Euch", erwiderte Giglio, „ich danke Euch recht sehr für Euren guten Willen, bester Signor Celionati aber was Ihr da sprecht von grober Täuschung, verstehe ich ganz und gar nicht und es tut mir nur leid, daß der fatale Schwindel mich verhinderte, den Tanz mit der holdesten, schönsten aller Prinzessinnen, der mich ganz glücklich gemacht hätte, zu vollenden." (S. 294)

Der Leser, der „willig und bereit" genug war, sich Hoffmanns „Spukgeist" bis ins 6. Kapitel zu überlassen, wird sich spätestens bei diesem Dialog fragen, ob er seinerseits die Lektüre der *Brambilla* wohl schadlos überstehen wird. Allerdings hat die verwirrende

11 So Hoffmann erklärend im Vorwort zu Prinzessin Brambilla. In: E. T. A. Hoffmann: Späte Werke. Mit einem Nachwort von Walter Müller-Seidel. München 1965, S. 209-326. Hier: S. 211. Alle weiteren Zitate der Erzählung werden unter Angabe der Seitenzahl im laufenden Text ausgewiesen.

Erzählung soeben ihren schwindelerregenden Höhepunkt erreicht. Es handelt sich um die Dramatisierung einer Radierung Callots, auf der Fracischina mit dem Tambourin und Gian Farina mit dem (Papp-)Schwert miteinander tanzen. Die Tänzer und ihre unzweideutigen Requisiten werden zu Sprechern, die diesen Tanz zu Wort kommen lassen, der ruhig beginnt, zuerst noch die Rolle, die der Verstand beim Tanzen spielen sollte, erörtert, an das rechte Gleichgewicht erinnert, dann jedoch, zunehmend kurzatmig, sehr schnell im finalen Duo der Tanzenden unvermittelt abbricht: „Weh mir – Schwindel – Strudel – Wirbel – erfaßt uns – hinab." (ebd.) Wieder einmal schienen Protagonist wie Leser kurz davor zu stehen, die wahre Identität der Prinzessin Brambilla zu erfahren, da „schwinden [jenem] in dem Taumel der jauchzenden Lust die Sinne" (ebd.), so dass zwangsläufig auch dieser frustriert zurückbleibt. Beide müssen sich noch ganze zwei Kapitel gedulden, bis sich die immer verwirrendere Verdopplung des Personals in ein denkbar schlichtes Muster auflösen lässt.

An dieser Stelle muss auf jenes romantische Rom eingegangen werden, in dem sich Hoffmanns komplexes Capriccio abspielt. Prinzessin Brambilla residiert in einem Theater-Rom, das nur wenige Bühnenbilder zu bieten hat: den Korso, den Palast Pistoja, das Café Greco – in welchem selbstredend „teutsche Künstler" sitzen, die „über die Fratzen des Karnevals eine scharfe Kritik ergehen lassen". Groteskerweise erfüllt der rigide Ablauf, den der liturgische Kalender für den Karneval vorschreibt, die klassizistische Forderung nach der Einheit der Zeit. Denn am Aschermittwoch ist der Spuk schlagartig beendet. Doch zuvor regiert der „spaßhafteste Spaß alles Spaßes" (S. 246).

Allerdings sollte man nicht vergessen, dass der Karneval zwar eine verkehrte, deshalb aber nicht weniger enge Welt ist. Seit der aufgeklärte Absolutismus überwacht, statt zu strafen, blieben auch die notorischen Verbote des Karnevals aus. Der karnevaleske Aufruhr sollte nicht mehr durch repressive Gewalt unterbunden, sondern als Ausnahmezustand polizeilich geregelt werden. Der reformierte Kölner Karneval unter der Aufsicht eines „Festordnenden Komitees" fand bezeichnenderweise erstmals im Februar des Jahres 1823 statt – also nur gut zwei Jahre nach Erscheinen der *Prinzessin Brambilla.*

So sehr deren Protagonisten nämlich durch das karnevalistische Treiben zu taumeln scheinen, sie werden in ihrem Taumel geleitet, bei ihren Ausschweifungen unauffällig begleitet und nötigenfalls auf näher liegende Abwege gelenkt. Die Putzmacherin Giacinta Soardi und der eitle Schauspieler Giglio Fava haben die Orientierung verloren, „verlockt von den zauberischen Truggestalten des Orkus vornehmer Welt" (S. 269). Sie erliegt dem Sex-Appeal des von ihr hergestellten Putzes, er glaubt, als primo amoroso nicht nur rollenkonform Herzen auf der Bühne zu brechen, sondern auch die Herzen echter Prinzessinnen, die, wie er meint, inkognito keine seiner Vorstellungen auslassen. In ihrer Eitelkeit verdoppeln sich die beiden Protagonisten dieser ironischen Liebesgeschichte: Neben Giacinta tritt die weltberühmte Prinzessin Brambilla aus dem fernen Äthiopien, neben Giglio der assyrische Prinz Cornelio Chiapperi. Obgleich weiterhin in einer Zweierbeziehung befangen, eröffnet die Zeit der Maskerade Giacinta und Giglio die Möglichkeit, zu zweit Quartett zu spielen und sich in eingebildeten Wahlverwandtschaften zu verstricken. Allerdings bleibt die narzisstische Wunschproduktion der kleinen Angestellten des Theaters unter ständiger Beobachtung. Denn jede Scheinwelt braucht Maschinisten, von denen sie am Laufen gehalten wird. Im vorliegenden Fall übernehmen diesen Part auf der Hinterbühne der Schneidermeister Bescapi, der bei der Näherin Giacinta ein prächtiges Karnevalskostüm in Auftrag gibt, ihr jedoch nicht verrät, dass es für sie bestimmt ist; und der „stadtbekannte Ciarlatan" Signor Celionati, der in erster Linie damit beschäftigt ist, Giglio Favas scheinbar zufällige Abenteuer zu organisieren. Einmal überkommt sogar den Schauspieler die Ahnung, „daß alles das, was er für den Spuk neckhafter Zaubermächte zu halten geneigt, auf ein Possenspiel hinauslaufen könne, das am Ende der abenteuerliche, launische Celionati aus dem tiefen dunklen Hintergrunde heraus an *ihm* nur unsichtbaren Faden leite" (S. 236). Es ist die karnevaleske Situation des Schauspiels ohne Rampe, ohne Polarisierung der Akteure und Zuschauer. Selbst die Maschinisten, Souffleusen und Regisseure treten in diesen totalen Bühnenraum der Erzählung. Zumal in der Karnevalszeit ist die Grenze zwischen authentischem Leben und inszeniertem Spiel auf prekäre Weise aufgehoben. Und dieser Raum illusionärer Effekte ist von Schwindel erfüllt. So leidet der assyrische Prinz, Giglios Doppelgänger,

> an einem Augenübel, welches er sich durch zu frühzeitiges Brillentragen zugezogen. Es muß sich etwas in meinem Augenspiegel verrückt haben; [...] denn ich sehe leider meistens alles verkehrt [...]. Das aber erregt mir oft entsetzliche Angst und solchen Schwindel, daß ich mich kaum aufrecht erhalten kann. (S. 313 f.)

Als Giglio Fava hingegen trägt der verliebte Held beständig eine magische Brille, die der Scharlatan Celionati als eines seiner Arkana anbietet. Mit ihrer Hilfe könne man zwischen gewöhnlichen Menschen und äthiopischen Prinzessinnen unterscheiden, was, gerade in der Zeit närrischer Maskerade, unbewaffneten Augen verwehrt bleibe. Doch diese Brille hat eher desorientierende als das Unterscheidungsvermögen schärfende Effekte. Als Giglio sie „voller Begier" ergreift, wird er enttäuscht: „[N]ichts, als ein buntes undeutliches Gewirre von allerlei seltsamen Gestalten stellte sich ihm dar, und nur zuweilen zuckte ein elektrischer Strahl durch sein Innres, das holde Traumbild verkündend, das sich vergebens dem tollen Chaos entringen zu wollen schien." (S. 225 f.)

Man könnte nun einwenden, dass der Karneval eine lizensierte Aufhebung der Ordnung sei und Hoffmann unter diesen Voraussetzungen leichtes Spiel habe. Schon Baudelaire bemerkt, dass Hoffmann „das exzentrische Drama der ‚Prinzessin Brambilla' aus wohlerwogenen Gründen nach Italien, mitten in den südlichen Karneval, auf den turbulenten Korso verlegt hat".[12] Einen weiteren Grund, warum sich so viele Szenen der Erzählung

12 Charles Baudelaire: Vom Wesen des Lachens. In: Ders.: Sämtliche Werke/Briefe, hg. von Friedhelm Kemp und Claude Pichois. Darmstadt 1977, Bd. 1, S. 284-305. Hier: S. 299.

auf dem tobenden Korso abspielen, lässt Baudelaire unerwähnt. Möglicherweise wusste er auch gar nicht, dass gut 30 Jahre vor Erscheinen des Capriccios Goethe ein Büchlein mit dem Titel *Das Römische Carneval* veröffentlicht hatte.[13] Anders als Hoffmann war Goethe tatsächlich in Italien und hielt sich 1787 und 1788 zur Karnevalszeit in Rom auf. Kaum in Weimar zurück, war er bemüht, „die Freuden und den Taumel dieser Tage vor die Einbildungskraft [seiner] Leser zu bringen".[14] Er richtet sich dabei an seinesgleichen, also den exklusiven Kreis der Italientouristen seiner Zeit. Denen, die dem Karneval „selbst einmal beigewohnt" haben, soll seine Beschreibung Erinnerungshilfe sein, „solchen, welchen jene Reise noch bevorsteht[,] Übersicht [...] verschaffen".[15] Goethe versucht Ordnung in das karnevaleske Chaos zu bringen, indem er es in überschaubare Szenen segmentiert. Ganz im Sinne des kurz zuvor erschienenen *Versuchs über den Schwindel* von Marcus Herz geht es Goethe vor allem darum, der „überdrängten und vorbeirauschenden Freude" klinisch beizukommen, ohne sich anstecken zu lassen. Allerdings nicht, ohne mit der hohen Kontagiosität des tollen Treibens zu kokettieren. Erst 27 Jahre nach seinem schmalen Buch veröffentlicht er den Eindruck, den der Karneval des Jahres 1787 auf ihn gemacht habe. Man muss, so die Eintragung vom Aschermittwoch, dieses „tolle Spektakel [...] gesehen haben, um den Wunsch völlig loszuwerden, es je wiederzusehen. Zu schreiben ist davon gar nichts, bei einer mündlichen Darstellung möchte es allenfalls unterhaltend sein."[16] Sehr geschickt wird so ein Gegenstand konstruiert, der gemischte Gefühle erzeugt, der, dem Erhabenen nicht unähnlich, abstößt und dennoch fasziniert. Was jedoch in der Theorie des Erhabenen Unlust hieß, wird angesichts der Aufhebung der Ordnung, wie scheinhaft und transitorisch sie auch sein mag, zur Angst. Ungefähr in der Mitte des Textes stellt Goethe klar, dass seine „Beschreibung bisher nur den Begriff von einem engen, ja beinahe ängstlichen Zustande gegeben hat".[17] Beizeiten wird der Leser also darauf vorbereitet, dass das beschriebene Geschehen unaufhaltsam eskalieren wird. Der „Letzte Tag" naht. Es ist der Dienstag, an dem bekanntlich alle danach trachten, möglichst vielen „das Licht auszublasen".

> Niemand vermag sich mehr von dem Platze, wo er steht oder sitzt, zu rühren; die Wärme so vieler Menschen, so vieler Lichter, der Dampf so vieler immer wieder ausgeblasenen Kerzen, das Geschrei so vieler Menschen, die nur um desto heftiger brüllen, je weniger sie ein Glied rühren können, machen zuletzt selbst den gesundesten Sinn schwindeln.[18]

13 Vgl. Gerhard R. Kaiser: E. T. A. Hoffmanns *Prinzessin Brambilla* als Antwort auf Goethes *Römisches Carneval.* Eine Lektüre im Lichte Baudelaires. In: Klaus Manger (Hg.): Italienbeziehungen des klassischen Weimar. Tübingen 1997, S. 215-242.

14 Zitiert nach Johann Wolfgang von Goethe: Werke. Hamburger Ausgabe in 14 Bänden, Bd. 11, Autobiographische Schriften III, 10., neubearbeitete Aufl. München 1981, S. 485.

15 Ebd.

16 Ebd., S. 175.

17 Ebd., S. 499.

18 Ebd., S. 514.

Der Schwindel, der unterschiedslos alle erfasst, selbst wenn sie sich auf Kirchtürmen „den gesundesten Sinn" antrainiert haben, hat hier jedoch den positiven Nebeneffekt, dass auch der bedrohliche Kollektivleib kollabiert, dass sich die „Masse auflöst" und „von den Enden nach der Mitte zu schmilzt". So wie ein Schwindelanfall in der Regel als Vorzeichen einer drohenden Ohnmacht gedeutet werden muss, „endigt sich auch dieses Fest [...] allgemeiner Losgebundenheit [...] mit einer allgemeinen Betäubung".[19] Und am Aschermittwoch kehrt die Ordnung drakonischer als sonst zurück. Insofern ist der Weimarer Geheimrat mit dem Römischen Karneval im Reinen. Jedenfalls solange er eine italienische (Un)Sitte bleibt, die durch die antike Tradition der Saturnalien nobilitiert ist und sich über die Jahrhunderte dermaßen ritualisiert hat, dass sie von der „Polizei nur mit gelinder Hand regiert"[20] werden kann. In der abschließenden Aschermittwochsbetrachtung, in der Goethe sich selbst einräumt, „ernsthafter zu sprechen, als es der Gegenstand zu erlauben scheint", stellt er unmissverständlich fest,

> daß Freiheit und Gleichheit nur in dem Taumel des Wahnsinns genossen werden können, und daß die größte Lust nur dann am höchsten reizt, wenn sie sich ganz nahe an der Gefahr drängt und lüstern ängstlich-süße Empfindungen in ihrer Nähe genießet.[21]

Dass ein Staatsbeamter, dessen repressive Politik mittlerweile hinlänglich bekannt ist, Freiheit nur als Narrenfreiheit denken konnte und mit der Entfesselung des utopischen Potentials karnevalesker Selbstorganisation, die sich nicht mehr zu einem festgesetzten Datum selbst auflöst, die größten Schwierigkeiten haben musste, verwundert nicht.[22] Die scheinbar unpolitische Feststellung, dass die größte Lust mit Gefahr und Angst verbunden sei, wirft dagegen Fragen auf, die eng mit dem Problem des Schwindels verknüpft sind. Ist tatsächlich jede Form des Schwindels mit Angst verbunden? Gibt es mithin keine angstfreie Lust am Schwindel? Oder wäre sie dann nur eine Lust minderen Grades?

Einiges spricht dafür, dass es zwei grundlegend verschiedene Irritationserfahrungen gibt, die, wegen ihrer ähnlichen Symptomatik, beide unter Schwindel firmieren: den Drehschwindel und den Höhenschwindel, der besser Hypsiphobie[23] heißen sollte. Während

---

19 Ebd.

20 Ebd., S. 484.

21 Ebd., S. 515.

22 Vgl. die eher gutwillige Würdigung von Goethes Beschreibung des Karnevals von Michail Bachtin: „Goethe beendet seine Karnevalsbeschreibung mit der ‚Aschermittwochsbetrachtung', einer Art ‚Philosophie des Karnevals'", die allerdings das Manko habe, „die zuvor so gut beschriebenen Karnevalsmotive fast vollständig in die Sphäre individuell-subjektiver Erfahrung [zu] überführ[en]", um in ihnen „Symbole des individuellen Schicksals [zu] sehen, während sie doch gerade das Schicksal des ganzen Volkes offenbaren". M. Bachtin: Rabelais und seine Welt. Volkskultur als Gegenkultur, hg. von Renate Lachmann. Frankfurt a. M. 1995, S. 286-298. Hier: S. 292 f.

23 Der medizinische Gräzismus für ‚Höhenangst' lässt sich auch anders rückübersetzen. Wenn der Titel der Longin zugeschriebenen Schrift, *Peri hypsos*, mit *Über das Erhabene* angemessen wiedergegeben wird,

die Höhenangst[24] dem von Goethe proklamierten Muster „ängstlich-süßer Empfindungen" gehorcht, ist der Drehschwindel – zumindest wenn man nicht von ihm ergriffen wird, sondern ihn bewusst herbeiführt – durchaus fähig, reine Lust zu erzeugen. Eine Lust der Immanenz, die sich um nichts als sich selbst dreht und eine Lust der Transzendenz, die zwischen den Freuden des Aufstiegs und der Angst vor dem Absturz oszilliert.

Goethes wiederholte Ersteigungen des Straßburger Münsters galten bekanntlich der Überwindung einer als Schwäche wahrgenommenen Höhenangst. Auf seiner Italienreise sollte ihm dieses Training immer wieder zugute kommen: „Ich bestieg nach meiner Gewohnheit sogleich den Turm."[25] Bei seiner Erkundung Venedigs wählte er ein leicht modifiziertes Verfahren: „Nach Tische eilte ich, mir erst einen Eindruck des Ganzen zu versichern, und warf mich ganz ohne Begleiter, nur die Himmelsgegenden merkend, ins Labyrinth der Stadt."[26] Den nächsten Abend „verlief" er sich wieder ohne Führer in die entlegensten Viertel Venedigs, versuchte sich „in und aus diesem Labyrinthe zu finden, ohne irgend jemand zu fragen, [s]ich abermals nur nach der Himmelsgegend richtend".[27] Erst nach zweimaligem Umherirren folgt er seiner Gewohnheit. „Heute habe ich abermals meinen Begriff von Venedig erweitert, indem ich mir den Plan verschaffte. Als ich ihn einigermaßen studiert, bestieg ich den Markusturm, wo sich dem Auge ein einziges Schauspiel darstellt."[28]

Dass Goethe hier das Labyrinth der Gassen beschwört und davon spricht, „sich zu verlaufen", darf nicht überbewertet werden. Der Sonnenstand in Kombination mit einer Uhr war, wenn schon kein exaktes *positioning system*, so doch immerhin eine Orientierungshilfe, die es dem Weimarer Geheimrat erlaubte, sich, obgleich fremd, ohne die Leitung eines anderen, also ohne der störanfälligen Kommunikation mit Einheimischen zu bedürfen, in den italienischen Städten zurechtzufinden.

„Ich konnte nicht unterlassen, gleich im Spazierengehen eine Anordnung [...] zu entwerfen und einem Polizeivorsteher, dem es Ernst wäre, in Gedanken vorzuarbei-

---

kann man vom Höhenschwindel als einer „Angst vor dem Erhabenen" sprechen. Die Ästhetik des Erhabenen, deren Apriori Schwindelfreiheit ist, findet also in einer ‚Ästhetik des Schwindels' ihr Gegenstück. Diese will Taumel auslösen, eine leichte Benommenheit, wie sie von kindlichen Drehspielen hervorgerufen wird. Sich ihrer Harmlosigkeit bewusst, meidet sie ängstlich jeden Topos des Erhabenen, da er sie zwingen könnte, gegen ihr einziges Prinzip zu verstoßen: nil admirari.

24 Glaubt man dem Psychiater Jürg Zutt, dann ist „der Höhenschwindel [...] lediglich ein Angstzustand, der in einer bestimmten räumlichen Situation, nämlich beim Stehen am Abgrund, beim Blick in den Abgrund auftritt". Und somit sei „der Höhenschwindel eine echte Phobie, eine echte Platzangst" und „der Agoraphobie oder der Claustrophobie an die Seite zu stellen" (Über Daseinsordnungen. Ihre Bedeutung für die Psychiatrie [1953]). Zitiert nach dem Wiederabdruck in: Erwin Straus, Jürg Zutt (Hg.): Die Wahnwelten. (Endogene Psychosen). Frankfurt a. M. 1963, S. 169-192. Hier: S. 172.

25 Goethe: Werke, Bd.11, wie Anm. 14, S. 101.

26 Ebd., S. 68.

27 Ebd., S. 70.

28 Ebd.

ten."[29] Tatsächlich macht Goethe in diesem Eintrag vom 1. Oktober 1786, der sich der Müllbeseitigung Venedigs annimmt, nur namhaft, was auch seine Beschreibung des Römischen Karnevals trägt: der polizeiliche Blick, dem jede größere, sich zusammenrottende Menschenmenge suspekt erscheint und Anlass zu Regulierungen gibt. Während sich Goethe im handfesten Gedränge eines Straßenkarnevals bemühte, die Übersicht zu behalten, damit sich seine Leser wenigstens annähernd ein Bild des regellosen Maskenfestes machen konnten, beugte sich Hoffmann über die Radierungen Callots, auf denen je zwei leicht wiedererkennbare Figuren der Commedia dell'Arte in die für sie typischen Gesten gebannt sind. Statt dem chaotischen Karnevalsgeschehen im wirklichen Rom, wenn auch nur mit Mühe, gleichwohl mannhaft zu widerstehen, um ihm eine poetische Form abzuringen, übersetzt Hoffmann nur eine Kunst in die andere: die der Graphik in die der Erzählung. Und auch Callots Radierungen entstanden auf der Grundlage von Zeichnungen, die ihrerseits Momentaufnahmen der am Hof der Medici mit großem Aufwand geförderten Commedia dell'Arte waren, deren Aufführungen der französische Künstler während seines nahezu zehnjährigen Florenzaufenthaltes häufig beigewohnt haben dürfte. Auf diese Weise vielfach ästhetisch vermittelt, konnte Hoffmann der Karneval als Muster einer Poetik erscheinen, die nicht darauf abzielt, literarische Ordnung ins Chaos der Wirklichkeit zu bringen, sondern durch abrupte Wechsel der Erzählperspektive die Abfolge der Vorstellungen des Lesers in schwindelerregende Bereiche zu beschleunigen, bis der Leser in die Worte eines der deutschen Künstler aus dem Café Greco einfällt.

> Mich will es bedünken, als hetze das bunte Maskenspiel eines tollen märchenhaften Spaßes allerlei Gestalt in immer schnelleren und schnelleren Kreisen dermaßen durcheinander, daß man sie gar nicht mehr zu erkennen, gar nicht mehr zu unterscheiden vermag. Doch laßt uns die Masken nehmen und nach dem Korso gehen! (S. 315)

Geht es nach Hoffmann, soll sich auch sein Capriccio erledigt haben, sobald es endet. Die wichtigsten Zusammenhänge sind geklärt, die bohrenden Fragen beantwortet. Viel hat sich nicht verändert. Giglio und Giacinta sind wie schon zu Beginn der Erzählung nicht nur ein Paar, sondern arbeiten auch beide für das Theater. Nur sind sie mittlerweile glücklich verheiratet und haben sich als gefeierte Darsteller der Commedia dell'Arte einen gewissen Wohlstand erworben.

Anders als das „echte" Italien, das Goethe, der sich an Weimarer Verhältnisse gewöhnt hatte, nicht nur aus polizeilicher Sicht zu Bedenken Anlass gab, lädt das fiktionale Italien Hoffmanns dazu ein, „sich unbekannten Mächten zum Spielwerk hin[zu]geben" (S. 236).

29 Ebd., S. 71.

Andreas L. Hofbauer

Confidence Men or Hustler's Bite and the Paradise Apple[1] Adnote zum Schwindel als dem Unterbau sozialer Gefüge

> Als ich aus der Toilette kam, hielt mich ein Mann an, um sich vorzustellen. Er sagte, seine Frau hätte gerne ein Autogramm von mir. Er sagte, sie hätte mich erkannt, und fragte mich, ob ich sie auf dem Weg zu meinem Platz kurz begrüßen würde. Ich sagte ihm, sie habe mich bestimmt mit jemand anderem verwechselt. Er sagte, das mache nichts, ich solle irgendeinen Namen hinschreiben. Das tat ich auch, ich unterschrieb mit Buster Keaton, und als ich bei ihrem Platz stehenblieb, ergriff sie meine Hand und sagte mir, wie schön es sei, mich kennenzulernen, wie nett es von mir sei, mein volles Reiseprogramm zu unterbrechen, um eine Bewunderin zu begrüßen. Eine Stunde vor der Landung kam der Mann zu meinem Platz und hielt mir einen Zwanzig-Dollar-Schein hin. *Don De Lillo*

> To be one human creature is to be a legion of mannequins. ... Every individual gives names to his mannequins and nearly all names begin with „I am" and are followed by a long stream of lies. *Leonora Carrington*

Vertrauen Sie mir, meine Herrschaften. Freilich auch Sie, meine Damen – schenken Sie mir ein paar Minuten Ihr Vertrauen. Selbstverständlich gebe ich Ihnen auch das meine gerne hin, lege es ganz offen vor Ihnen aus und bringe es Ihnen entgegen. Glauben Sie mir bitte, nichts liegt mir ferner, als böse Absichten ins Spiel zu bringen. Weit ab von den Verhärtungen der Schmähreden und den Vereitelungen der Scheelblicke wollen wir uns zusammenfinden. Vertrauen gegen Vertrauen – sage ich. Vertrauen gegen Vertrauen: ganz

1 Der nachstehende Text behält seine mündliche Vortragsform bei. Eine etwaige Änderung hätte eine völlige Neuabfassung nötig gemacht; darüber hinaus verlöre sich dadurch auch eine gewisse Absicht, die mit derlei Formgebung verbunden war und ist. Alle nicht weiter ausgewiesenen Zitate folgen der ausgezeichneten deutschen Übertragung durch Christa Schuenke: Herman Melville: Maskeraden oder Vertrauen gegen Vertrauen. Bremen 1999. Alle Seitenangaben im Text beziehen sich auf diese Ausgabe. Sie wurden jeweils am Originaltext geprüft. Desweiteren werden spezielle Sekundärangaben zu *The Confidence-Man. His Masquerade* hier nicht ausgewiesen. (Auch die zahlreichen Biographien, vor allem die neueste und großangelegte Hershel Parkers, bleiben hier unerwähnt.) Interessierte seien dennoch im Besonderen auf folgende Publikationen verwiesen: Hershel Parker: Melville and Politics. A Scrutiny of the Political Milieu of Herman Melville's Life and Works (Ph. D. dissertation, Northwestern UP 1963); Helen P. Trimpi: Melville's Confidence Men and American Politics in the 1850s. New Haven 1987; William E. Lenz: Fast Talk & Flush Times. Columbia 1985; Larry E. Wegener (Hg.): A Concordance to Herman Melville's The Confidence-Man: His Masquerade, New York, London 1987; Gary Lindberg: The Confidence Man in American Literature. New York, Oxford 1982; Elizabeth Renker: Strike through the Mask. Baltimore, London 1996 (bes. Kapitel 4).

einfach. Vertrauen sie mir einfach ... lehnen sie sich zurück ... tun Sie es mir gleich, der Ihnen jeden Vertrauensvorschuss einräumt, weil er weiß, dass auch Sie ihm in nicht allzu ferner Zukunft gestatten werden, wieder zu schweigen und sich zurückzulehnen.

1.

An anderen Orten habe ich oftmals darauf hingewiesen, dass Herman Melvilles Büchern sich anvertrauen in erster Linie heißt, Grabungen und Tauchfahrten zu unternehmen. Bei all seinen Werken fördern dann solche Stollen und Erkundungen Gold und seltsam Unterseeisches zu Tage. Akribische psycho-biographische Verzeichnungen, die oft Jahrzehnte der Niederschrift vorausliegen; esoterische Bezugnahmen ebenso auf privatime Alltagsereignisse, wie auch auf politische Geschehnisse; ein Hang zur Verklausulierung und Andeutung; eine Manie des Verweises; beißende Kritik an den *American Politics* von Paine bis zum „kuhäugigen" (Melville in einem Brief an Hawthorne) Transzendentalismus eines Emerson und seiner Kameraden. Ränkespiele der Lettern, die tief in die Logik der Grammatik hineingesenkt sind; derbe und bisweilen plumpe Kalauer (Melville, dieser *big white male* der amerikanischen Literatur); ein übertriebner Hang zu Metaphysik usw. usf.

Recht haben Sie, wenn es Ihnen jetzt wenig vertrauenswürdig scheint, wenn ich nun gleich vorweg bemerken möchte, dass ich mir für dieses Mal beinahe alle solche und ähnliche Fahndungen verbiete. Freundlich bitte ich Sie dabei aber in Rechnung zu stellen, dass die Zeit knapp und das Ziel – so es denn überhaupt eines geben sollte – ein anderes ist; sollte ich Ihr Vertrauen gleichwohl enttäuschen, bin ich freilich gerne bereit, Ihren Mahnforderungen im Anschluss an meine Ausführungen nachzukommen. Was eine spezifische Auslotung im obigen Sinne angeht, beschränke ich mich auf den Verweis auf die ausgezeichnete Untersuchung von Elizabeth Renker mit dem Titel *"A——!": unreadability in The Confidence Man* (erschienen im *Cambridge Companion to Herman Melville* 1998 bei Cambridge University Press).

2.

Wir vermuteten es also bereits. Es soll sich hier offensichtlich um Herman Melvilles letzten Roman *The Confidence-Man. His Masquerade* drehen. Ich werde mein Hauptaugenmerk in diesem Zusammenhang den Kapiteln 42, 43 und dem Beschluss dieses Buches widmen, entschuldigen Sie dabei aber schon jetzt – und abermals – meine beständigen Ausrutscher auf diesem Weg.

Doch beginnen wir – wie so oft und hier schon wieder – mit einem Beispiel. Als der König der Hoaxer Phileas T. Barnum (ein Zeitgenosse Herman Melvilles, der auch häufig in seinen Büchern implizite oder explizite Beachtung fand) mit seinem kleinwüchsigen *General Tom Thumb* auf Europatournee ging, benötigte er in Paris einen Übersetzer und fand ihn in Herrn Pinte, einem Lyzeumsprofessor und gemütlichen Philosophen, der es zuerst als erniedrigend empfand, auf Rummelplätzen vor unzähligen Schaulustigen gemeinsam mit einem Zwerg aufzutreten. Nachdem Barnum aber geschickt diese seine Vorbehalte zerstreut hatte – wie dies geschah, wissen wir freilich nicht, dass ein Blankoscheck dabei aber eine nicht unerhebliche Rolle gespielt haben dürfte, scheint wahrscheinlich –, nahm er die Stelle an. An der belgischen Grenze stellte sich aber alsbald Pintes Schusseligkeit heraus, hatte er doch seinen Pass vergessen. Das veranlasste P. T. Barnum zu der folgenden, etwas ärgerlichen Aussage: „Nie werden Sie ein guter Schausteller werden, sollten sie nicht lernen, an alles zu denken!" Das nun wiederum empörte Herrn Pinte, der sich sowieso Zeit lebens eher als Philosoph sah, denn als zutragender Schausteller. (Zumal, wie man und Pinte weiß, eine direkte Linie vom Schausteller zum Galeristen und zu dessen rotwelschem Verwandten, dem Zuhälter, führt.) Nach einiger Zeit grimmigen Schweigens (während dessen Barnum die Zöllner bestach) konnte Pinte aber seine Frage an Barnum nicht zurückhalten: Was mache denn nun einen guten Schausteller aus? Barnum antwortete, dass ein solcher zuerst die menschliche Natur vollständig zu kennen hätte, und er sodann über die Fähigkeit zu verfügen habe, seine Mitmenschen gehörig „einzuseifen". Und „Einseifen" sei dergestalt die Fähigkeit, allen Menschen zu gefallen und ihnen auf derart feine und ausgesuchte Weise zu schmeicheln, dass sie die eigentliche Absicht der Unternehmung (des Einseifers) nicht durchschauten. Das wiederum veranlasste nun aber Herrn Pinte im Gegenzug zu der doch sehr geistreichen Bemerkung, dass dann wohl die Leute auf der Welt sehr schmutzige Hände haben müssten, ließen sie sich doch so oft einseifen.[2]

3.

Wenden wir uns nun aber denjenigen Herrschaften zu, die sich an einem ersten April – was nicht nur der Tag der Narren ist, an welchem man schon in der römischen Antike seinen Freunden und Bekannten lustige Streiche spielte, sondern einer alten Überlieferung zufolge auch der Tag des Teufels (oder vielmehr der Tag, an dem Luzifer aus den Himmeln gestoßen wurde) – auf dem Dampfer *Fidèle* eingefunden haben, um eine Fahrt auf dem Mississippi zu unternehmen.[3] Seit Tagesanbruch findet sich an Bord eine wahr-

2 Ähnliches vermutet einer der Protagonisten in Robert Bressons Film *Das Geld*. „Ich dachte, unter unehrlichen Menschen könnte man sich verständigen", so meint dieser als Angeklagter im Gerichtssaal. (Ich danke Theo Ligthart für diesen Hinweis.)

3 Am Rande sei darauf hingewiesen, dass selbstverständlich auch die Erstausgabe am 1. April 1857 bei Dix, Edwards & Co. in New York erschien.

haft illustre Gesellschaft von Passagieren ein. Da sind etwa der Indianerhasser und der Herr mit den goldenen Manschettenknöpfen, der Kräuterdoktor und der Mann mit der Reisemütze, desgleichen der Kosmopolit und der Fremde, ein Soldat Fortunas und der Stumme, der andere und noch sehr viele andere mehr. Leicht und schnell verliert der Leser schon in den ersten Kapiteln und Abschnitten des Berichts über die Vorkommnisse auf der *Fidèle* die Kontrolle und gerät ins Trudeln. Zum Beispiel, was die Personage angeht: Ist z. B. der Kosmopolit zugleich der Fremde? Aber warum ist dann zuweilen der Fremde auch der andere und dieser wiederum oftmals noch ein anderer, der sich zuweilen als das imaginäre Alter Ego des Indianerhassers zu erkennen gibt?

Alle Charaktere, auf die wir bei Melville (aber nicht nur bei ihm) immer stoßen, sind, bis hinein in die Lettern und die Buchstäblichkeit (Anagramme und Abkürzungsspiele, Auslassungen und Mehrfachkonnotationen, Gelehrsamkeit und Anspielung) eben gerade und genau das: *characters*. Wie sie gesetzt sind, ist weder der Logik des Setzkastens, noch der Aufmerksamkeit des Setzers (oder Typo-Graphikers) überantwortet. Doch, wie schon gesagt, das soll uns hier und jetzt nicht beschäftigen. Gesagt soll aber all jenen, die noch nie gemeinsam mit dem Kosmopoliten und all den anderen auf der *Fidèle* reisten, eines werden: Glauben Sie mir und meiner langjährigen Erfahrung – so wirklich *vertrauenswürdig* scheint keine der Personen an Deck. Schon der erste, sich exponierende schwarze Krüppel gerät schnell in Verdacht, sein Bein sei gar nicht als verloren zu betrachten, sondern nur vermittels eines bemerkenswerten Tricks am Knie abgewinkelt. Und der gutmütige Gottesfürchtige, welcher ihn vor der aufgebrachten Menge in Schutz nimmt, sammelt gleich im Anschluss an diese seine Aktion Geld; offensichtlich für ein windiges Projekt in Übersee. Und so immer weiter, von und welche Seite man auch immer betrachtet...

Löste nun schon *Pierre* bei den Kritikern den Verdacht aus, der Autor sei unter Umständen nicht bei Sinnen, so sah man auch im *Confidence-Man* einen Roman, der von einem geschrieben wurde, der offensichtlich unter seiner und durch seine eigene Sprache schwindelte, geschweige denn sich in die Lage versetzt sah, einen Handlungsfaden ruhig zu entspinnen. Wirres Gerede schattenhafter, schlecht skizzierter Gestalten an nur einem Tag auf einem Dampfer auf dem Mississippi. Kein Plot, keine Überzeugungskraft, kein Ende und genausowenig ein Anfang ... Doch kümmern wir uns vorerst nicht um die Kritik der Zeitgenossen, ebensowenig aber um die postmodernen Apologeten einer rückhaltlosen Affirmation. Deshalb sei hier auch nur am Rande und beiläufig auf das Schiefgehen und Schlingern, auf das Schwanken hingewiesen, das Melville selbst immer wieder herausstellte. Etwa gegenüber seinem gönnerhaften Schwiegervater Lemuel Shaw am 6. Oktober 1849: „Da es also Bücher sind ... kommt mein einziger Wunsch für ihren ‚Erfolg' (wie man es nennt) aus meiner Börse & nicht aus meiner Seele. Soweit es mich selbst betrifft, & unabhängig von meiner Börse, ist es mein innigster Wunsch, jene Art Bücher zu schreiben, von denen man sagt, sie würden ‚schiefgehen'. – Verzeihen Sie mir die Selbstbespiegelung." Nun aber gut, sagt und fragt sich, spätestens jetzt, der vielleicht schon leicht genervte ebenso wie der misstrauische Leser. Warum denn immer noch den Geldbeutel einmahnen (und damit den Protagonisten gleichen, bei denen man sich ebenso wenig des Eindrucks erwehren kann, sie wollten bloß ihren Schnitt machen, gingen dies aber nun unumwunden – im Gegensatz zu Melville selbst – mehr oder weniger erfolgreich an)? Alles nur Ausreden eines Schlechtweggekommenen, der seinen eigenen Erfolg scheinheilig beklagt oder selbigen ebenso scheinheilig einmahnt?

Doch nun, wo es anfängt dunkel zu werden, lassen wir 's einstweilen dahingestellt und gesellen uns zu dem Barbier aus dem 42. Kapitel des Buches.

4.

Denn: Wir sprachen ja schließlich vom Einseifen. Und von Menschenkenntnis; und, natürlich, vom Vertrauen . . . Und wer nun kennt den Menschen und seine Maskeraden der Eigentümlichkeit (auch wenn es ein Vorurteil sein sollte) besser als der Friseur oder Barbier? Was entlarvt sich nicht alles im Spiegelkabinett der Friseursalons...?

Stehenden Fußes also betritt der Kosmopolit den Barbierladen des Schiffes. Dort findet er den Barbier träumend in seinem eigenen Barbierstuhl! Hier folgt nun eine kurze und recht eigenartige Diskussion über die Zuerkennung des Status Mensch für den Kunden; der Kosmopolit beantwortet den Ausruf des erwachenden Barbiers „Ah! also doch bloß ein Mensch" mit den Worten:

> Als ob bloß Mensch zu sein rein gar nichts wäre. Aber seien Sie sich nur nicht zu sicher bezüglich dessen, was ich bin. Sie nennen mich einen Menschen; geradeso haben es die Stadtleute mit den Engeln gehalten, die in Menschengestalt zu Lots Haus kamen; geradeso haben es die jüdischen Bauern mit den Teufeln gehalten, die in Menschengestalt über den Gräbern spukten. Aus der menschlichen Gestalt allein können Sie keine eindeutigen Schlüsse ziehen, Barbier. (S. 480)

Da staunt der Barbier und der Kosmopolit muß ihn erst daran erinnern, was denn seine Aufgabe sei, nämlich: ihn einzuseifen. Worauf der Barbier beflissen antwortet: „Besser als jeder Börsenmakler", was nun wiederum scheinbar auf das Unverständnis des Kosmopoliten stößt. Kaum hat er sich aber auf dem Friseurstuhl niedergelassen und will diese ökonomisch-politische Frage erörtern, da fällt sein Blick auf ein Schild an der Wand des Frisier- und Einseifsalons. „Kein Treu und Glauben!" [„No trust!"] steht auf diesem Schild, und der Kosmopolit empört sich: „Kein Treu und Glauben, das heißt Untreue und Unglauben; Untreue und Unglauben, das heißt kein Vertrauen, Barbier." Der Kosmopolit redet sich in die Rage eines moralisch Erregten. Aber, was könne man schon erwarten von einem, der die Menschheit (oder wenigstens ihren männlichen Anteil) Tag für Tag an der Nase packt, um sie hernach einzuseifen? Der Barbier redet sich heraus; seitdem das Schild da hänge, seien die Fronten klar, viele Verluste schon hätte es ihm erspart. Da wirft der Kosmopolit das Handtuch weg, setzt sich zurecht und wirft folgende, freilich rein hypothetische Frage auf: Was geschähe denn, wenn er, der Kosmopolit, sein Kleingeld in der Kabine vergessen hätte und nun sagte, er würde es morgen vorbei bringen – verlassen sie sich d'rauf –; würde er dann etwa nicht rasiert? Betreten ob dieser Entwicklung meint der Barbier, hier läge der Fall doch ganz anders, *diesem* Gentleman hier ist natürlich zu vertrauen etc. pp. Und während er schon wieder Schaum schlägt, um ihn seinem Kunden ins Gesicht zu klatschen – nicht zuletzt von der Absicht getragen, dass dieser halte, was von dem verdeckt wurde, was der Schaum zu entfernen mithelfen soll – beharrt dieser darauf, dass gerade deshalb nun kein Grund bestehe, derlei Schilder anzubringen. Der Kosmopolit spielt sich auf, dass doch, trotz seiner eingestandenen Eitelkeit, alle anderen im Wesentlichen auch nicht vertrauensunwürdiger seien, als er selbst. Woher also das kalte Herz, das den Geist des kalten Schildes durchpulst?

Langes Hin und Her; der Barbier beharrt auf der Nützlichkeit seines Schildes: Keine Kredite, bezahlt wird nach getaner Arbeit. Basta! Alle Versuche des Kosmopoliten scheitern an der Halsstarrigkeit des Friseurs, der nicht aufhört darauf zu bestehen, dass nur diejenigen einzuseifen und zu rasieren seien, die sich derlei Herangehensweisen auch leisten können. Der Kosmopolit spricht nun von der Nacht und dem Mann, der sein Gesicht dem Barbier nicht zeigt, sondern es abgewandt hält; würde der Barbier auch diesem misstrauen und die Rasur verweigern? Wäre es nicht konsequenter zu sagen: „Ich vertraue jedem!", und das Schild, so sinnlos geworden, abzunehmen; oder es mit dem Spruch „Ich misstraue jedem!" zu versehen (was allerdings zweifellos geschäftsschädigend wäre) und hängen zu lassen? Menschenfeindlich sei dieses Schild aber auf alle Fälle! Der Barbier (schaumschlagend): Man möge es sehen, wie es einem gefiele, auf alle Fälle sei nicht den Menschen insgesamt nicht zu trauen, sondern den *Fremden* im besonderen... – Sie können sich denken, was der Kosmopolit einwirft: Sind wir denn nicht alle Fremde...? Was der Barbier schlicht mit den Worten: „Sir, Sie müssen entschuldigen, aber ich hab Familie", quittiert.

Und auch zu Beginn des nächsten Kapitels (des 43.) bleibt der Barbier bei seiner verstockten Haltung, durch angebliche Erfahrung und Menschenkenntnis redlich erworben.

> Wer könnte schon immerzu mit Makassaröl, Haarfärbemitteln, Schminke, falschen Schnurrbärten, Perücken und Toupés hantieren und dennoch glauben, die Menschen seien tatsächlich durch und durch, was sie zu sein scheinen? Was meinen sie wohl, was für Gedanken sich ein nachdenklicher Barbier so macht, wenn er, sorgfältig hinter einem Vorhang verborgen, die dünnen, toten Stoppeln von einem Kopf rasiert und denselben hernach in lockigem Kastanienbraun erstrahlend in die Welt entläßt? (S. 494)

Welches Selbstvertrauen erwächst diesen dreisten und leibhaftigen Lügnern, die da herumstolzieren, und so tun, als seien sie frisch rasiert und das (Kunst-)Haar gerade neu onduliert! „Ach, Sir, es ist ja viel die Rede vom Mut zur Wahrheit, aber mein Gewerbe lehrt mich, daß die Wahrheit mitunter etwas für Schafe ist. Lügen, Sir, dreiste Lügen machen den Mann zum Löwen." (S. 494)

Sogleich verteidigt der Kosmopolit Kahlkopf und Täuschung. „Der kahle Kopf ist die Nacktheit, die Perücke ihr Mantel." Sie erspare dem Träger die Beschämung. Die viel entscheidendere Frage sei aber, wie einer (wie der Barbier) den Schwindel, den er so verdamme, selbst mitmache? Sie kennen die Antwort: „Schließlich muss jeder leben."

Da schlägt nun der Kosmopolit – jenseits aller Beweisgründe und Einwände – vor, ein Experiment zu wagen. Der Barbier nimmt das Schild ab und unternimmt während der gegenwärtigen Fahrt den Versuch, den Menschen zu vertrauen. Für etwaige Verluste haftet er selbst, der Kosmopolit. Der Abwechslung halber, so betont der Barbier, sei er dazu bereit. (In Wahrheit freilich versucht er so nur, seine freie Willensentscheidung nochmals vorstellig zu machen.) Papier und Tinte werden geholt, um den Vertrag zu unterzeichnen. Zuerst aber muss das Schand-Schild runter! Und dann, ehe der Vertrag noch aufgesetzt ist, verflucht der Kosmopolit schon mal die Advokaten und sagt: Wo kommen wir da hin, wo das Wort von Mann zu Mann nicht mehr gilt usw. Doch der Barbier bleibt hart. Und eben deshalb wird zuerst die Vereinbarung zwischen William Cream (Schiffsbarbier) und Frank Goodman (Philanthrop und Weltbürger) säuberlich aufgesetzt und im Anschluss daran unterzeichnet. Doch wohin nun mit dem Papier? Zum Kapitän? Der Kosmopolit weiß Rat: Er allein traue dem Käpten nicht auf Grund dessen Amtes, sondern einzig und allein deshalb, weil er ein Mensch sei. Doch er müsse mit dem beiderseitigen Geschäft ja gar nichts zu tun haben; und darüber hinaus möge der Barbier nun lernen, was echtes Vertrauen ist: Der Barbier behält das einzige Exemplar des Vertrages!

Dieser willigt ein; fein, alles ist erledigt! Nur das „Moos" müsse er jetzt noch in Empfang nehmen (ja, genau so, das *cush* statt *cash*; ein alter *Con-Man-Ausdruck*)[4]. Die Erwähnung dieses Wortes oder einer seiner unendlich vielen Entsprechungen, die einen Übergriff auf irgend einen fremden Geldbeutel gefährlich nahe kommen, pflegt gemeinhin eine mehr oder minder bemerkenswerte Wirkung auf das menschliche Antlitz auszuüben, die sich bei manchen in einem plötzlichen Verfall der Miene äußert, bei anderen eine solche Verzerrung, ein solches sich Zusammenziehen der Züge hervorruft, dass man gar nicht anders als gepeinigt zuschauen kann – und das alles bei manchen noch gepaart mit Totenblässe und tödlicher Bestürzung. Das Gesicht des Kosmopoliten jedoch ließ nun nicht die winzigste Spur irgend eines dieser Symptome erahnen, und das, obgleich die Forderung des Barbiers nicht plötzlicher und unerwarteter hätte kommen können. „Sie sprechen da von Moos, Barbier; in welchem Zusammenhang denn bitte?" „Ich möchte meinen, Sir, daß der Zusammenhang enger ist", erwiderte der Babier, „als der zwischen meiner Person und dem Mann mit der honigsüßen Stimme, der mich ein-

4 Deshalb bezeichnet „Most", von dem einem gezeigt werden kann, woher ihn der „Bartel holt", auch kein vergorenes Traubensaftgetränk, sondern das Moos, das man mit einer geeigneten Brechstange („der/das Bartel") aus einem Schutzraum entbirgt und sich aneignet.

mal bat, ihn auf Treu und Glauben zu rasieren, und als Begründung angab, er sei mein Vetter dreizehnten Grades." „Tatsächlich, und was haben sie darauf erwidert?", erwidert der Kosmopolit. „Ich sagte: ‚Danke, Sir, aber ich verstehe den Zusammenhang nicht ganz.'"

Worin aber besteht der Zusammenhang? Nun ganz einfach: Eine Rasur bleibt zu bezahlen. Und das wiederum bedeutet: Der Vertragsunterzeichner, der sich dazu verpflichtete, etwaige monetäre Schäden auszugleichen, soll nun mal eine gewisse Sicherheit auslegen, denn: Was ist schon eine Versicherung ohne Rücklage?

Nun beschwert sich aber der Kosmopolit: Wozu die ganze Übung, wenn bei der ersten Gelegenheit der Barbier schon wieder dieses Misstrauen an den Tag legt, dessen Abolierung und Ausräumung der ganze Vorgang diente. Nein, das sei doch wohl nichts ... Gute Nacht! ... und ... Auf Wiedersehen! ... Aber... sie werden doch etwas Kleingeld bei sich haben...? Ja, freilich, aber „Ich werde doch nicht zulassen, daß sie den wahren Sinn unseres Vertrages so verletzen!" Aber ... sie haben doch wenigstens nicht vergessen ... die Rasur...? „O ja, die hab' ich in der Tat vergessen. Aber da fällt mir ein, ich kann sie ja im Augenblick gar nicht bezahlen. Schauen Sie sich unsere Vereinbarung an; Sie müssen mir vertrauen. Schluß jetzt, gegen Verluste sind sie doch versichert. Gute Nacht, mein lieber Barbier."

Und so wandert unser Kosmopolit hinaus in die Dämmerung. Der Barbier bleibt verdutzt zurück. Langsam geht er zu seinem Stuhl zurück. Er öffnet die Schublade, hängt das alte Schild wieder auf und zerreißt danach den Vertrag, da er den Eindruck hat, seinen Vertragspartner wohl nie wieder zu Gesicht zu bekommen. Viele Tage später spricht er anderen Kunden aber von diesem ganz sonderbaren Mann, einem *Menschenbeschwörer*, zweifellos: ein *Original*, und nicht bloß ein Charakter.

5.

Haben wir es also mit Sondierungen zu tun, die sich mühen, den esoterischen oder offensichtlichen Kitt des Gesellschaftsphantasmas aus den Rahmen der Transparenz zu kratzen und dabei auch gleich nochmal Rahm abschöpfen wollen? Und scheint es nicht so, als ob in Zeiten einer verselbständigten Polizeilogik nur mehr die Position des *Con-Man* (dieser originale und originelle Trickbetrüger genuin amerikanischer Provenienz), als Nachfahr des amerikanischen Pioniers, übrig bleibt? Joseph „Yellow Kid" Weil anstatt Davy Crockett? Doch nicht zu vergessen bleibt, dass nur wenige Jahre nach der Erstveröffentlichung von *Confidence-Man* die „Katharsis" des Sezessionskriegs steht. 620.000 Tote im Zeitraum von 1861 bis 1865. (Also ein höherer Personenverlust für Nordamerika als in den beiden Weltkriegen und dem Koreakrieg zusammen). Und wozu: damit schon wenige Jahre später die „Lost Cause" der einen Seite der Dixon-Mason-Linie zwielichtig zum Mythos der gesamten nun wiedervereinten un(ent)scheidbaren Nation wurde?[5] Wer ist der Vertrauensmann, was sein Spiel; und was erschleicht er sich im Winkelzug? In welche Falle lässt der *Con-Man* seinen *Apple* (d. i.: sein Opfer) tappen? In welchen sauren Apfel muss nach dem *Blowoff*, dem letzten Zug im *Con-Game*, der *Apple* beißen? Was beweist sich in diesem *Game*? Der *Grifter* greift sein Opfer ab, er seift es ein, er baut ihm eine Welt, die darauf fußt, dass nur der gewinnt, der wagt, und jede Piraterie (wie sogar Carl Schmitt richtig bemerkte, wurzelt Pirat im griech. *peiran*) weiß nichts besser als das: Auf ehrlichem Wege (d. i.: Arbeit) ist nichts zu holen. Man macht also (s)einen Schnitt, in dem man denjenigen übertölpelt, der selbst die ganze Zeit mit nichts anderem spielt, als mit dem Gedanken, andere abgreifen zu können, weil er die günstige Chance eher als all jene ergreift. Deshalb bietet der *Con-Man* das *Get-rich-(quick!)-Zeit-Raum-Schema*. Ein schneller Deal mit hohem Einsatz und ebenso hoher Rendite. Es gibt alle Sicherheiten dieser Welt: den Glauben, den Vertrauensmann (sprich: den vermögenden Investor), das Insider-Wissen, den Surplus etc. Und selbst der *Blowoff* ist noch Teil der Inszenierung: Ist das Geschäft gemacht, dann tritt die Steuerfahndung auf den Plan und verhaftet alle Beteiligten (allein: nur der *Apple* weiß nicht, dass auch die so vertrauenserweckenden staatstragenden Fahnder, Mitglieder des *Con-Rings* sind).[6] Der Tausch also (Selbst-)Täuschung, dessen Ent-Täuschung uns erspart bleibt resp. Teil des Tausch-/Täuschungsverhältnisses ist? (Und gerade hier muss leider auf die Bearbeitung der Frage verzichtet werden, warum es auf der *Fidèle* keine Frauen gibt. Diesbezüglich erscheint mir das bei Melville persönlich und literarisch vorhandene Element latenter Homosexualität zweitrangig, da unter den oben genannten Gesichtspunkten es vielmehr von Interesse ist, ökonomische Tauschkonzepte in Hinblick auf die Gender-Problematik zu erweitern [Caroline Gerschlager], um den Begriff der Täuschung als *differentia specifica* des erweiterten Tausches als selbstreflexives Mittel zu initiieren.[7] Hierbei bleibt aber zu fragen, welche Konzeption des Selbst hier zur Anwendung gebracht werden darf, denn weitab von Simulakrum und Reflexion scheint nicht allein die *Fidèle*, sondern auch jedwede beschränkte Ökonomie Aspekte einer Junggesellenmaschine in sich zu bergen und zugleich diesen zu entspringen.)

Vertrauen wir nun aber einen Augenblick darauf, dass Melvilles *Confidence-Man* einer ganzen Gesellschaft die Rute eines inversen Exorzismus ins Fenster stellt. Denn so scheint sich ein Versuch zu bezeugen, auch weiterhin einer gewissen lichtbringerischen

---

5 Vgl. dazu in diesem Zusammenhang: Joyce Sparer Adler: War in Melville's Imagination. New York, London 1981 (vor allem die Kap. 6 bis 9); Susan-Mary Grant: North Over South. Kansas 2000; sowie das erste Kap. in Wolfgang Schivelbusch: Die Kultur der Niederlage. Berlin 2001.

6 Ein ausgezeichnetes Beispiel hierfür bietet David Mamets kleines Filmmeisterwerk *The Spanish Prisoner* (dt.: *Die unsichtbare Falle*) aus dem Jahr 1997. Mamet ist ohnehin ein Meister in Sachen Täuschung und *Con-Game*, was auch seine Filme *House of Games* (dt.: *Haus der Spiele;* 1987) oder zuletzt *Heist* (2000) beweisen. Vgl. dazu „Wahrscheinlich bin ich zynisch ..." Der amerikanische Filmemacher David Mamet im STANDARD-Interview. In: Der Standard, Printausgabe vom 30. 1. 2002.

7 Wurde doch nicht zuletzt von Adam Smith die (Selbst-)Täuschung systematisch anerkannt und elaboriert.

Traditionslinie treu zu bleiben. Derartige Untersuchungen zur linken Hand haben Reprofanierung zur Absicht; sie berufen sich auf die erhabene Materialität des Restes; sie versuchen der Nächstenliebe durch ein Konzept der Freundschaft zu dem, womit Freundschaft zu schließen am unvorstellbarsten zu sein scheint, treu zu bleiben; kurz: Sie bleiben Freund und Freundin aller unheimlichen Gäste, die (vorerst) *bleiben*. Oder kurz philosophisch: Sie wollen eine nackte und bloße Alltäglichkeit der Seinsbezüglichkeit abringen, und ihr damit die Würde zurückgeben, die sie verloren hat. Dabei stellt sich schnell heraus, wie schwer es im Grunde zu begreifen fällt, dass es doch Welt und Profanes gibt, die sich von der erlogenen Seinstotalität verabschiedet und je immer schon ein neues (Lügen-)Leben zu leben begonnen haben. Sich davon *anreden* (austricksen) zu lassen, ohne gleich die *Komunikation* der *Mit-Rede* in Anschlag zu bringen, ist dabei die vorrangige Aufgabe. Überhaupt aber derlei in angeblich *hell-sichtigen* Zeiten wie den unseren auszumachen, in denen sich beinahe jeder über solche Verschiede erhaben wähnt, einer Zeit, wo jeder zu seinem eigenen Unternehmer (der keineswegs noch und mehr der *private* Erwerbsinteressent ist, wie ihn noch Max Weber sah), d. h. also zu seinem eigenen Hampelmann wurde, und die ihre Genossen zugleich im Re-Entry im Brustton der Überzeugung die neuerliche Sicherheit à la Hobbes gegenüber der Freiheit einmahnen läßt: welch' enorme Anstrengung. Die Frage stellt sich also, wie man mit dem Drehtüreffekt (Bin ich (schon) drin? Bin ich (noch) draußen?) umgeht, will man nicht Genasführter, oder besser: Watschenbaum, eben dieses Tür-Gelenks werden. ‚Nackt und bloß' mahnt deshalb auch nichts *Reines* und *Pures* ein, ist in keiner Hinsicht *puristisch*, sondern hält den Schwindel, sich in Raum und Zeit nicht (bleibend) sesshaft machen zu können, aus. Deshalb sind gerade auf überraschende Weise die unmöglichen Gäste, die bleiben, diejenigen, die schwinden, wenn man sie fassen will. Dadurch werden sie Doppel- und Triple-Agenten einer Verzeitlichung (d. i.: Säkularisierung).

Mit solchen Herangehensweisen stellt man sich freilich gegen die falschen Götter des Immateriellen mit ihren Lehren des Ressentiments. Jeder, der raum-zeitlich vermessen möchte oder dies zu sein wähnt, wird an den *krater* geladen, in dem jede Mischung (*krasis*) angerührt wird, deren außermoralische Erfahrung gerne mit dem denunziatorischen Begriff *nihilistischer Hedonismus* gebrandmarkt wird. Ökonomisch bleibt auch das aber allemal, weil durclgängig die *Verkehrswirtschaft des Produktionsprozesses* in Frage steht.

6.

> Bei einigen Vögeln des Himmels geht es anders zu als unter den Menschen im allgemeinen. Es gibt über hundert Arten von Weber- und Knotenvögeln. Hier ist es das Männchen, das webt und das Nest vorzeigt, um auf das Weibchen Eindruck zu machen. Bei einigen Arten zerstört das Männchen das Nest, wenn das Weibchen ein anderes gewählt hat, und wirft es weg. *Adriano Sofri*

Was vermöchte uns dieses *Motiv der Nestchenwahl* an dieser Stelle aber denn schon groß beizubringen? Jenseits der flüssigen Diskussion zwischen Walther Rathenau und Werner Sombart über das nestchenbauende Weibchen als Agentin der Genese von Luxus, Protz-Kapitalismus und Spaßgesellschaft (dieses Wort kannten die beiden freilich nicht), die diese vermittels der zuckersüchtigen und -süßen Flittchen erklären wollen, denen sich, gebieterisch und zügelnd, das *ingenium* des Unternehmers gegenüberstellt. (Frei nach Rathenaus Motto: „Jede Kraft wird gebraucht, kein Mann darf feiern.“) Ist es in der Tat das täuschend-verführerische Spiel des Weibchens, das den Tausch antreibt? Oder zuerst und immer noch die trickreiche (Selbst-)Täuschung der Männchen, getäuscht werden zu wollen? Aber gerade das wird – auch und gerade heute wieder – in Anschlag gebracht. Wird denn nicht im Sinne eines globalisierten Krisen- und Polizeimanagements ein dynamisches Entscheidungsmoment eingeklagt, das die Kräfte bündelt und strategisch auf den Feind hin ausrichtet, indem es ihn in die Mitte des Marktes *hineinbildet und zähmt*? Blieb man bis vor kurzem noch davon überzeugt, dass die einzige Hand, die uns ein Nestchen baut, die des Markts ist, so wird heute schon wieder nach eben diesem dynamischen Element gefahndet, das hier Form und Halt geben soll. Der Verwandlung der Nachfolge in Nachfrage folgt auf dem Fuße ihre Umkehrung: die Verkehrung der Nachfrage in Nachfolge und bedingungslose Solidarität.[8] Und aus dem *practical joke* wird dabei schnell ein *killing joke*. Haben sich also die vorgeblich liberalen Geister getäuscht, als sie glaubten, in der Wirtschaft mit dem Wirt zechen zu können, ohne eben jene zu zahlen? Behielt der reaktive Geist Recht, der die Führer und Kommissare, die Unternehmer, Priester und Kapitäne als unersetzbar verstand? ...

Mir scheint wichtig zu sein, über alldem nicht den Glanz eines Über-Lebens zu übersehen, der sich ohne jede Aureole zu erkennen gibt.[9] Die schwindelerregende Charakterisierung, also Verschriftung auch der Originale durch Melville, kann Prüfstein jedwedes Denkens sein, das sich aufmacht leicht zu nehmen, preis zu geben, aber deshalb gerade nicht schwach zu denken! Der *pensiero de-bole* (mit den Leichenzepterverwahrern der

8 Ich danke diese Hinweise zahlreichen Gesprächen mit Hermann Rauchenschwandtner.

9 Denn es ließe sich – vielleicht nicht allein für die *Fidèle* – behaupten: „An Bord ist nichts Lebendiges.“ Was freilich nicht heisst, dass hier alles tot ist. Vgl. Heinrich Dubel: Mare Amoris. Schriften zur Erratik. Berlin 1994, S. 54.

Kulturwissenschaften), wird durch ein *dia-bolisches*, zusammen- und verwerfendes Denken herausgefordert. Durch ein Denken, das bisweilen abgelegene Spuren (*de lirare*) verfolgt. Das schwindelerregende Verlorengehen eines Über-Lebens ist nicht Schritt hinaus (weder Austritt ins Paradies noch Abtritt in die Auslöschung), sondern es macht seine eigene Perspektive des Glücks vorstellig. *Leicht-Nehmen* und *Preis-Geben* sind Gesten, die Leichtigkeit wie auch Stumpfheit, die Gebrechlichkeit und Schmerzlichkeit in Anschlag bringen. Wo auch ich mir – ich will es nicht leugnen – oftmals sage: Sesam öffne sich, ich will hinaus, da bleibt, solange ungewiss bleibt, ob er dies nicht vielleicht schon getan hat, nichts und gerade dieses verlorene Gehen, das abgeht vom Bauen und Wohnen (d. i. von der Akkumulation und dem Willen zur Akkumulation). Zuweilen heißt Denken dann auch, das Nest wegwerfen. Doch wie man weiß, sind auch nur wenige Vögel verwirrte Weber. Und derlei Eskapismus geht zu Recht weder in der Kunst(neo)avantgarde auf, noch zum Denken des Delirium in die Wüste, um dort dem Himmelsfürsten zu begegnen oder vom Fürsten dieser Welt versucht zu werden. Nein, er kehrt heim als Heimsuchung, die auf Taubenfüßen daher kommt. Als *Trickster* und Hochstapler, als Poser und Prankster.

Nicht die Zeitreisenden sind es, die, aus irgendeiner Zukunft kommend, unsere Gegenwart definieren oder definieren werden, sondern es ist unsere heutige *Praxis*, die die Vergangenheit definiert und via diese die Gegenwart bestimmt (Retroaktivität). *Jetzt* stellt sich heraus, ob es eine neue Front *vor* dem Blick gegeben haben wird. Diese Aus- und Unterhandlungen bleiben kontingent und werden immanent, keineswegs aber kommt ihnen der Status der Arbitrarität zu.[10] (Wenigstens nicht in erster Linie.) Denn mitnichten wird keine historisch-politische Situation durch ein anderes Register (Volkswirtschaft, Biowissenschaft, Geschichte etc.) notwendig determiniert, sondern das Strittige (auch und gerade als *Con-Game*) und nicht das Eine, die Mischung und nicht die Entscheidung (d. i.: *krasis*, nicht *krisis*), die Doublette der *stasis* (Aufruhr und Stillstand im selben Zug) und die Falte der Immanenz ergeben die Kämpfe und Praxen, die in Folge dessen auch *reartikulationsfähig* bleiben.[11] Diese Praxen sind in der Tat selten – oder gar niemals – heroische Taten, kommissarische Revolutionen oder Weisheitslehren, sondern auch sie sind eben nichts anderes, als *Pfade zur linken Hand*. Sie sind linkisch und hinken, sie stottern und erodieren, sie gehen verloren und schief, taumeln. Minorisiert und marginalisiert sind sie aber *qua* ihrer Nicht-Verfasstheit in der Lage, zu putschen. Wie die haitianischen Helden von 1791 gegen ihre französischen Unterdrücker. Sie folgten ihren synkretistischen *Loas* (vermittelt durch *Legba*, den westafrikanischen Vater aller *Trickster*, der, in Dahome noch jugendlicher Gott und kosmischer Phallus, als Doppel von *Mèt*

10 Von dieser philosophischen Basis, die sich von Chantal Mouffe und Ernesto Laclau herleitet, geht Oliver Marcharts grundlegende Studie *Neoismus* (Wien 1997) aus.

11 Vgl. dazu ausführlicher und in diversen Anläufen vom Verf.: *Ökonomien der Sprache* (1995), *Diverse Verbindlichkeiten* (1998) und *Ablösungsversuche* (2001). Alle erschienen im Passagen Verlag (Wien).

Carrefour [*Legba-pied-cassé*] und *Gèdè* als mächtiger diebischer Greis daherhumpelt), um die Ketten der Sklaverei abzulegen.[12] Sie kümmern sich nicht um die immateriellen Götter und ihre erschlichene Moral, sondern sie fordern bloß heraus. Das *agon* wird nicht agogisch zurückgeschrieben und die umdunkelten Höhlenbewohner ans Licht einer ideologisch imaginierten Sonne gezerrt, sondern es werden Fallen gestellt, die zuschnappen.

7.

Draußen bleibt alles einer schwindelerregenden Mechanik überantwortet, großen Rädern, die lautlos und schattenhaft in der Dämmerung rotieren, ohne Halt zu machen. Die Kerker-Räder Piranesis, die Rummelplatz-Räder Malcolm Lowrys und Atom Egoyans, das Fahrrad des *dritten Polizisten* bei Flann O'Brien oder die verlorengegangenen Schaufel-Räder auf Melvilles Mississippidampfer *Fidèle.*

Indem sie sich – wenigstens für kurze Zeit – Vertrauen schenken, fügen sich die verstreuten Zeichen zusammen, erwachen zu neuem Leben in der Überkörperlichkeit ihrer Phantome. Diese rappeln sich auf, wie die Toten beim Nennen ihres Namens oder dem bloßen Aussprechen einer Formel durch den Nekromanten; einer Formel bar jedes vernünftigen Sinns, doch ausgestattet mit der Macht einer magische Peitsche (Michel Leiris). Doch dies wird eben kein Leben mehr gewesen sein, sondern Über-Leben (*sur-vivre*). Und so mag auch wohl nur auf den ersten Blick, der wenigstens immer einer zuwenig ist, die Geltung des parmenideischen Satzes, dass alles Gedachte faktisch seiend sein müsse, unter der Prämisse der nietzscheanischen Perversion, dass alles, was gedacht werden kann, gewiss Fiktion sein müsse, kontradiktorisch erscheinen.

Nicht in der Kleingartensiedlung mit ihrem Laubensiedlungsvertrauensmann kann man das Schild lesen, das die Sattheit – unsichtbar und moralisch bestochen – den molochischen Verkehrsadern oktroyiert hat: „Beware of Pranksters, Con-Men, Hustlers und Hoaxers!" Zugleich gilt aber auch: „Pranksters take care!" Denn alles liegt eingebettet in die ironische Inversion, dass es unsere Fiktionen gewesen sein werden, die die Illusionen von den Tatsachen hervorbrachten.[13] Ein Vertrauen in die Spiele der Sprachen der Fiktionen, die je immer schon unhörbar im Ton springen. Sie spricht nur durch diejenigen, die sich vom Heroischen der Würdenträger, den Göttern, den Spielen der Knaben, ebenso wie vom

12 Zum (Gründungs-)Mythos vgl. Léon-François Hoffmann: Histoire, mythe et idéologie: la cérémonie du Bois-Caïman. In: Études créoles 13.1 (1991), S. 9-34. Dieser Widerstandswille blieb auch während der amerikanischen Besetzung von 1915 bis 1934 ungebrochen und ließ sich auch durch die maßlosen Kampagnen der katholischen Kirche nicht überwinden. Vgl. auch Erik Davis: Trickster at the Crossroads. In: Gnosis (Spring 1991).

13 Don Webb: The Sound of a Door Opening. In: The Starry Wisdom. A tribute to H. P. Lovecraft, hg. von D. M. Mitchell. London 1996, S. 141-146.

Mitleid der Ertragenden abgewandt haben. (Also vielleicht durch die, von denen man es am Wenigsten erwartet. Daher der wunderbare jüdische Glaube an die zwölf Zaddikim, die – nach einer Auslegung – jeweils selbst nicht wissen, dass sie zu denjenigen zwölf gehören, die den Weiter-Bestand der Welt garantieren. Was dann hieße, dass u. U. selbst der Trickbetrüger und Taschendieb, den Sie verfluchen, ein Zadig ist – und Sie daher das Fluchen lieber lassen sollten.) Die Weisheit eines freien Sprechens,[14] das den wunderbaren Austausch zwischen den Lebewesen und den Gegenständen (wie auch zwischen den Lebewesen untereinander und den Gegenständen untereinander) ermöglichte, findet sich vielleicht deshalb nicht, weil der Pfad zum Glück wenigsten für *den Menschen* nicht begehbar ist.[15] Zugleich ist sie aber die Quelle, die die Gier auf einen *authentischen Genuss* speist, obgleich dies Begehren nur aus dem Spiel mit gezinkten Karten und gefälschten Würfeln entspringt. Trost im Unmenschlichen der Sprache finden Taschenspieler vielleicht nur bei Taschenspielern, die sie brauchen, um an Magie zu glauben. Lieben heißt, geben, was man nicht hat. Eine Gesellschaft, die unbewusste und ununterbrochen schwarze Magie treibt (wie Artaud sagt), ist ebenso grausam, wie eine, die, gleich Aleister Crowley, davon ausgeht, dass jeglicher intentionale Akt ein magischer sei. Wissen und Macht-Phantasma werden von der Profanität des Trickbetrügers herausgefordert, der sie beide längst wechselseitig gekreuzt und aufgehört hat, sich über sie etwas vorzumachen.

8.

Bitte ... nur noch ein wenig...; schenken sie mir ihr Vertrauen, so wie ich Ihnen, wie eingangs gesagt, auch meines gerne überlasse. Es gibt da nichts zu verlieren, glauben sie mir. Vertrauen gegen Vertrauen, wie gesagt.

9.

Der Mischwein setzt sich ab und um im Hirn; man tastet nach Nachbarin, Nächstem oder wenigstens nach einem Tisch als Stütze. Keiner da!? Das macht aber nichts, denn Sie werden nicht fallen, vertrauen Sie mir ... Man wird Sie nicht in die Nacht hinausjagen, weil Sie sich daneben benommen haben; man wird Sie nicht auf den Lokus schicken, zurück in eine Welt, die schon Kant, verglichen mit dem Paradies, als Abtrittsort bezeichnete. Sie sind nicht gestürzt und nicht gefallen, bloß ein wenig schwindelig ist ihnen geworden. Dr.

---

14 Vgl. Heraklit, Fr. 108. „So vieler Worte ich gehört habe, keiner kommt so weit zu erkennen, daß das Weise etwas von allem Getrenntes ist (ab-solutum).“

15 Vgl. Françoise Dolto: Im Spiel des Begehrens sind die Karten gezinkt und die Würfel gefälscht. In: Dies.: Über das Begehren. Stuttgart 1988, S. 416.

B. Bohnert[16] von der Sandoz AG schlägt ihnen zur antivertiginösen Behandlung Antihistamine und/oder Tranquilizer vor, Prozac und/oder Torecan, dabei warnt er sie, in seiner Rolle als Vertrauensmann des Gesundheitsministers im selben Atemzug: „Der Begriff ‚Schwindel' bezeichnet lediglich ein Symptom und darf keineswegs einer Diagnose gleichgestellt werden...", bleibt doch die ursächliche Störung unbeeinflusst, unterbleibt die Abklärung der kausalen Zusammenhänge. – Dieweil schläft der Wirt, war er doch sein bester Gast. Der moralinsaure Hedonismusdenunziant steht stocksteif, gequält vom endlosen Sodbrand. Dort (be)schwört einer den Bart des Propheten, indem er was in den seinen murmelt; da ist der „Bart ab" und der angloamerikanischeuropäische Yuppie macht noch mal den „Full Monty". Während seine Hosen ihm bis zu den Knien hängen und er nur mühsam die Kontrolle behält, beschwört in Lhasa ein militanter Free-Tibet-Aktivist die Ufos der Thule Gesellschaft aus Shambala hervor. SS-Hubschrauber kontrollieren den Himmel. Ganz hinten in der Bar (oder ist es doch ein Casino, in dem ein jeder immer auf's Neue *à cheval* setzt?)[17] aber eine Stimme. Ist es Ihre, meine oder doch die von Stewart Home, dem Mastermind der *Neoist Alliance*? „I like the fact that lots of people don't get the joke, to me that makes it funnier."[18] – Seien sie nicht enttäuscht und mir nicht Gram, oder vielmehr doch: Seien sie enttäuscht und vertrauen sie mir getrost weiter. Wie gesagt: Es gibt nichts zu verlieren, denn unsere Vertrauenswürdigkeit haben wir glücklicherweise je immer schon verspielt, oder wenigstens an der Garderobe abgegeben.

Im 45. Kapitel des *Confidence-Man* ist es Nacht geworden. Der Kosmopolit (Mr. Goodman) kehrt zurück in seine Gemeinschaftskabine, wo er einen Greis beim Bibelstudium antrifft. Es entspinnt sich ein Gespräch, das immer wieder von einem merkwürdigen Schläfer aus einer verhängten Liege unterbrochen wird, der offensichtlich im Schlaf spricht; seine Hinweise passen jedoch hervorragend ins Gespräch. Der Kosmopolit beklagt, als Menschenfreund soviel Misstrauen in diesem Buche zu finden. Da ergreift der Alte das Buch, trennt A. T. und N. T. und hält dazwischen mit den Fingern noch ein paar Seiten. „Sehen sie, Sir, alles was rechts liegt ist gesicherte Wahrheit, und alles hier links ist gesicherte Wahrheit, aber alles was ich hier in der Hand habe ist apokryph." Und auf die (rhetorische) Nachfrage des Kosmopoliten erhält er die Antwort, dass das soviel wie „ohne Gewähr" heiße. Zur selben Zeit verhört sich der im Schlaf Redende und ruft das Wort „Apokalypse". Und schon in Kürze melden sich auch andere Stimmen, die nun wiederum den Schlaf einmahnen und sich durch den nächtlichen religionsphänomenologischen Diskurs belästigt fühlen. Nach kurz gedämpft weitergeführtem Gespräch und nachdem sich die Nacht heruntergesenkt hat, greift der Alte sodann nach seinem Geldgurt

16 Vgl. B. Bohnert: Schwindel. Nürnberg 1976. (Kurzmonographien Sandoz 18.)

17 Vgl. vom Verf.: Theater, Diplomatie und Politik. In: TheaterPeripherien, hg. von Hartmut Fischer. Tübingen 2001 (Konkursbuch 35), S. 143-153.

18 *Eating, Fucking & Occultism. Stewart Home interviewed by James Marginalised.* Vgl. www.stewarthome.org.

und will ins Bett, weil es dunkel und der Geruch auch nicht mehr der allerbeste ist. Der Kosmopolit bietet sich an zu führen, löscht das Licht, da er bemerkt, *dass es das billige Petrolium ist, das hier stinkt.* Und „[i]m nächsten Moment verglomm das sterbende Licht und mit ihm die ersterbenden Flammen des halbrunden, gleichsam wie gehörnt erscheinenden Altars [...] und in der sich ausbreitenden Finsternis führte der Kosmopolit den Greis sachte fort. Und wer weiß, was noch für Maskeraden kommen werden."

10.

Lehnen Sie sich zurück. Vertrauen Sie ruhig weiter. Wachen Sie auf. Schließen Sie Ihre Augen. Beißen sie in den *rotten apple.* Kauen Sie. Und machen Sie das Licht aus . . . Am besten sofort! Rasch!

Rolf-Peter Janz

Schwindelnde Männer oder die Liebe zum Betrug Krull, Schwejk, Gunten, ‚Rotpeter'

Thomas Mann: *Bekenntnisse des Hochstaplers Felix Krull*

Wenn Diane Houpflé, die schriftstellernde Gattin eines schwerreichen Straßburger Klosettschüsselfabrikanten in einem Pariser Grand Hotel den Liftboy Felix Krull verführt, dann ist soviel sicher: Sie hat Geschmack. Denn Thomas Manns Held ist ungemein attraktiv. „Wir Weiber", so belehrt sie den kaum Zwanzigjährigen, „mögen von Glück sagen, daß unsere runden Siebensachen euch so gefallen. Aber das Göttliche, das Meisterstück der Schöpfung, Standbild der Schönheit, das seid ihr, ihr jungen, ganz jungen Männer mit den Hermesbeinen." Und da er nicht weiß, wer Hermes ist, belehrt sie ihn: Er „ist der geschmeidige Gott der Diebe."[1] Als sie erfährt, dass Krull tatsächlich einige Tage zuvor ihren Schmuckkoffer gestohlen hat, macht ihn das in ihren Augen noch begehrenswerter: Sie besteht darauf, dass er sie in ihrem Hotelzimmer unter ihren Augen ein zweites Mal bestiehlt. Mag man auch derlei für die Marotte einer exaltierten Person halten – sie gibt gleichwohl, wie wir noch sehen werden, Aufschluss darüber, dass der Betrug nicht etwa unter Strafe gestellt oder missbilligt, sondern sehr wohl von der Gesellschaft erwartet und verlangt wird. *Mundus vult decipi* – das weiß auch das Personal Thomas Manns.[2]

Doch nicht nur will die Gesellschaft unter bestimmten Voraussetzungen betrogen werden.[3] Es gibt auch die individuelle Lust am Betrug, an der Verstellung. Thomas Manns Geschichte von Felix Krull, die er um 1910 begann und die ihn über vierzig Jahre begleitet hat, demonstriert, was geschieht, wenn die Liebe des Einzelnen zur Verstellung und der gesellschaftliche Bedarf an ihr glücklich zusammentreffen. Wenn Madame Houpflé im jugendlichen Felix Krull unbedingt den Gott der Diebe verehren möchte, so spricht

1 Thomas Mann: Bekenntnisse des Hochstaplers Felix Krull. Frankfurt a. M. 1989, S. 185. Nach dieser Ausgabe zitiere ich den Roman mit der Sigle FK und Seitenzahl im Text.

2 Thomas Mann las den Satz in den Memoiren des Hochstaplers Georges Manolescu und stimmte ihm nachdrücklich zu: „‚Die Welt schreit von Ewigkeit danach, betrogen zu werden' – sehr gut. [...] Es ist ein erotisches Betrugsverhältnis auf Gegenseitigkeit." Zitiert nach: Hans Wysling: Narzissmus und illusionäre Existenzform. Zu den Bekenntnissen des Hochstaplers Felix Krull. Bern, München 1982, S. 117. Vgl. auch Hermann Kurzke: Thomas Mann. Epoche – Werk – Wirkung. 2. überarb. Aufl. München 1991, S. 288.

3 Das zeigen beispielsweise auch die in jeder Gesellschaft praktizierten Höflichkeitsregeln, vgl. Rolf-Peter Janz: Über die Schwierigkeit, höflich zu sein. Martin Walsers Romane. In: Brigitte Felderer, Thomas Macho (Hg.): Höflichkeit. München 2002, S. 221-233.

das nicht nur, wie sie einräumt, für die „Verkehrtheit" ihres Geschmacks. Vielmehr sorgt sie im Namen des Erzählers auch dafür, den Hochstapler mit einem mehr als respektablen Ahnherrn zu nobilitieren. Schon die Antike hat die Kunst der Verstellung hoch veranschlagt, mit ihr einen eigenen Gott betraut und ihm einen vorzüglichen Rang unter den Olympischen angewiesen. Bereits in der Antike gilt, soviel besagt die Hermes-Anspielung, die Verstellung nachgerade als göttliche Tugend: Hermes, ein Sohn des Zeus, stiehlt im zarten Alter von einem Tag seinem Halbbruder Apoll eine Rinderherde; danach verwischt er listig die Spuren und legt sich wieder in die Wiege. Apoll verdächtigt den Kleinen, hat aber keine Beweise und bringt deshalb den Streit vor Zeus. Der durchschaut den Betrug – und lacht darüber, ohne Hermes zur Rechenschaft zu ziehen. Die Halbbrüder versöhnen sich. – So wird die Geschichte im Homerischen *Hymnos an Hermes* erzählt.[4]

Offensichtlich hat sich Thomas Mann aus dem Repertoire auch anderer Hermes-Überlieferungen bedient, die immer wieder bezeugen, dass er der Götterbote, der Gott der Geschäftemacher, der Reisenden und der Diebe ist. Seine Krull-Figur besitzt daneben kindhafte Züge, sie ist listig, und sie verfügt vor allem über eine unerschöpfliche Eloquenz, die zumal seinen weiblichen Zuhörern schmeichelt und Lüge und Wahrheit ununterscheidbar macht. (Mitunter, das muss man einräumen, wird diese Eloquenz dem Leser auch zur Qual.)

Der Roman vom Hochstapler beginnt, wie es sich gehört, mit einem Schwindel. Der Titel suggeriert, dass „Bekenntnisse" Krulls zu erwarten sind, doch das Aufrichtigkeitsgebot, das seit Augustin und Rousseau die Gattung definiert, schert diesen Erzähler nicht im geringsten und wird von Beginn an parodiert. Im Rückblick gibt er zu, dass seine nachgereichte Lebensgeschichte einer fortgesetzten Selbstinszenierung gleichkommt. Wir wissen, dass Thomas Mann sich vor allem an zwei Vorbildern orientiert hat: Er kannte die Memoiren des Hochstaplers Georges Manolescu, eines Meisters in diesem ‚Beruf'.[5] Und er kannte zweifellos Goethes Autobiographie *Aus meinem Leben. Dichtung und Wahrheit.*

Schon die Schwindeleien in Krulls Jugendzeit können sich sehen lassen. Der Vater bringt Champagnerflaschen in den Handel, deren Etiketten bestechend schön und deren Inhalt ungenießbar ist. Sohn Felix debütiert mit dem Kurorchester von Bad Langenschwalbach gleich als Wunderkind. Er bekommt eine Violine in die Hand, auch einen mit Vaseline bestrichenen Bogen, ahmt mit unglaublichem Geschick die Bogenführung und die Mimik eines Geigers nach und wird dafür vom Publikum mit prasselndem Beifall überschüttet, obwohl nicht ein Ton zu hören war (FK 22 f.).

4 Die homerischen Götterhymnen, dt. von Thassilo von Scheffer, 2. Aufl. Leipzig 1974, S. 70-91.

5 Georges Manolescu, Ein Fürst der Diebe. Berlin – Groß-Lichterfelde 1905; ders., Gescheitert. Aus dem Seelenleben eines Verbrechers. Berlin – Groß-Lichterfelde 1905. Über ihn und seine Nachfolger bis hin zum Baulöwen Jürgen Schneider informiert gründlich Stephan Porombka: Felix Krulls Erben. Die Geschichte der Hochstapelei im 20. Jahrhundert. Berlin 2001.

Hochstapler sind, soziologisch gesehen, Aufsteiger, sie wollen nach oben, und jeder Betrug ist auf dieses Ziel hin geplant und wird umsichtig ausgeführt. Das trifft auch auf Felix Krull zu. Thomas Manns Figur hat aber ihre Besonderheit darin, dass ihre Betrügereien Stil verraten. Schon als Krull die ersten Bonbons stiehlt, legt er Wert darauf, dass dies kein gewöhnlicher Diebstahl ist wie „von Krethi und Plethi" (FK 50). Krull zieht den Betrug der höheren Art vor, „der den Namen des Betrugs nicht durchaus verdient". Seine „Vorspiegelungen" besitzen „einen Grund von solider Wahrheit", der sie annehmbar macht (FK 39). Zu schwindeln – das ist für Krull eine halbwegs statthafte, ja liebenswerte Form, die Unwahrheit zu sagen.

Seine Lust an der Verstellung hat schon in jungen Jahren der Patenonkel, ein verkrachter Maler, entdeckt und gefördert, für den er gelegentlich Modell steht.

> „Er hat einen Kostümkopf", pflegte er zu sagen und meinte damit, daß alles mir zu Gesicht stünde, jede Verkleidung sich gut und natürlich an mir ausnähme. Denn, wie ich auch hergerichtet war – als römischer Flötenbläser in kurzem Gewande, das schwarze Kraushaar mit Rosen bekränzt; als englischer Edelknabe in knappem Atlas, mit Spitzenkragen und Federhut; als spanischer Stierfechter mit Glitzerjäckchen und Kalabreser, [...] als deutscher Gebirgsbauer in Wadenstrümpfen und Nagelschuhen, den Gamsbart am grünen Hut: jedesmal schien es, und auch der Spiegel versicherte mich dessen, als ob ich gerade für diesen Aufzug recht eigentlich bestimmt und geboren sei. (FK 26)

Wer mit der Lust an der Verstellung Karriere machen will, so die Botschaft des gealterten Krull, sollte schon als Kind die Lust am Kleiderwechsel kennenlernen und üben.

Die Verstellung fällt ihm umso leichter, als er bereits als Jugendlicher die Reize seiner eigentümlichen Geschlechtsidentität entdeckt: „Ich aber besaß seidenweiches Haar, wie man es nur selten beim männlichen Geschlecht findet, und welches, da es blond war, zusammen mit graublauen Augen, einen fesselnden Gegensatz zu der goldigen Bräune meiner Haut bildete: so, daß es gewissermaßen unbestimmt blieb, ob ich nun eigentlich blond oder brünett von Erscheinung sei, und man mich mit gleichem Rechte für beides ansprechen konnte" (FK 15). Blond oder brünett, männlich oder weiblich – augenscheinlich gefällt es diesem Helden, sich solchen Zuschreibungen entziehen zu können. Da Krull gerade seiner unbestimmten Geschlechtsidentität seinen stattlichen Narzißmus verdankt, nimmt es auch nicht wunder, dass ihn Geschwister beeindrucken, die einander zum Verwechseln ähnlich sehen, ganz zu schweigen von einem jungen Mädchen namens Zouzou in Lissabon, in dem er bequem zugleich die Mutter begehren kann. Nur einen Moment sieht Krull zufällig auf dem Balkon der Beletage des Hotels Frankfurter Hof (wo auch sonst?) ein Geschwisterpaar, es könnte auch ein Zwillingspaar sein – ein Mädchen und ein Junge seines Alters –, und nächtelang träumt er von ihm. Was ihn so außerordentlich fasziniert, ist nicht etwa das Mädchen oder der junge Mann allein, sondern ihr Auftritt als Paar. Er liebt diese seine Träume, es sind Liebesträume, „eben weil sie von [...] ursprünglicher Ungetrenntheit und Unbestimmtheit, doppelten und das heißt doch erst: ganzen Sinnes waren, das berückend Menschliche in beiderlei Geschlechtsgestalt selig umfaßten" (FK 87). An diesem Geschwisterpaar nimmt Krull wahr, was er selbst sein möchte: männlich und weiblich zugleich. Der selbstbewusste Umgang mit seiner Androgynität führt dazu, dass sich Frauen und Männer gleichermaßen von ihm angezogen fühlen. In den Augen „gewisser abseits wandelnder Herren" in Frankfurt, „welche nicht die Frau suchen, aber auch nicht den Mann", ist er „etwas Wunderbares dazwischen" (FK 115). Im Doppelbild, das sich Krull auf dem Balkon präsentiert, betet er sich selbst an. Dabei erhält sein Narzissmus jedoch eine eigene Note. Krull liebt nicht sich selbst, sondern mehr als sich selbst, seine geschlechtliche Doppelgestalt. Ist das aber nicht wiederum eine Maskierung forcierter Virilität? Womöglich bedeutet sie nichts anderes als die Einvernahme der Frau in einen männlichen Selbstentwurf.

Dass ein Lebenskünstler wie Krull sich für die Bohème und besonders für die Welt des Zirkus begeistert, ist alles andere als eine Überraschung. In seiner Pariser Lehrzeit besucht der Liftboy im Hotel Saint James and Albany, der tagsüber in einer „kleidsamen Livrée", aber unbezahlt, seinen Dienst versieht, die Gala-Soirée des Cirkus Stoudebecker, und der Maskenzug der unterschiedlichsten Artistengruppen wird für ihn zum Schlüsselerlebnis. „Welch ein Angriff auf die Sinne, die Nerven, die Wollust in der Tat, ein solches in ununterbrochenem Wechsel der Gesichte sich abrollendes Programm phantastischer, an die Grenze des Menschenmöglichen gehender, aber mit leichtem Lächeln und unter Kußhänden vollbrachter Leistungen" (FK 195). Besonders die Clowns und die Trapezkünstlerin haben es ihm angetan. Zunächst zu den Clowns. Sein Blick fällt auf ihre Physiognomie, auf die „zur äußersten Narretei aufgeschminkten Gesichter", auf die „zu blödsinnigem Lächeln emporgeschwungenen Mundwinkel" (FK 197). Was ihn interessiert, sind die entstellenden Masken von Männern, die Lächerlichkeit als Beruf ausüben. Mit großer Befriedigung registriert er, dass an ihnen nichts Menschliches, nichts Bürgerliches, nichts Gewöhnliches ist. Damit folgt Krull nur den Codierungen, die Thomas Mann bereits seit *Tonio Kröger* und den *Buddenbrooks* für die Bohème bereithält. Dass die Clowns eine Familie haben, kann sich einer wie Krull nicht vorstellen. Außerdem bewundert er die „Herrlichkeit ihrer Kostüme", die im Widerspruch stehen zu den Masken, Kostüme etwa aus „schwarzem Atlas", „mit silbernen Schmetterlingen bestickt, ein Kindertraum". Er nimmt die Clowns als Zwitterwesen wahr, als Gestalten mit grotesk bemalten Gesichtern und märchenhaften Kostümen, – was aber oder vielmehr wer sich dahinter verbirgt, ist ihm gleichgültig. Krull verwirft den gewöhnlichen, den warmherzigen Blick, der hinter den Schein sehen möchte, um ‚das Menschliche' dort aufzufinden, als fragwürdige, ja unstatthafte Sentimentalität. Es beruhigt ihn geradezu, dass die Clowns keine Menschen sind. Sein Blick bleibt kalt (FK 198), und er bleibt an der Oberfläche.

Thomas Mann hat den Blick, den er Krull erspart, auf den Erzähler der Novelle *Der Tod in Venedig* übertragen. Um sie zu schreiben, hat er die Arbeit am Roman über Felix Krull zeitweilig unterbrochen. Dort, im *Tod in Venedig*, geht es auch und vordringlich um die Innenansicht; die Innenansicht eines Künstlers, der sich selbst betrügt und der an den Widersprüchen seines Doppellebens zugrunde geht. Heiter kann der Krull-Roman nicht zuletzt deshalb sein, weil Thomas Mann die dunkle Seite der Figur ausgelagert und Aschenbach zugewiesen hat.

Den Höhepunkt des Zirkusabends bietet für Krull nach den Clowns aber der Auftritt der Trapezkünstlerin Andromache. Sie ist der Star des Ensembles und führt, assistiert von einem männlichen Partner, der jedoch im Hintergrund bleibt, an schwingenden Trapezen den Salto mortale vor. Sie ist die erste in der Zirkusgeschichte, die das ohne Netz wagt. Noch der alte Krull, der seine *Bekenntnisse* nach Jahren niederschreibt, träumt von ihr, er betet sie geradezu an. Wer ist diese „Tochter der Lüfte" (FK 198)? Ihrer schwebenden Existenz unter der Zirkuskuppel korrespondiert ihre Uneindeutigkeit. So haltlos wie ihr „Kunstelement, die Luft" (FK 200) ist ihr Charakter.[6] Routiniert erfasst Krulls Blick die geschlechtlich lesbaren Zeichen, doch sie bleiben ihm rätselhaft. Sie ist alterslos, und ihre Hände sind weder männlich noch weiblich; sie sind „zwar nicht von männlicher Größe, aber doch auch nicht klein genug, um die Frage ganz auszuschalten, ob sie, in Gottes Namen, denn vielleicht heimlich ein Jüngling sei. Nein, die weibliche Artung ihrer Brust war immerhin unzweideutig, und so doch auch, bei aller Schlankheit, die Form ihrer Schenkel" (FK199). Das ist die Frage, die Krull wirklich beunruhigt: Ist sie womöglich ein Mann? Selbst an ihrem Umgang mit dem Publikum ist das nicht zu erkennen. Denn diese Trapezkünstlerin verschmäht sogar jedes Liebäugeln mit den Zuschauern; sie bleibt unnahbar, auch für Krull. Nichts verrät sie von sich. So sieht sich Krull auf Vermutungen angewiesen. Auch hier stellt er sich die ängstliche Frage, wie schon bei den Clowns: „War Andromache etwa menschlich?" (FK 198, 200) Die Antwort ist die, die er sich wünscht: Sie ist es nicht, sie ist „unnatürlich". Sie sich als Gattin und Mutter vorzustellen, wäre einfach lächerlich.

Auch ihre erotische Attraktivität, so befindet Krull, lässt zu wünschen übrig. An hin- und herschwingenden Trapezen zu schweben – „dies war ihre Art, mit dem Manne zu verkehren" (FK 200). Dieser Körper, so glaubt, so phantasiert Krull, verausgabt sich nicht in der Liebe, sondern in einer „abenteuerlichen Kunstleistung" – die Erotik als Luftnummer. Ihren Namen trägt übrigens die Trapezkünstlerin ganz zu Recht: Andromache, das ist die Frau, die wie ein Mann oder auch gegen einen Mann kämpft.[7]

Trotz aller Anstrengung vermag Krull die Zeichen dieses Körpers und dieses Gesichts nicht zu lesen, und darum greift er beinah hilflos zu einer Reihe konventioneller Attribute. Mal erscheint sie ihm als Engel, mal als Amazone. Als Amazone, d.h. für ihn, sie ist weniger weiblich, eher eine maskuline Präzisionsmaschine, die jeden Tag gegen den Tod arbeitet.

---

6 Eine „Tochter der Luft" nennt Calderón die Heldin seines gleichnamigen Dramas, Semiramis, die ihrem Sohn zum Verwechseln ähnlich sieht. Und Fontanes Effi Briest heißt schon als Kind „Tochter der Luft" dank ihrer Schwäche fürs Trapez. Dass Thomas Mann Fontanes Roman kannte, ist sicher; ob auch Calderóns Drama, aber ungewiss.

7 Vgl. Herbert Hunger: Lexikon der griechischen und römischen Mythologie, 6. Aufl. Reinbek bei Hamburg 1974, S. 37.

Was aber macht die Trapezkünstlerin in den Augen Krulls so anbetungswürdig? Zum einen identifiziert er sich mit ihrer schwebenden, bodenlosen, ihrer unbürgerlichen Existenz, die ständig vom Sturz in die Tiefe bedroht ist. Ein Hochstapler hält viel vom Leben in luftiger Höhe. Allerdings widerfährt ihm etwas, das er nicht voraussehen konnte. Er erlebt den Salto mortale und das schnell hin- und herfliegende Trapez, denen er mit den Augen folgt, so, dass er nicht mehr weiß, wo oben und unten ist. Dem Schwindler wird schwindlig. Das geschieht Felix Krull nur einmal, im Zirkus. Dabei haben die Choreographie der einzelnen Zirkusnummern, die Steigerung der „erregenden Körpertaten", die Kunststücke der Äquilibristen wie die „besessen sich gebärdenden Reitweiber der Pußta" mit ihren „in Taumel versetzenden Voltigierkünsten" (FK 196) Krulls Schwindelzustände beim Anblick der Trapezkünstlerin hinlänglich vorbereitet. Dass Krull hier von Erlebnissen berichtet, die in Thomas Manns Selbstdeutung dionysisch zu nennen wären, ist offensichtlich. Zum zweiten bewundert er an ihr die virtuose Körperbeherrschung, die dem Hochstapler, der nur dank seiner vorzüglichen sozialen Talente reussieren kann, zum Vorbild dient. Und schließlich identifiziert er sich mit jener Zweideutigkeit der Trapezkünstlerin, die er selber leben möchte. Zweideutig, männlich und weiblich sein zu wollen, ist für seinen Lebensentwurf konstitutiv. Wenn aber Krull der Trapezkünstlerin weibliche Reize abspricht und sie zu einem Engel oder einer Amazone entsexualisiert, wird zugleich sichtbar, dass das Spiel mit den Geschlechterrollen an seine Grenzen gelangt. In dem Maße, wie ihn die Unbekannte fasziniert, ängstigt sie ihn auch. Daher weist er ihr eine Weiblichkeit zu, die sie ungefährlich macht. Ihre Unnahbarkeit enttäuscht ihn ebenso, wie sie ihn entlastet. „Sie aber, meine Angebetete, obgleich Leib ganz und gar, aber keuscher, vom Menschlichen ausgeschlossener Leib", so räsonniert Krull, gehört weit eher auf die Seite der Engel, wenn denn der Mensch zwischen Tier und Engel anzusiedeln ist (FK 201). Dem Wunsch nach Aufhebung der Geschlechtergrenzen korrespondiert das „Doppelleben" eines Mannes, der zeitweilig in Paris als Kellner und zugleich als „Herr von Distinktion", als Graf auftritt. Diese Art des Doppellebens hat seinen besonderen Reiz darin, „daß es ungewiß blieb, in welcher Gestalt ich eigentlich ich selbst und in welcher ich nur verkleidet war. [...] Verkleidet also war ich in jedem Fall, und die unmaskierte Wirklichkeit zwischen den beiden Erscheinungsformen, das Ich-selber-Sein, war nicht bestimmbar, weil tatsächlich nicht vorhanden" (FK 238). Thomas Manns Roman führt einen Helden vor, der nur Maskierungen kennt, hinter dessen Masken nicht die eine „wahre" Identität zu vermuten ist, d. h. dessen Identität sich gerade im Wechsel der Maskierungen herstellt. Für die Auswahl seiner Garderobe heißt das: Krull verkleidet sich täglich, also nie.

Allerdings ist nicht zu verkennen, dass sein Spiel mit den Geschlechtsidentitäten, das er zu beherrschen meint, an die Bedingung ewiger Jugend geknüpft ist. Krull kann und will nicht altern. Gerade das aber wird ihm zum Problem. Die in den Augen Krulls komfortable Aussicht, neben der Mutter zugleich auch die Tochter zu lieben, ohne sich entscheiden zu müssen, ist eben nicht nach dem Geschmack der reifen Frau. Verführen kann sie ihn nur, indem sie an den Mann in Krull appelliert. Sie will klare Verhältnisse, sie will den Mann. Und sie bekommt ihn: „Ein Wirbelsturm urtümlicher Kräfte trug mich ins Reich der Wonne", berichtet Krull (FK 399). Genau hier bricht übrigens der Roman ab. Thomas Mann selbst hat von ihm „eine entwürdigende Wirkung" befürchtet und sein Ende „flau und flüchtig" genannt.[8] Vieles spricht dafür, dass die erwünschte und lustvoll erlebte Instabilität der Geschlechterrollen am Ende parodistisch unterlaufen wird. Krulls Dilemma liegt auf der Hand. Er muss einerseits den virilen Habitus ausstellen, um Frauen zu gefallen. Seine Jugend vorzuführen, das genügt nicht, um ihre Aufmerksamkeit zu erringen. Andererseits kokettiert er mit seinen androgynen Zügen und ist fasziniert von der zweideutigen Geschlechtsidentität anderer. Krull kann dies Dilemma selbst nicht sehen, daran hindert ihn sein naives Selbstverhältnis. Wenn dennoch das Changieren der Identitäten im Roman kaum zum Problem wird, so deshalb, weil Krull unbeirrt ein Ziel verfolgt, das Ziel, in der Gesellschaft den Platz zu finden, der ihm zusteht, wie er meint. Indem er dies Ziel verfolgt, gelingt es ihm, eine Balance der widerprüchlichen Rollen herzustellen und auf diese Weise seinem Ich zu einer gewissen Konsistenz zu verhelfen.

Es liegt nahe, hier beiläufig auf einige der neueren Identitätskonzepte einzugehen, die danach fragen, unter welchen Bedingungen heute in unserer Gesellschaft Identitätsbildung vonstatten geht und gelingen kann. Beschrieben und empfohlen werden u. a. „Bastelmentalität", „patchwork identity", auch das „plurale Subjekt" und „Identität als Collage".[9] Es sind das Termini, die einem Lebensgefühl Ausdruck verleihen sollen, von dem – überraschend genug – im 16. Jahrhundert augenscheinlich schon Michel de Montaigne wußte: „Ich habe von mir selbst nichts Ganzes, Einheitliches und Festes, ohne Verworrenheit und in einem Gusse auszusagen. [...] Wir sind alle aus lauter Flicken und Fetzen und so kunterbunt unförmlich zusammengestückt, daß jeder Lappen jeden Augenblick sein eigenes Spiel treibt. Und es findet sich ebensoviel Verschiedenheit zwischen uns und uns selber wie zwischen uns und andern."[10] Liest man Thomas Manns Krull-Figur vor dem Hintergrund alter, hochskeptischer Selbstanalysen und aktueller Identitätskonzepte, dann fällt zumindest eines auf: Ihr gelingt, wenn auch nicht fraglos, die Balance verschiedener Rollen, aber unter der Bedingung eines Zieles, das beharrlich zu verfolgen ein Minimum an Konsistenz verbürgt. Als literarischer Vorläufer einer patchwork identity kommt Krull nicht in Betracht. Zugleich aber führt der Hochstapler vor Augen, dass auch die konventionellen Ich-Konstruktionen substanzlos geworden sind. Das mag die halbwegs eingestandenen Sympathien verständlich machen, auf die der Hochstapler oft bei

---

8 Thomas Mann: Tagebücher, zit. nach Helmut Koopmann: Narziß im Exil. Thomas Manns Jahre der Emigration und sein Felix Krull. In: Reinhard Brandt (Hg.): Meisterwerke der Literatur. Leipzig 2001, S. 281-318. Hier: S. 281.

9 Vgl. Gertrud Nunner-Winkler: Identität und Moral, in: Jürgen Straub, Joachim Renn (Hg.): Transitorische Identität. Der Prozesscharakter des modernen Selbst. Hamburg 2002, S. 56-84.

10 Michel de Montaigne: Essais. Auswahl und Übertragung von Herbert Lüthy, Zürich 1953, S. 324 f.

denen rechnen kann, die nicht unmittelbar seine Opfer sind. Sie entspringen der Einsicht oder doch der Ahnung, dass ohne solche scheinhaften Ich-Entwürfe womöglich schwer auszukommen ist. So gibt sich Krull als eine Figur zu erkennen, die im Gewande des Hochstaplers einige der Maskeraden der Männlichkeit spielerisch zur Schau stellt und nur deshalb erfolgreich auslebt, weil ihr die Realitätsprobe glücklich erspart bleibt.

Jaroslav Hašek: *Die Abenteuer des braven Soldaten Schwejk*

Die Kunst der Verstellung ist nicht allein Sache des Hochstaplers, sie wird auch von Tiefstaplern geübt. Hochstapler sind Aufsteiger, sie betreiben die Anpassung an die „bessere" Gesellschaft oder das, was sie dafür halten – im Falle Krulls an die längst zweifelhaften bürgerlich-aristokratischen Lebensformen in Europa vor dem 1. Weltkrieg. Tiefstapler dagegen sind ohne Ambitionen, sie machen sich klein und wollen möglichst unauffällig unter ihresgleichen bleiben und durchkommen. Wenn sie betrügen, dann um zu überleben, denn sie sind als underdogs immer gefährdet. Hochstapler bevorzugen, so könnte man sagen, die Vogelperspektive, Tiefstapler nehmen die Froschperspektive ein, sie betrachten die Ereignisse von unten, oder besser: von schräg unten. Einer von ihnen ist Schwejk, der Held des Romans von Jaroslav Hašeks, *Die Abenteuer des braven Soldaten Schwejk*, ein anderer Jakob von Gunten in Robert Walsers gleichnamigem Roman (1909). Als einen Hochstapler der besonderen Art möchte ich abschließend den Affen Rotpeter in Kafkas Erzählung *Ein Bericht für eine Akademie* (1917) vorstellen.

Hašeks Geschichten über die kleinen Abenteuer und die großen Katastrophen, die Schwejk im 1. Weltkrieg zu bestehen hat, erschienen in Fortsetzungen in den Jahren 1920 bis 1923. 1926 kamen sie als Buch heraus, wurden rasch in achtzehn Sprachen übersetzt und sind bis heute unbestritten ein Welterfolg. Erwin Piscator hat die Geschichte 1928 auf die Bühne gebracht, mit Max Pallenberg in der Hauptrolle, und auch Brecht hat bekanntlich 1943 im amerikanischen Exil den Stoff zu bearbeiten begonnen.

Schwejk hat „gute, blaue Augen", und er ist „sanftmütig". Seine größte Tugend ist die Aufrichtigkeit. Auch als er während des Krieges in Prag von einem Spitzel beschuldigt wird, Verbrechen gegen die Staatsmacht begangen zu haben, bleibt er bei der Wahrheit. Damit aber gerät er bei der Obrigkeit unausweichlich in Verdacht, dumm zu sein. Wer sich so verhält wie er, kann nur ein „notorischer Blödian" sein. Schwejk denkt nicht daran zu widersprechen. Er tut genau, was ihm die Gerichtsärzte oder die Ärzte in der Irrenanstalt sagen, er wiederholt: „Ich bin ein behördlicher Idiot" (Sch 24).[11] Manchmal übertreibt er es mit dem Gehorsam und führt damit ungewollt jeden Befehl ad absurdum. Ich zitiere eine kleine Szene.

11 Jaroslav Hašek: Die Abenteuer des braven Soldaten Schwejk, 2 Bde., Reinbek bei Hamburg 2001, Bd. 1. Nach dieser Ausgabe zitiere ich den Roman unter der Sigle Sch mit Seitenzahl im Text.

Einer der Ärzte in der Irrrenanstalt, die seinen Geisteszustand untersuchen sollen, ordnet an: „‚Machen sie fünf Schritte nach vorn und fünf Schritte zurück.‘ Schwejk machte zehn. ‚Ich habe Ihnen doch gesagt‘, sagte der Arzt, ‚Sie solln fünf machen.‘ ‚Mir kommts auf paar Schritte nicht an,‘ sagte Schwejk“ (Sch 35).

Das bringt die Ärzte in Bedrängnis. Sie fragen sich allen Ernstes, ob Schwejk ein Blödian ist oder ein Simulant. Schwejk selbst ist sich da sicher: Ich „bin kein Simulant, ich bin ein wirklicher Idiot“ (Sch 36). Die Ärzte sehen sich außerstande, das herauszufinden, der Fall ist ihnen unangenehm, und so ordnen sie vorsichtshalber seine Entlassung an. Schwejks Überlebensstrategie besteht darin, die ihm zudiktierte Idiotie zu seinem Schutz einzusetzen. Seine Hilflosigkeit hat Raffinesse; Dümmlichkeit, scheint er zu wissen, läßt sich intelligent nutzen. Dieser Schelm hat etwas von der Schläue eines Pikaro, und die braucht er auch, denn, was immer er tut, er bleibt ein Spielball der Launen seiner jeweiligen Herren. Verstellt sich Schwejk hinter der Maske des Trottels, oder ist das der wahre, der aufrichtige Schwejk, der uns in solchen Szenen entgegentritt? Und wenn hier eine Maskerade vonstatten geht – ist es Schwejk, der sich verstellt oder wird ihm nicht vielmehr eine Verstellung verordnet, die abzulehnen er gar nicht in der Lage ist?

Für alle Verstellungskünstler, jedenfalls die männlichen, gibt es die eine ernst zu nehmende Nagelprobe: die Musterung. Sie entscheidet darüber, wer tauglich oder untauglich ist für den Waffendienst in der Armee, im Zweifelsfalle also über Leben und Tod. Weder Thomas Mann noch Jaroslav Hašek haben sie sich entgehen lassen. Felix Krull bereitet seinen Auftritt vor der Musterungskommission mit staunenswerter Sorgfalt vor. Er studiert die medizinische Fachliteratur und verbringt eine Reihe von Nächten mit praktischen Übungen, fest entschlossen, seine Kräfte und Talente nicht zu verausgaben und nur in dem Umfang einzusetzen, der erforderlich ist, um sein Ziel zu erreichen. Übereifer wäre dilettantisch. Keine Sekunde zweifelt er an seinem Erfolg. Den Anfang macht ein nervöses Schulterzucken, das sogleich die Aufmerksamkeit des Arztes erregt. Nach und nach berichtet er, streng nach dem medizinischen Lehrbuch, von den Symptomen, die angeblich bei ihm in der Schulzeit zu beobachten waren, von Migräneanfällen und zeitweiligen Absenzen. Dann beginnt seine Demonstration: „Mein Gesicht verfärbte sich auf eine meiner Meinung nach völlig neue und erschreckende Art“ (FK 107). Krull legt Wert darauf, der Musterungskommission mehr zu bieten, als im Lehrbuch steht. Innovativ muss sein Auftritt schon sein. Er lässt es sich nicht nehmen, selbst physiognomische Leckerbissen wie „zähnefletschende Tollwut“ und „blödselige Heiterkeit“ zur Schau zu stellen, führt eine „ganze Grimassenschlacht“ vor und endet in furchterregenden Verrenkungen des Körpers, die der Militärarzt triumphierend als epileptische Anfälle diagnostiziert (FK 107 f.). Damit ist die Sache entschieden, Krull wird für untauglich erklärt, denn schließlich, so die Ärztekommission, ist „die Kaserne keine Heilanstalt“ (FK 109). Obendrein bringt er die Chuzpe auf, den unehrenhaften Ausgang der Musterung auch noch zu bedauern und kehrt zufrieden nach Frankfurt zurück.

In der gleichen Lage wie Krull befindet sich zunächst auch Schwejk. Beide sehen sich einer Kommission aus Militärärzten und Offizieren gegenüber, die unter allen Umständen junge Männer für die Armee rekrutieren will und jeden verdächtigt, ein Simulant zu sein. Krull allerdings hat leichteres Spiel. Er kommt aus der Wohnung der Mutter, nicht wie Schwejk vorbelastet aus der Irrenanstalt, er ist blendend vorbereitet, und er muss keine Zwangsmaßnahmen fürchten wie Klistiere, Medikamente oder Arrest, die die Standfestigkeit der Rekruten auf eine harte Probe stellen. Die Delinquenten, die der Armee entkommen wollen, legen einen außerordentlichen Erfindungsreichtum an den Tag. Sie simulieren Kurzsichtigkeit, Tuberkulose, Schwindsucht, Magenkrebs, ja sogar Wahnsinn und manches andere. Schwejk dagegen bleibt bescheiden, wie nicht anders zu erwarten. Er will es mit schlichtem Rheumatismus versuchen und zählt damit unter den Könnern als Stümper. Eine Krankheit aber gilt unter den Eingeweihten als besonders Erfolg versprechend; sie zu simulieren freilich auch als ungemein schwierig: die Epilepsie. Zweifellos wäre Krull, denken wir uns ihn neben Schwejk vor die Hašeksche Musterungskommission zitiert, ein Star, der ganz sicher Erfolg hätte.

Um Schwejk dagegen steht es schlecht. Rheuma vorzutäuschen, ist so gut wie aussichtslos. Doch kommt ihm ein Zufall zu Hilfe. Auf den ärztlichen Befehl: „Zeigen Sie die Zunge!“ steckte Schwejk „die Zunge so weit heraus, daß er eine blöde Grimasse schnitt und seine Augen sich schlossen“ (Sch 74). Treuherzig versichert er, er habe nun mal keine längere Zunge, und verstecken vor der Kommission wolle er sie auch nicht. Die Kommission ist sich uneins: Ist Schwejk ein „blöder Kerl“, oder macht er das Militär lächerlich? Schwejk blickt die Kommission „mit der göttlichen Ruhe eines unschuldigen Kindes an.“ Damit ist für sie der Fall klar. Da alle Rekruten sich krank stellen, stellt sich auch Schwejk krank, also ist er „gesund wie ein Fisch“. Er hat die Armee verhöhnt und muss zur Strafe ins Militärgefängnis (Sch 75). Einmal mehr also hat Schwejk Glück im Unglück. Nicht das vorgespielte Rheuma rettet ihn vor dem Fronteinsatz, sondern die Aufrichtigkeit, die ihn in den Augen der Staatsmacht undurchschaubar macht und seine Identifikation verhindert oder erschwert. Seine Dümmlichkeit, sein gutmütiger Blick, seine Ehrlichkeit – ob gespielt oder nicht – sind so entwaffnend, dass sie Schwejk helfen, das Schlimmste zu verhindern. Noch einmal: Stellt er sich nur dumm oder ist er es wirklich? Es macht das besondere Vergnügen der Leser aus, sich das immer wieder zu fragen und sich auf das narrative Verwirrspiel dieses Romans einzulassen. Zum Lesevergnügen gehört aber ebenso, diese Frage im Zweifel auch als unerheblich beiseite zu lassen. Allerdings sind zwei Dinge klar in Hašeks satirischem Roman. Erstens: Dumm und borniert sind in jedem Fall die staatlichen Autoritäten, das Militär wie die Polizei, und obendrein der Klerus. Und zweitens: Ob Schwejk die Kunst der Verstellung beherrscht oder nicht, er kommt durch. Schwejk gibt den beflissenen Untertan so, dass er sich, wenn auch mit Glück, behaupten kann.

Neben der raffiniert gehandhabten Dummheit steht Schwejk noch ein weiteres wirksames Mittel zu Gebote, das sein Überleben sichert: Er ist ein begnadeter Geschichtenerzähler. Wann immer er eine Frage beantworten oder einen Befehl ausführen soll, er erzählt erst einmal eine Anekdote, weicht aus, schweift ab. Aus seiner Fabulierkunst bezieht er die subversiven Energien, die ein Antiheld wie er dringend braucht. Die unerhörte Eloquenz ist es auch, die Hochstapler und Tiefstapler ungeachtet aller Unterschiede verbindet. Beide sind sie Schelme. Felix Krull ist ein Schelm, der mehr gibt, als er hat. Schwejk dagegen gibt weniger, als er hat, d.h. vorsichtshalber stellt er sich dumm.

Robert Walser: *Jakob von Gunten*

Als ein Tiefstapler präsentiert sich auch der Held und Ich-Erzähler in Robert Walsers Tagebuch-Roman *Jakob von Gunten*. Gleich zu Beginn erfahren wir, dass er aristokratischer Herkunft ist und sich zum Ziel setzt, „eine reizende kugelrunde Null im späteren Leben [zu] sein" (JvG 9).[12] Er besucht das „Institut Benjamenta", eine Diener-Schule, auf der man, wie Jakob hofft , „gedankenlosen Gehorsam", Demut, Aufmerksamkeit und Bescheidenheit lernen kann. Sehr bald findet er heraus, dass das Institut ein Schwindel-Unternehmen ist, das ihm sofort das Schulgeld abnimmt, ohne auch nur die geringsten Anstalten zu machen, ihn und die anderen Eleven zu unterrichten. „Kenntnisse werden uns keine beigebracht. Es fehlt eben, wie ich schon sagte, an Lehrkräften, das heißt die Herren Erzieher und Lehrer schlafen oder sie sind tot oder nur scheintot, oder sie sind versteinert, gleichviel, jedenfalls hat man gar nichts von ihnen." Es gehört zu den Überraschungen dieser fulminanten Schulsatire, die in mancher Hinsicht Musils Törleß-Erzählung fortschreibt, dass all das den Helden, wie es scheint, nicht irritieren kann. Er möchte unverdrossen lernen, was zum Dienen gehört. Es kommt ihm nicht in den Sinn zu beklagen, daß er arm und abhängig ist. Klein zu sein, „klein bis hinunter zur Nichtswürdigkeit", gefällt ihm, denn er hat sich entschlossen, mit der Familientradition zu brechen. Wenn es für ihn einen Stolz gibt, dann den zu arbeiten. „Ein Gunten sitzt nicht hinter dem Ofen" (JvG 51), heißt es in seinem „Lebenslauf", jenem allseits geachteten Genre der Selbstinszenierung, das auch Gunten zu bedienen, wie aber auch zu parodieren versteht.

Freilich lassen sich Pläne wie diese nicht störungsfrei verwirklichen. Wer eine kleine Null werden möchte, hat große Hindernisse zu überwinden. Die Paradoxie einer Selbstbehauptung durch Selbstverleugnung, mit der Walsers Roman beiläufig den Bildungsroman Goethes ironisch zurücknimmt,[13] ist nicht leicht auszuhalten. Nichts als beschei-

---

12 Robert Walser: Das Gesamtwerk in 12 Bänden. Zürich und Frankfurt a. M. 1978, Bd.VI: Jakob von Gunten. Aus diesem Band wird unter der Sigle JvG mit Seitenzahl im Text zitiert.

13 Vgl. Klaus-Peter Philippi: Robert Walser. „Jakob von Gunten". In: Manfred Brauneck (Hg.): Der deutsche Roman im 20. Jahrhundert I. Bamberg 1976, S. 120; Hans H. Hiebel: Robert Walsers „Jakob von Gunten". Die Zerstörung der Signifikanz im modernen Roman. In: Robert Walser. Hg. v. Klaus-Michael Hinz und Thomas Horst, Frankfurt a. M. 1991, S. 240-275, S. 252; zuletzt Andreas Gößling: Abendstern und Zauberstab. Studien und Interpretationen zu Robert Walsers „Der Gehülfe" und „Jakob von Gunten". Würzburg 1992, S. 186-191.

den und demütig zu sein, erweist sich als schwierig. Jakob leistet sich immer wieder Frechheiten gegenüber dem Schulleiter Herrn Benjamenta und dessen Schwester, auch gegenüber den Mitschülern, er hat „störrische Auftritte", und für Augenblicke fällt er auch in den Habitus des Aristokraten zurück. Wenn er ein Herr wäre, so überlegt er einmal, so nähme er Kraus als Diener. Gunten, der sich nichts sehnlicher wünscht, als ein Leben lang selbst ein Diener zu sein, wechselt unversehens die Seiten. Die Rolle des Herrn sich vorzustellen, fällt ihm leicht. Wenn er schon einen Diener braucht, dann einen perfekten. Und keiner ist besser als sein Mitschüler Kraus.

So glaubhaft Gunten immer wieder versichert, später eine Anstellung als Diener finden zu wollen und alles für diese Tiefstaplerkarriere zu tun – selbst die Aufsteiger-Angebote seines erfolgreichen Bruders Johann schlägt er aus –, er nährt zugleich den Verdacht, die Dienerrolle nur zu fingieren. Zunehmend gibt er sich als ein versierter Verstellungskünstler zu erkennen, dessen Unterwürfigkeit mitnichten den Standesdünkel vergessen macht, den seine noble Familie unbeirrt beibehält. Wenn er seinem „Lebenslauf" anvertraut, dass seine Bescheidenheit keine Grenzen kennt, „wenn man seinem Mut schmeichelt" (JvG 52), so bestätigt er nur die Bescheidenheit des Unbescheidenen. „Kann man einen Jakob von Gunten trösten?" Das ist für ihn eine rhetorische Frage (JvG 118).

Sein Versprechen, als Diener „kreuzdumm vor Seligkeit zu erröten, wenn man mir leichthin Dank sagt" (JvG 117), glaubt nur der, der nicht sieht, dass Jakob allen andern intellektuell überlegen ist. So selbstbewusst spielt er die Rolle des Tiefstaplers, dass er Emporkömmlinge mit Verachtung strafen kann. Der Parvenu ist auf eine „permanente bescheidentuende Frechheit" dringend angewiesen, um seine Ziele zu erreichen. Gunten dagegen hält sich einiges darauf zugute, „gar keine Emporkömmlingstugenden" zu besitzen. „Ich bin manchmal frech, aber nur aus Laune" (JvG 117). Launenhaftigkeit ist ein Privileg, das Parvenus nicht zusteht. Indem er den sozialen Aufstieg verweigert, gewinnt er Freiheiten, auf die andere verzichten müssen. Seine Apologie des Dienens ist subversiv. Gunten, der den Diener nur spielt, ist ungeachtet seiner Notlage, so meint er, dem Emporkömmling überlegen. Die Verachtung der Parvenus wie auch der Aristokraten rückt ihn vorübergehend sogar in die Nähe des Dandy.[14] Der Machtkampf zwischen Jakob und Benjamenta folgt zunächst der Dialektik von Herr und Knecht. Die Überlegenheit des Lehrers verkehrt sich in die des Schülers, Benjamenta schwankt zwischen Strenge und Larmoyanz, Gunten zwischen Unterwerfung und Widerstand. Beide sind aufeinander angewiesen. Dabei zeitigt die erzwungene Mimikry des Knechts an den Herrn überraschende Resultate. „Gehorchende", weiß Gunten, „sehen meist genau aus wie Befehlende. Ein Diener kann gar nicht anders als die Masken und Allüren seines Herrn annehmen, um sie gleichsam treuherzig fortzupflanzen" (JvG 56). Als die Schule

---

14 Eine prägnante Neubestimmung des Dandy unternimmt Hans Richard Brittnacher: Erschöpfung und Gewalt. Opferphantasien in der Literatur des Fin de siècle. Köln, Weimar, Wien 2001, S. 297 ff.

längst aufgelöst ist, träumt Gunten davon, mit Benjamenta in die Wüste zu gehen und der europäischen Kultur den Rücken zu kehren. Doch auch an diesem außergesellschaftlichen Ort, der eher Lebensfeindlichkeit als Abenteuer verheißt, bleibt dem Träumenden gegenwärtig, dass er der Knappe und der Vorsteher der Ritter ist (JvG 163). Wenn er, kaum erwacht, sich entschließt, „mit Ihnen zu gehen, wohin Sie wollen", so heißt das nicht, dass die alten Abhängigkeiten zwischen Lehrer und Schüler restauriert würden. Gunten behält vorderhand die Rolle des Sancho Panza, und es bleibt unentschieden, wer wem überlegen ist. Auch Walsers Verstellungskünstler setzt wie Schwejk die Tradition des Schelmen fort. Zu Recht schilt ihn sein Mitschüler Kraus, selbst eine Karikatur der Überanpassung an die freudlose Doktrin des Instituts, den „Bruder Lustig".

Wenn Gunten in dieser Schule etwas lernt, dann die Simulation aller erdenklichen Rollen. Gerade von einem Diener werden ja proteushafte Verwandlungen erwartet, und zu ihnen zählt auch der Geschlechtertausch. Er wird zusammen mit anderen Rollen eingeübt in der „Tanz-, Anstands- und Turnstunde", die ihm ‚vorkommt' wie „das öffentliche, wichtige große Leben selber" (JVG 110). Kein Zufall auch, daß jeder der Zöglinge, während sie die Arbeit von Zimmermädchen verrichten, eine Schürze trägt, „in welchem an die Weiblichkeit gemahnenden Kleidungsstück wir alle ohne Ausnahme komisch aussehen" (JvG 35f.). Ansonsten aber herrscht in der Schule Uniformzwang: „Wir tragen Uniformen. Nun, dieses Uniformtragen erniedrigt und erhebt uns gleichzeitig. Wir sehen wie unfreie Leute aus, und das ist möglicherweise eine Schmach, aber wir sehen auch hübsch darin aus, und das entfernt uns von der tiefen Schande derjenigen Menschen, die in höchsteigenen, aber zerrissenen und schmutzigen Kleidern dahergehen" (JvG 8). Gunten ist das Tragen der Uniform angenehm, nicht etwa, weil sie ihn auf den gering geschätzten Status des Dieners festlegt, den er sich doch wünscht, sondern weil sie ihm eine Camouflage ermöglicht. Er widerspricht der gängigen Auffassung, dass Kleider Leute machen. Die Uniform macht in diesem Fall eben nicht den Diener; sie kann erniedrigen, ebenso aber auch erheben, sie verrätselt die Identität dessen, der sie trägt.[15]

Ausgerechnet der Schwester des Schulleiters bleibt es vorbehalten, die Ernsthaftigkeit Jakobs, ein Diener sein zu wollen, in Zweifel zu ziehen. „Strebst Du noch aufrichtig, Jakob", fragt sie ihn eines Tages, als Gunten zu ahnen beginnt, dass sie in ihn verliebt ist. Streben und Aufrichtigkeit – einmal mehr werden hier bürgerliche Kardinaltugenden so beschworen, dass Jakob nur zustimmen kann. „‚Fräulein Benjamenta', sagte ich, ‚zweifeln Sie am Ernst und an der Ehrlichkeit meines Strebens? Bin ich ein Schwindler, ein Gaukler in ihren hochverehrten Augen?' – Ich glaube, ich blickte geradezu tragisch, als ich das sagte" (JvG 119). Den Schwindel-Vorwurf entkräftet Gunten mit einem – Schwin-

15 Vgl. hierzu auch Ernst Osterkamp: Commis, Poet, Räuber. Eigengesetzlichkeit und Selbstaufgabe bei Robert Walser. In: Robert Walser, hg. v. Klaus Michael Hinz und Thomas Horst, wie Anm. 13, S. 217-239, 220 f.

del, mit dem Können eines Schauspielers, der weiß, wie man tragisch dreinblickt und der diesen Blick auch halbwegs wieder dementiert.

Wie wenig sich Gunten die Rolle des Dieners zu eigen macht, verrät auch ein Traum, in dem er sich als ein moderner Barbar, d. h. als ein erfolgreicher Geschäftsmann wiederfindet, ein Traum von Macht, Gewalt, Luxus und Verschwendung. Nacheinander zitiert er den Eifer, das Streben, dieTugend etc. zu sich und triumphiert über sie mit Korruption oder sadistischer Gewalt. Als schließlich Gott selber vor ihm auftritt, erwacht er schweißgebadet. Der Albtraum erschüttert seine Selbstgewissheit und seine Berufspläne als Diener. Er entstellt den Wunsch nach Selbsterniedrigung zum Größenwahn. Gunten erfährt, „wie im Traum doch alles an die Grenze des Wahnsinns streift“ (JvG 89). Für einen Moment wird ihm die Sturzgefährdung seiner Verstellungskunst bewusst. Tugenden wie Ernsthaftigkeit und Arbeitseifer garantieren nicht etwa das unauffällige, friedfertige Leben eines Dieners, sondern sind korrumpierbar durch die Macht. Die Zuversicht, sich als eine kleine runde Null im Leben einrichten zu können, erweist sich als Illusion. So markiert dieser Albtraum die Grenzen seiner Maskerade.

In einem weiteren Traum tritt Gunten eine Reise in eine bizarre Märchenwelt an, in die ihn Lisa Benjamenta als Zauberin initiiert. Das erste Reiseziel ist allerdings der nasse Keller des Instituts, dessen Boden Gunten auf Verlangen der Lehrerin küsst, eine Einübung, wie sie bemerkt, in die Unterwerfung unter die „Schwere“ und „Trübnis“ seines zukünftigen Dienerlebens. Als er auch noch, auf Verlangen des Fräuleins, „die steinerne Brust“ einer „Sorgenwand“ liebkosen soll, fällt er aus der Rolle und sagt ihr ein paar gute, „beinahe scherzende Worte“. „Ich spielte Komödie, schon meiner Lehrerin zulieb, gewiß, und doch war es wiederum nichts weniger als Komödie, was ich tat“ (JvG 100 f.). Die nächste Etappe dieser Traumreise führt Gunten an der Hand der zaubernden Lehrerin aus dem beängstigenden Keller in die Freiheit, auf eine „glatte, offene, schlanke Eis- oder Glasbahn. Wir schwebten dahin wie auf wunderbaren Schlittschuhen, und zugleich tanzten wir, denn die Bahn hob und senkte sich unter uns wie eine Welle. Es war entzückend.“ (JvG 101) Zum ersten und einzigen Mal im Roman erlebt Gunten träumend das Gefühl von Freiheit, und er erlebt es als ein lustvolles Schweben, als Tanz auf schwankendem Boden. Anschließend gelangen sie in ein luxuriös ausgestattes Gemach von „lüsterner Bequemlichkeit“, ein Schlaraffenland, zu dessen Attraktionen auch ein herbeischwirrender Roman gehört, in dem Gunten „ungestört lesen kann“. So hält der Roman beiläufig auch eine Parodie auf seinen seligen Leser bereit. Wenn hier etwas schwebt, dann nicht der dem Alltag enthobene Leser, sondern das Buch selbst.

Die Verweilzeit in diesem Boudoir ist allerdings sehr begrenzt, und Gunten, ehe er sich versieht, „schwamm [...] in einem dickflüssigen, höchst unangenehmen Strom von Zweifel“ (JvG 102). Die drastische Metaphorik lässt keinen Zweifel daran, dass Gunten vollends aus dem Gleichgewicht geraten ist. Nicht einzelne Zweifel bedrängen ihn, sie nehmen überhand und bilden einen dickflüssigen Strom, in dem er nur mitschwimmen kann. Er verliert den Boden unter den Füßen. Dem lustvollen Schweben über die imaginäre Eisbahn folgt der von Ekelempfindungen begleitete Selbstverlust, der ihn Todesängste ausstehen lässt. Bitter bereut er, sich den verführerischen Bequemlichkeiten jenes Lust- und Leseortes überlassen zu haben. Als er schließlich aus diesem Traum im dunklen Schulzimmer wieder erwacht, fragt er sich, ob er geträumt habe. „Aber wozu mich fragen, wenn es doch jetzt ans Abendessen geht?“ (JvG103) Hat Gunten geträumt oder nicht? Hat er Komödie gespielt oder nicht? Wir wissen nicht, wann sich dieser Verstellungskünstler verstellt und wann nicht. Walsers Held spielt Komödie und versichert zugleich, es sei alles andere als Komödie. Seine „vieldeutige Unbestimmtheit“[16] wird Gunten selbst kaum zum Problem. Walser gesteht diesem Tiefstapler zu, die Grenze zwischen Schwindel und Nicht-Schwindel ständig zu überschreiten. Gunten beherrscht die Kunst, sich zu verstellen. Doch auch die andere Seite des Schwindels ist ihm vertraut, das Außer-sich-Sein, das er gelegentlich genießt, aber auch erleidet. Dennoch liegt über ihm eine kaum je sturzgefährdete Heiterkeit.

Franz Kafka: *Ein Bericht für eine Akademie*

Auch in Kafkas Erzählung *Ein Bericht für eine Akademie*, die 1917 erschien, präsentiert sich der Affe Rotpeter vor den ehrenwerten Mitgliedern dieser Institution als ein Verstellungskünstler. Ob er auch, wie Felix Krull, als ein Hochstapler zu bezeichnen ist, kann man bezweifeln. Er ist es nur insofern, als er alles unternimmt, um sich, wie es scheint, von seiner tierischen Vergangenheit zu distanzieren und in die sogenannte zivilisierte Gesellschaft aufzusteigen. Doch dieser Aufstieg wird ihm aufgezwungen. Von einer Jagdexpedition der Firma Hagenbeck ist er, so sein Bericht, eingefangen, mit dem „widerlichen“ Namen Rotpeter versehen und nach Europa gebracht worden. Unter fortgesetzter Gewaltanwendung wird ihm die Anpassung an die Menschenwelt abverlangt. Nur die vollständige Mimikry an die weißen Herren, das lernt er schon während des Transports, kann ihm helfen zu überleben. Der Auftritt vor der Akademie bildet den krönenden Abschluss seiner Karriere: Er hat es zu einem gefeierten Varieté-Star gebracht und wird mit Ehrungen überhäuft. Zwar versichert er den Herren der Akademie: „Ihr Affentum [...] soferne Sie etwas Derartiges hinter sich haben, kann Ihnen nicht ferner sein als mir das meine.“[17] Doch ist die Anpassung nur vorgetäuscht. In Wahrheit führt er ein Doppelleben zwischen Mensch und Affe, er muss es führen, denn anders kann er nicht überleben. Eine Rückkehr ins Leben als Affe ist ausgeschlossen. Sie auch nur zu versuchen, hieße nämlich, sich „das Fell vom Leib zu schinden“. Ebenso wäre eine vollständige Assimilation an die Menschengesellschaft unmöglich, obendrein wäre sie auch noch lächerlich. So

16 Andreas Gößling: Abendstern und Zauberstab, wie Anm. 13, S. 186.

17 Franz Kafka: Sämtliche Erzählungen, hg. v. Paul Raabe, Frankfurt a. M. 1976, S. 166-174.

lächerlich wie umgekehrt die Menschen sich machen, die Affen nachahmen. Wenn Menschen als Artisten unter der Zirkuskuppel wie die Affen schaukeln, so ist das nicht eine Demonstration höchster Kunstfertigkeit, sondern ein bloßes Nachäffen der Natur, das die Affen, sähen sie es, mit Hohngelächter quittieren würden. Nur dank einer listigen Verstellung ist es ihm möglich, insgeheim ein Leben an der Grenze zweier Identitäten zu führen. Er tut so, als sei seine Zurichtung erfolgreich verlaufen, denn er hat keine andere Wahl. Weder erlaubt ihm die Anpassung an die menschliche Zivilisation, eine neue Identität anzunehmen, noch ist er willens und imstande, die alte aufzugeben. Nur indem er vortäuscht, seine ‚Menschwerdung' sei abgeschlossen, kann es ihm gelingen, auch Affe zu bleiben. Gerade der Bericht, der vor den Akademiemitgliedern bestätigen soll, wieweit er es als Mensch gebracht hat, schützt seine Identität als Affe.[18] Der gelungene Auftritt soll verhüllen, dass er nicht aufhört, nicht aufhören will, ein Affe zu sein. Seine einzige Überlebenschance ist, zwei Leben zugleich zu leben. Die Devise dafür lautet: „sich in die Büsche schlagen". Es ist nur ein „Ausweg". Einen anderen Weg gibt es nicht. Freiheitsversprechen misstraut er, vor allem deshalb, weil er weiß: „mit Freiheit betrügt man sich unter Menschen allzuoft." Wer wie er sich verstellt, ist darauf angewiesen, auch den Betrug der Gegenseite zu durchschauen. Gerade der Blick von außen, der Blick des Kolonisierten auf eines der großen Ideale der europäischen Zivilisation bleibt unbestechlich. Er verhält sich defensiv, und er versteckt sich. In dieser Hinsicht erweist er sich als ein naher Verwandter Schwejks. Auch wenn die Verstellung erzwungen ist, er betreibt sie mit satirischer Lust, und die trifft einige der gepriesenen Errungenschaften der Zivilisation.

Zwar äußert sich Rotpeter zufrieden, doch sein Doppelleben bleibt prekär. Tagsüber lässt er sich auf der Bühne feiern, die Nacht verbringt er zu Hause, mit „einer kleinen halbdressierten Schimpansin" und lässt es sich „nach Affenart bei ihr wohlgehen." Weiter heißt es: „Bei Tag will ich sie nicht sehen; sie hat nämlich den Irrsinn des verwirrten dressierten Tieres im Blick; das erkenne nur ich und ich kann es nicht ertragen." Dass die Erzählung die häusliche Idylle mit Ironie kommentiert, ist kaum zu überhören. Ausgerechnet dann, wenn die Affen unter sich sind, macht sich ein Zivilisationsschaden bemerkbar: Zu Hause nämlich gibt der Varieté-Star den Spießbürger. Er will es gemütlich. Von ihrem Wohlergehen berichtet er nicht. Die Gefährdung seines Doppellebens wird nirgends sonst als in der intimen Beziehung zu einer Schimpansin sichtbar. Der „Irrsinn" in ihrem Blick lässt ihn erkennen, dass er womöglich selbst ein „halbdressiertes Tier" geblieben ist. Die Zuversicht, eine Balance zwischen zwei Leben führen zu können, beruht auf einer Selbsttäuschung. Er scheint zu ahnen, dass die erzwungene Anpassung auch ihn in den Irrsinn führen könnte. Die Kunst der Verstellung ist am Ende womöglich gefährdet, auch wenn er abschließend erklärt: „Im Ganzen habe ich jedenfalls erreicht,

18 Gerhard Neumann: *Ein Bericht für eine Akademie.* Erwägungen zum „Mimesis"-Charakter Kafkascher Texte. In: DVjs 49 (1975), S. 166-183.

was ich erreichen wollte." Sie versagt, so scheint es, weil die Schimpansin das bleibt, zu dem sie gemacht worden ist: ein „verwirrtes dressiertes Tier", das die Hoffnung auf ein lebbares Leben, auf eine Verträglichkeit von Menschen- und Naturordnung,[19] Lügen straft.

Anders als in dieser Erzählung Kafkas führt die Kunst der Verstellung Thomas Manns Felix Krull, Jaroslav Hašeks Schwejk und Robert Walsers Jakob von Gunten zum Erfolg oder sie verhilft ihnen doch dazu, sich im Leben so gut es geht einzurichten. Ob sie Hochstapler oder Tiefstapler sind – sie alle eint ein geschicktes Spiel mit Maskierungen, eine meist gelingende Handhabung von Täuschungsmanövern, die Selbsttäuschungen einschließen. Das macht sie zu Lebenskünstlern. Kafkas Held nimmt hier freilich eine Sonderstellung ein. Er trägt sowohl Züge des Hoch- wie des Tiefstaplers. Wie Krull die Gesellschaft glauben macht, ein Graf zu sein, täuscht er die Akademie darüber, dass seine Anpassung an die zivilisierte Menschenwelt geglückt sei. Mit dem Tiefstapler Schwejk teilt er die Froschperspektive. Freiheit ist ein Ideal der Menschengesellschaft, der er nicht angehört; ihm bleiben bestenfalls „Auswege". Überleben kann er nur, wenn er sich in die Büsche schlägt. Doch auch, wenn die Verstellung in gewaltsamen Dressurakten erzwungen wurde, sie belässt ihm Spielräume, denn immer wieder kann er die Erwartungen der Akademiemitglieder ironisch unterlaufen. Die Last der erzwungenen Assimilation bringt auch die List mit sich, unauffällig ein Doppelleben zu führen. Auch Kafkas Held bleibt trotz der übermenschlichen Anpassungsleistungen, die ihm abverlangt werden, die Lust am Betrug zugestanden. Die List der Verstellung verbürgt immer auch Lustgewinn, selbst im Falle des kolonisierten Affen.[20] Wie Felix Krull, Schwejk und Jakob von Gunten gehört auch Kafkas so ganz andere Figur zu den Schwindlern. Alle lieben sie den Betrug und treffen dabei auf eine Gesellschaft, die selbstgerecht und borniert, wie im Falle der Akademiemitglieder, sich leicht täuschen lässt, oder eine, wie sie Thomas Mann portraitiert, die den Betrug gelassen hinnimmt, weil sie ahnt, dass die Grundlagen der sozialen Ordnung alles andere als solide sind.

Zweifellos sind die Differenzen zwischen Schwindlern wie Krull und Rotpeter beträchtlich. Kafkas Figur wird zu einem Leben an der Grenze zweier Identitäten gezwungen. Thomas Manns Krull dagegen wird das Privileg zugestanden, mit männlichen Ich-Entwürfen spielerisch umzugehen. Er führt sowohl das Doppelleben eines Liftboys und eines Grafen, und er kann ebenso lustvoll sich der Instabilität der Geschlechterrollen überlassen, ohne dabei nennenswerte Konflikte zu riskieren. Die Lizenz dazu verdankt Krull auch der Erzähltradition des Schelmen-Romans. Gemeinsam aber ist den Verstellungskünstlern Kafkas und Thomas Manns, dass sie den Glauben an eine stabile Ich-Identität verabschieden. Solche Desillusionierungen gehen auch in Walsers und Hašeks

---

19 Ebd.

20 Die Umkehrung der ethnographischen Perspektive in Kafkas Erzählung untersuche ich näher in: Rolf-Peter Janz: Bilder des „nahen Fremden" in der Literatur um 1900. In: R.-P. Janz (Hg.): Faszination und Schrecken des Fremden. Frankfurt a. M. 2001, S. 125-141. Hier: 137-141.

Erzählungen vonstatten. Den Höhepunkt ihrer Karriere erreichen diese Schwindler schließlich immer dann, wenn der Leser sich verwirrt findet – und vergeblich fragt, wo der Betrug aufhört und wo er beginnt.

Fabian Stoermer

Die Krankheit der Décadence

> Einige Tage später verließ Gustav von Aschenbach, da er sich leidend fühlte, das Bäderhotel zu späterer Morgenstunde als gewöhnlich. Er hatte mit gewissen, nur halb körperlichen Schwindelanfällen zu kämpfen, die von einer heftig aufsteigenden Angst begleitet waren, einem Gefühl der Ausweg- und Aussichtslosigkeit, von dem nicht klar wurde, ob es sich auf die äußere Welt oder auf seine Existenz bezog.[1]

In dem Gefühl der Aussichtslosigkeit täuscht Gustav von Aschenbach sich nicht. Als Protagonist einer berühmten Erzählung mit dem Titel *Der Tod in Venedig* läuft er von Beginn seiner fiktiven Existenz an darauf zu, seinen Tod in Venedig zu finden und zwar vor dem Ende der Erzählung, in der er lebt. Als Aschenbach vom Schwindel ergriffen wird, ist die Erzählung nur noch anderthalb Druckseiten von jenem lakonischen Schlussabsatz entfernt, der die traurige Gewissheit bringt:

> Minuten vergingen, bis man dem seitlich im Stuhle Hinabgesunkenen zu Hilfe eilte. Man brachte ihn auf sein Zimmer. Und noch desselben Tages empfing eine respektvoll erschütterte Welt die Nachricht von seinem Tode.[2]

Aschenbachs Schwindelzustand gehört zu jenen drastischen Ausprägungen, die Kants, in seiner *Anthropologie* gestellte, Diagnose bestätigen, dass die „Ohnmacht, welche auf einen Schwindel [...] zu folgen pflegt, [...] ein Vorspiel von dem Tod" sei.[3] Dass es sich so verhält, hat hier seinen guten medizinischen Grund. Um das symbolische Gewebe, das die Erzählung hervorbringt, nicht in einem einzigen harten Knoten zuzuknüpfen, wird es zwar nicht ausdrücklich bestätigt, dass Aschenbach sich mit der Cholera infiziert hat; es wird aber, um der Kunst einer im Medium des Realismus generierten Symbolik willen, fast zwingend nahe gelegt. Der Choleraerreger ist keineswegs ein beliebiges Mittel, um Aschenbach den Tod zu geben. Das Interesse gilt zwar nicht dem medizinischen Krankheitsbild selbst;[4]

---

1 Thomas Mann: Der Tod in Venedig (1911). In: Ders.: Sämtliche Erzählungen. Frankfurt a. M. 1963, S. 353-417. Hier: S. 415.

2 Ebd., S. 417.

3 Immanuel Kant: Anthropologie in pragmatischer Hinsicht. In: Kant's Gesammelte Schriften. Hg. von der Preußischen Akademie der Wissenschaften. Berlin 1902 ff., Bd. VII. Hier: S. 165. – Vgl. den Abschnitt V der Einleitung zu diesem Band.

4 Dessen typischer Verlauf schließt Durchfall und Erbrechen ein. Nur bei der Cholera sicca oder fulminans kann es schon vor Auftreten der Brechanfälle in wenigen Stunden zum Tod kommen. Für den Schwindel, der nicht als typisches Symptom angeführt wird, könnten wohl Herzrhythmusstörungen verantwortlich sein, die sich gelegentlich im Krankheitsverlauf einstellen.

aber es gilt den kulturellen Implikationen der Krankheit. Deren Ursprung wird in eben jener exotischen Urwelt- und Inselwildnis[5] vermutet, die das ursprüngliche Ziel von Aschenbachs anfallartig entstandener Reiselust war; eine Infektion, deren Ausbreitung vor allem durch eine mangelhafte Hygiene befördert wird; eine vulgäre Seuche, die ihre Opfer ohne Unterschied wählt. Eine Krankheit also, die repräsentiert, was der Prozess der Zivilisation für den mitteleuropäischen Bürger auf Distanz rückte und wonach sich ein diszipliniertes Subjekt zurücksehnen mag. Dass Aschenbach sich dem Risiko der Infektion nicht entzieht, dass er es bewusst forciert, verweist allerdings auf die Gewalt einer Infektion, die ihn ergriffen hat, ehe er damit beginnt, im verseuchten Venedig überreife Erdbeeren zu konsumieren. Der Erreger dieser Infektion ist ein erotisches Bild. Ein Bild, das er als überlegener Genießer ausschmecken möchte, das sich aber in seinem Inneren ausbreitet, die wenig haltbare Struktur seines in Selbstbeherrschung geformten Ichs zerstört und ihn in die Abhängigkeit eines Süchtigen versetzt.

Im Hinblick auf diese psychische Infektion lässt sich Aschenbachs Schwindel ohne große Schwierigkeiten in Freuds frühes Bild der Angstneurose einordnen. In der von Freud isolierten „Symptomengruppe der Angstneurose" nimmt der Schwindel eine hervorragende Stellung ein.[6] Symptom einer Störung, die wie Freud vermutet, durch die „Ablenkung der somatischen Sexualerregung vom Psychischen und eine dadurch verursachte abnorme Verwendung dieser Erregung" hervorgerufen wird.[7] Nur der „normale" Koitus scheint Freud als „spezifische oder adäquate Aktion" dazu geeignet, die libidinöse Spannung abzubauen und die „Nervenendigungen von dem auf ihnen lastenden Druck" zu befreien.[8] Sexualerregung, die wie jene Aschenbachs die Bahnen ihrer normalen Abfuhr verlässt, verwandelt sich in frei flottierende Angst und erzeugt Schwindel. Freud hat dieses energetische Modell, das den Maßstab geglückter Lusterzeugung und -verarbeitung naturalisiert, in seiner späten Studie *Hemmung, Symptom und Angst* grundlegend revidiert. Schon der frühe Versuch, die Angstneurose als rein somatischen Mechanismus von anderen Neurosen zu unterscheiden, räumt aber ein, dass es sich dabei um eine analytische Herauslösung handelt, die selten isoliert und oft als Seitenstück psychischer Komplexionen in der libidinösen Ökonomie auftritt.

Wie im Falle der Cholerainfektion kommt es auch im Hinblick auf die Angstneurose nicht darauf an, in der Erzählung nach einer im Sinne individueller Diagnostizierbarkeit präzisierten Symptomatik zu suchen, die eindeutige ätiologische Interpretationen ermöglichen würde. Freud selbst sah in der individuellen Neurose gelegentlich die pathologi-

---

5 Der Tod in Venedig, wie Anm. 1, S. 407.

6 Sigmund Freud: Über die Berechtigung von der Neurasthenie einen bestimmten Symptomkomplex als ‚Angst-Neurose' abzutrennen.: In: Ders.: Gesammelte Werke. Frankfurt a. M. 1999, Bd. 1, S. 313-342, hier S. 320. – Vgl. Anm. 69 der Einleitung zu diesem Band.

7 Ebd., S. 334.

8 Ebd., S. 335.

sche Rückseite eines Prozesses, der im Allgemeinen für die Konstitution von Kultur in Anspruch genommen wird.[9] Und die in der Literatur des Fin de siècle verbreitete und von Thomas Mann geteilte Faszination für die neurotischen Krankheitsbilder der Neurasthenie und Hysterie richtet sich genau auf diesen kulturellen Symbolwert. Dieser bestimmt sich im Hinblick auf intellektuelle und anthropologische Problemlagen, deren Gesamtheit man, einem dominanten Interpretationsschema der Zeit folgend, als Krankheit der Dekadenz bezeichnen kann.[10]

In der typischen Konstruktion dieses kulturellen Krankheitsbildes verschwimmen erbbiologische Thesen von der Degeneration des Willens in der Vererbungsfolge mit der Kritik an Rationalisierung und einer moralisch ungezügelten, kritischen Erkenntnis, die Glaubensinhalte und verbindliche Traditionsbestände historisch, kulturell und psychologisch relativiert. Die kritische Defundierung kulturtragender Konventionen, wie sie z.B. Nietzsches Ausführungen *Über Wahrheit und Lüge im aussermoralischen Sinne* vornehmen, gilt dabei nicht nur mittelbar als Schwächung des Willens, sondern in dramatischer Inszenierung auch als unmittelbare Eröffnung eines schwindelerregenden Abgrunds.

Beispielhaft lässt etwa Hofmannsthal seinen Lord Chandos den Zusammenbruch der Konvention als Entbindung von der „Verpflichtung, nach einer festen Convention zu lü-

9 So bemerkt Freud in der Abhandlung über *Die „kulturelle" Sexualmoral und die moderne Nervosität* (1908): „Die für die Kulturarbeit verwertbaren Kräfte werden so zum großen Teile durch die Unterdrükkung der sogenannt perversen Anteile der Sexualerregung gewonnen." (In: Gesammelte Werke, wie Anm. 6, Bd. VII S. 141-167, hier: S. 151.) – Entsprechend heißt es in den *Drei Abhandlungen zur Sexualtheorie* (1905): „Die nämlichen Wege aber, auf denen Sexualstörungen auf die übrigen Körperfunktionen übergreifen, müßten auch in der Gesundheit einer anderen wichtigen Leistung dienen. Auf ihnen müßte sich die Heranziehung der sexuellen Triebkräfte zu anderen als sexuellen Zielen, also die Sublimierung der Sexualität vollziehen." (In: Gesammelte Werke, wie Anm. 6., Bd. V, S. 27-145, hier: S. 107. – Die Nähe der pathologischen Verdrängung und Umbesetzung zur kulturellen Indienstnahme der Libido für wertvolle soziale Ziele hat Freud nicht wenig zu schaffen gemacht. Einerseits kommt er in seiner Studie über den *Witz und seine Beziehung zum Unbewussten* (1905) zu dem Ergebnis, dass die „Kultur [...] einen großen Einfluß auf die Ausbildung der Verdrängung" hat und durch „die Verdrängungsarbeit der Kultur [...] primäre, jetzt aber von der Zensur in uns verworfene, Genußmöglichkeiten verloren" gehen. (In: Gesammelte Werke, wie Anm. 6, Bd. VI, S. 110 f.) Andererseits möchte er die wertvolle Möglichkeit der Sublimierung doch auch von der pathologischen Verdrängung unterscheiden und bestimmt deshalb in den Vorlesungen *Über Psychoanalyse* (1909) die Verdrängung als Hemmnis der Sublimierung und die „Aufhebung der Verdrängung" als jene wünschenswerte Leistung der Psychoanalyse, die den „Weg zur Sublimierung wieder frei" macht. (In: Gesammelte Werke, wie Anm. 6, Bd. VIII, S. 1-60, hier: S. 58.) In der Polemik gegen Adler findet er sich dagegen wieder zu der bündigen Feststellung bereit, „daß die Kultur auf den Verdrängungsleistungen früherer Generationen ruht, und daß jede neue Generation aufgefordert wird, diese Kultur durch Vollziehung derselben Verdrängungen zu erhalten." (Zur Geschichte der psychoanalytischen Bewegung (1914). In: Gesammelte Werke, wie Anm. 6, Bd. X, S. 43-113. Hier: S. 101.)

10 Vgl. dazu u.a.: Thomas Sprecher (Hg.): Literatur und Krankheit im Fin-de-Siècle (1890-1914). Thomas Mann im Europäischen Kontext. Frankfurt a. M. 2002.

gen", erleben.[11] Der fingierte Briefpartner Francis Bacons, selbst nicht nur zur poetischen Sinnstiftung überaus begabt, sondern auch hoffnungsvoll in Projekten einer enzyklopädischen Synthesis des Wissens engagiert, verliert mit einem Mal den Maßstab der Gewohnheit. In einer von ihm selbst als unerklärliche Erkrankung wahrgenommenen und trotzdem nicht zu distanzierenden Entstellung der Wahrnehmung, geraten die Reden und Handlungen seiner Mitmenschen ihm in eine unheimliche analytische Nähe, in der sie „so unbeweisbar, so lügenhaft, so löchrig wie nur möglich" erscheinen.[12] Zentraler Schauplatz des Zerfalls ist die Sprache als weitestes Medium der Konvention:

> Es zerfiel mir alles in Teile, die Teile wieder in Teile, und nichts mehr ließ sich mit einem Begriff umspannen. Die einzelnen Worte schwammen um mich; sie gerannen zu Augen, die mich anstarrten und in die ich wieder hineinstarren muß: Wirbel sind sie, in die hinabzusehen mich schwindelt, die sich unaufhaltsam drehen und durch die hindurch man ins Leere kommt.[13]

Bezeichnenderweise erlebt Chandos neben diesem irritierenden Schwindel, der ihn in eine depressive Ermattung führt, dann auch eine Art guten Schwindel der ästhetischen Epiphanie und eines brodelnden imaginären Denkens: „Es sind gleichfalls Wirbel, aber solche, die nicht wie die Wirbel der Sprache ins Bodenlose zu führen scheinen, sondern irgendwie in mich selber und in den tiefsten Schoß des Friedens."[14] Aber beide Arten des Schwindels sind nicht voneinander zu lösen. Und wenn für Hofmannsthals ‚Chandos' der Zerfall der Konvention ein beängstigendes Widerfahrnis und die infolge dieses Geschehens sich einstellenden augenblickshaften ästhetischen Intensitätserlebnisse eher ein schwacher Trost sind, so gibt es umgekehrt von der Décadence bis zum Expressionismus immer wieder den programmatischen Versuch, durch bewusste Zerstörung der Konventionen und des von diesen konstituierten Ichs das ästhetische Empfinden zu steigern, von dem stumpfen Sinn der Bedeutungen zur Intensität des Seins vorzudringen. Baudelaire, der Archetyp des Dekadenten, erinnert in seinen nachgelassenen Aufzeichnungen unter dem bedeutsamen Titel „Hygiene", inzwischen also etwas besorgt, an seinen zerstörerischen Weg der Sensibilisierung:

> Immer habe ich den Abgrund gespürt, nicht nur den Abgrund des Schlafes, sondern auch den Abgrund des Handelns, des Traums, der Erinnerung, des Begehrens, der Schuldgefühle, des Selbstmitleids, des Schönen, der Zahl, usw. ... Ich habe meine Hysterie genussvoll und mit Schrecken kultiviert. Jetzt ist

11 Friedrich Nietzsche: Über Wahrheit und Lüge im aussermoralischen Sinne. In: Ders.: Sämtliche Werke. Kritische Studienausgabe, hg. von Giorgio Colli und Mazzino Montinari, 2. durchgesehene Aufl. München 1988, Bd. 1, S. 873-890. Hier: S. 881.

12 Hugo von Hofmannsthal: Ein Brief. In: Ders.: Sämtliche Werke. Kritische Ausgabe, veranstaltet vom Freien Deutschen Hochstift, hg. von Rudolf Hirsch, Christoph Perels und Heinz Rölleke, Bd. 31 Erfundene Gespräche und Briefe. Frankfurt a. M. 1991, S. 45-55. Hier: S. 49.

13 Ebd.

14 Ebd., S. 54.

> mir immerzu schwindlig, und heute, den 23. Januar 1862, ist eine sonderbare Warnung an mich ergangen; ich fühlte *das Wehen des Flügels der Verblödung* über mich hinstreichen.[15]

Aschenbach lebt in dem Bewusstsein, rechtzeitig von solchen selbstzerstörerischen Bahnen des Intellekts abgebogen zu sein. Noch ehe eine hypersensibilisierte Wahrnehmung das Wehen des Flügels der Verblödung als Warnung vernehmen kann, hat er sein Leben der Hygiene unterworfen und die Sympathie mit dem Abgrund aufgekündigt. Auf der Höhe seines Ruhms formuliert er in klassizistisch vollendeter Form den Willen zu Moral und Leistung im Einverständnis mit seiner Leserschaft und zum pädagogischen Gebrauch in Schullesebüchern. Zucht und Selbstzucht werden zur Stabilisierung der Produktion aufgeboten; und selbst das Reisen, dass ihm dann zum Verhängnis wird, wird „nicht anders denn als eine hygienische Maßregel betrachtet, die gegen Sinn und Neigung dann und wann hatte getroffen werden müssen".[16] Doch das „Wunder der wiedergeborenen Unbefangenheit", das er durch „moralische Entschlossenheit jenseits des Wissens" erwirkt zu haben glaubt,[17] bleibt ein trügerisches, labiles Gebilde. Die Gefährdung geht allerdings nicht von jenem Abgrund des Wissens aus, über den hinwegzusehen sich Aschenbach entschlossen hat. Auch Aschenbach steigt nicht zweimal in denselben Fluss, und wenn er sich am Ende der Erzählung abermals dem Abgrund nahe sieht und dann tatsächlich vom Schwindel ergriffen wird, so handelt es sich, wie er selber bemerkt, um einen Abgrund, auf den ihn gerade sein Versuch, der Dekadenz zu entkommen, zubewegt hat. Nicht der abgründige Zweifel holt ihn ein, sondern die interne Ambivalenz jenes Willens, den er mit dem Entschluss, „das Wissen zu leugnen, es abzulehnen, erhobenen Hauptes darüber hinwegzugehen", zu stärken hoffte.[18] Als Willen zur kulturell gültigen Form versucht dieser Wille das Wollen der Lust zu ökonomisieren. Und die Vorgeschichte von Aschenbachs Schwindelanfall ist in erster Linie die Geschichte des Versagens dieser Ökonomie. Sie beginnt damit, dass die Quelle der Lust im Dienste der Meisterschaft versiegt. Die Lust entzieht sich dem gezügelten Gebrauch des Autors, der sie unterbrechen, ordnen, in vollendete Formen einfrieren will. Das Werk selber gerät ins Stocken, „Skrupel der Unlust, die sich als eine durch nichts mehr zu befriedigende Ungenügsamkeit" darstellt, richten eine unüberwindbare Barriere

---

15 Charles Baudelaire: Œuvres complètes, hg. von Claude Pichois. Paris 1975-76, Bd. 2, S. 493. Zitiert nach der deutschen Übersetzung von Andreas Hiepko. Vgl. ders.: Die schönen Tode des Autors. Das Beispiel Baudelaire. In: Hans Richard Brittnacher, Fabian Stoermer (Hg.): Der schöne Schein der Kunst und seine Schatten. Bielefeld 2000, S. 178-192, hier: S. 181. – Der Schwindel von ‚Chandos' stellt sich ziemlich genau auf der Grenze zwischen Skeptizismus und neuer Mystik, zwischen provoziertem Selbstverlust und religiöser Selbstvergewisserung ein, die u. a. Fritz Mauthner bezeichnet hat: „Nach rückwärts blickend ist Sprachkritik alles zermalmende Skepsis, nach vorwärts blickend, mit Illusionen spielend, ist sie Sehnsucht nach Einheit, ist sie Mystik." (Mauthner: Gottlose Mystik. Dresden o.J., S. 108f.)

16 Der Tod in Venedig, wie Anm. 1, S. 355.

17 Ebd., S. 362.

18 Ebd., S. 361.

auf.[19] Die Lust, die der Ordnung der Produktion entwichen ist, taucht statt dessen an einem anderen Ort auf, anfallartig „und ins Leidenschaftliche, ja bis zur Sinnestäuschung gesteigert".[20] Und sie taucht in genau jener Form auf, die ihre Loslösung vom Ort der Produktion signalisiert, als Reiselust, in der Aschenbach selbst ohne Umstände einen „Fluchtdrang" erkennt, „Drang hinweg vom Werke, von der Alltagsstätte eines starren, kalten und leidenschaftlichen Dienstes".[21] Aschenbach versteht diesen Impuls sehr genau als Signal für eine Störung der produktiven Ökonomie und versucht diese als vernünftiger Patriarch im eigenen Hause ohne übertriebenen Aufwand zu beheben: „Zufuhr neuen Blutes" tut not.[22] Man muss den Wunsch respektieren; wenn man verhindern will, dass er sich selbständig macht und die Kontrolle über die Einbildungskraft übernimmt, muss man ihm ein akzeptables Angebot machen. Wenn man nicht, statt in München mit Lust am Schreibtisch zu sitzen, sich von der Lust in wahnhafte Urwelten entführen lassen will, muss man ein wenig reisen. Aber nicht unbedingt ins Herz der Finsternis, sondern zu jenem „Fremdartigen und Bezugslosen, welches [...] rasch zu erreichen" ist.[23] Diese ‚Mäßigung und Richtigstellung', die der Rückgewinnung der Wunschenergie dienen soll, erweist sich als allzu klug und statt einer erfolgreichen Selbsttherapie beginnt ein erfolgloser Kampf. Dessen Schauplatz ist Aschenbachs zur kulturhistorischen Szene ausgeweitete Seele, in der sich ziemlich unmaskiert die vielleicht beliebtesten mythologischen Denkfiguren der Zeit begegnen: Dionysos und Apoll in der Figuration von Nietzsches *Geburt der Tragödie.* Bei Nietzsche führt die glückliche Ehe der göttlichen Prinzipien von Rausch und Traum, Lust und Gestalt, Energie und Ordnung bekanntlich zur Geburt der griechischen Kultur des klassischen Zeitalters, insbesondere der antiken Tragödie. Und auch Aschenbach scheint es für einen Moment zu gelingen, sich in der gesegneten Hauswirtschaft dieser Homosexuellenehe einzurichten. Am Lido schreibt er, den geliebten Tadzio vor Augen, mit seinem „Stil den Linien dieses Körpers" folgend, anderthalb Seiten erlesener Prosa, „deren Lauterkeit, Adel und schwingende Gefühlsspannung binnen kurzem die Bewunderung vieler erregen sollte".[24] Tatsächlich aber bleibt diese Sublimierung im Hinblick auf die Beilegung des anthropologischen Konflikts erfolglos, weil in ihrem Ästhetizismus, der die Lust immer schon im plastischen Lustobjekt repräsentiert, Dionysos nicht auf seine Kosten kommt.

---

19 Ebd., S. 356.

20 Ebd., S. 355.

21 Ebd., S. 356.

22 Ebd., S. 357. – Nach der zweifelhaften und nur bedingt in eine kulturtheoretische Metaphorik aufzulösenden Theorie der Blutmischung, die in Thomas Manns frühen Künstlernovellen allerorten für die autobiographisch inspirierte Erklärung der ambivalenten Persönlichkeitsstruktur der jeweiligen Protagonisten herangezogen wird, fehlt Aschenbach die Zufuhr des „raschere[n], sinnlichere[n] Blut[es]", das „in der vorigen Generation durch die Mutter des Dichters, Tochter eines böhmischen Kapellmeisters" der Familie zugekommen war. (Ebd., S. 358.)

23 Ebd., S. 364.

24 Ebd., S. 391.

Als Klassizist, der er ist, nimmt Aschenbach Tadzio gleichsam apriorisch „in bildmäßigem Abstand“ wahr,[25] sieht ihn spontan als „griechische[s] Bildwerk aus edelster Zeit“[26] und interpretiert seine eigene Begeisterung in den Bahnen von Platons *Phaidros* als Aufstiegsenergie zur Idee des Schönen. Statt, wie es sich Nietzsche wünschte, aus dem dionysischen Rausch halluzinatorisch aufzusteigen,[27] geht der ästhetische Schein bei Aschenbach jedem Rausch und Wunsch und Wollen als habitualisiertes Wahrnehmungsmuster und also als ideologischer Vorschein voran. Dem entspricht seine Interpretation in der Linie der platonischen Ideenlehre. Gerade weil es Aschenbach aber so gut gelingt, seine Lust spontan in kulturell akzeptierten Formen zu interpretieren, lässt er diese Lust selbst erneut als unbestimmte und deshalb skandalöse Energie zurück. Seine Reise führt ihn zwar genau in seine Fremde: zu einem Begehren, als dessen Subjekt er sich auf eigenartige Weise entstellt, ja ekelhaft erscheint; aber sie entfernt ihn nicht weit genug von den ideologischen Imperativen, die seinen Schreibtisch regieren, um statt der Katastrophe seiner gewohnten Ökonomie eine neue zu ermöglichen. Dionysos, von der apollinischen Überbelichtung des Liebesobjekts in den Schatten gestellt, kehrt aus diesem Schatten als Macht der Zerstörung wieder, als Alptraum des Kultivierten. Der vom ästhetischen Bewusstsein abgeschirmte Wunsch formiert sich zum obszönen Kontrastbild der würdevollen Kalligraphie. Und in dieser Form erscheint Aschenbach seine Leidenschaft am Ende als der zweite, der letzte und unausweichliche Abgrund, an dem ihn der Schwindel ergreift. Dass Aschenbach selbst diesen Abgrund als drohendes Dunkel um das Kunstlicht seiner züchtenden Meisterschaft erzeugt, mindert dessen schwindelerregende Wirkung nicht. Tatsächlich verfällt Aschenbach zwar nicht in jenen gewaltsamen dionysischen Orgiasmus, als dessen Teilhaber er sich im Traum phantasiert,[28] aber er tritt in den banalen Schein des bewussten Selbstbetrugs ein, den der ver-

---

25 Ebd., S. 381.

26 Ebd., S. 373.

27 „[...] wir sehen Dionysos und die Mänaden [...] zum Schlafe niedergesunken [...]: und jetzt tritt Apollo an ihn heran und berührt ihn mit dem Lorbeer. Die dionysisch-musikalische Verzauberung des Schläfers sprüht jetzt gleichsam Bilderfunken um sich [...], die in ihrer höchsten Entfaltung Tragödien und dramatische Dithyramben heissen.“ (Friedrich Nietzsche: Die Geburt der Tragödie. In: Ders.: Sämtliche Werke, wie Anm. 11, Bd. 1, S. 9-156. Hier: S. 44.)

28 „In dieser Nacht hatte er einen furchtbaren Traum. [...] Angst war der Anfang, Angst und Lust und eine entsetzliche Neugier [...] von bewaldeter Höhe, zwischen Stämmen und moosigen Felstrümmern wälzte es sich und stürzte wirbelnd herab: Menschen, Tiere, ein Schwarm, eine tobende Rotte, – und überschwemmte die Halde mit Leibern, Flammen, Tumult und taumelndem Rundtanz. [...] sein Herz, sein Hirn kreiste, Wut ergriff ihn, Verblendung, betäubende Wollust, und seine Seele begehrte, sich anzuschließen dem Reigen des Gottes.“ (Der Tod in Venedig, wie Anm. 1, S. 409 ff.) – Ein halbes Jahrhundert nach dem Erscheinen des *Tod in Venedig* hat Wolfgang Koeppen in einer Art Replik auf Thomas Manns Erzählung, nämlich in seinem Roman *Der Tod in Rom*, vor dem Hintergrund der Erfahrungen des Nationalsozialismus und der Ermordung der europäischen Juden, seinen Protagonisten, den ehemaligen SS-Mann und KZ-Aufseher Judejahn, tatsächlich in jenem wilden Taumel zu Grunde gehen lassen, von dem Aschenbach nur in seinem (historisch hellsichtigen) Traum heimgesucht wird. Judejahn verfällt in einen Blut-

düsterte Wunsch hervorbringt: Er lässt seine rechtzeitige Abreise aus dem verseuchten Venedig scheitern, verschwört sich auf eigenartige Weise mit der Geschäftslüge der venezianischen Tourismusindustrie, die den Ausbruch der Cholera zu vertuschen sucht, lässt sich vom Coiffeur jene künstliche Jugend beibringen, die ihn selbst zum Bild seines Ekels macht, um am Ende den Schwindel als Ankündigung seines Todes zu erleiden. Aschenbach selbst deutet die Tatsache, dass er sich schließlich vor dem Abgrund sieht, dadurch, dass die „Dichter den Weg der Schönheit nicht gehen können, ohne daß Eros sich zugesellt" und sich zum Führer aufwirft, weil die Dichter es nicht vermögen, sich aufzuschwingen, sondern nur ausschweifen können.[29] Tatsächlich scheint es aber eben nicht die natürliche Verbindung der Schönheit mit der Lust, sondern die „eigene schöne Strenge" des Dichters zu sein,[30] die den Abgrund eröffnet, indem sie die Lust als infam verwirft.

Es kann nicht darum gehen, dieser bedrohlichen Interpretation der Lust, die sie zu einem schwindelerregenden Abgrund macht, eine natürliche Unschuld des Triebes oder eine gesunde Lösung der berühmten Spannung von Trieb und Geist entgegenzuhalten. Die großen Oppositionen, in denen die Kulturanthropologie der Dekadenz vorzugsweise argumentiert, und in denen sich Aschenbach schon lange vor seinem Untergang mit einem Essay über ‚Geist und Kunst' als Meister ‚antithetischer Beredsamkeit' ausgewiesen hat,[31] sind selbst Teil jenes diskursiven Regimes, das sich mit Vorliebe am Abgrund einrichtet und das man vielleicht dekonstruieren, aber kaum einfach verlassen kann. Die Unterscheidung zwischen bloß scheinbaren und tatsächlichen Abgründen erweist sich, unabhängig davon, dass es sich bei den Abgründen, von denen Aschenbach spricht, prinzipiell um metaphorische Abgründe handelt, als unbrauchbar, wo es um Ursachen des Schwindels geht: Denn der Schwindel steht nicht nur in seiner übertragenen Bedeutung, sondern auch als psycho-physische Erfahrung mit dem Schein im Bunde. Schwindel ist das Scheitern einer realistischen Interpretation. Er verweist systematisch auf die Anwendungsgrenzen von Realitätsentwürfen und damit nicht nur auf individuelle Defizite und die biologischen Grenzen des menschlichen Gleichgewichtssystems, sondern auch auf die notwendig beschränkte Integrationskraft kollektiver kultureller Realitätsentwürfe.

---

rausch, in dem seine aus (Selbst-)Hass und Gier zusammengesetzten sexuellen Gewaltphantasien willkürlich nach rassistischen Motiven greifen und darin münden, dass er besinnungslos „die Judentochter, die Entkommene, die Frau aus der Loge, das Weib, das er nackt in der Nacht über Rom in den Wolken gesehen hatte, Ilse Kürenberg" niederschießt. Kurz darauf taumelt er durch die Stadt seinem endgültigen Zusammenbruch entgegen: „Bei jedem Schritt hatte er das Gefühl, ins Bodenlose zu sinken, wegzugleiten, wegzugleiten für immer, er mußte in die Luft greifen, um sich an der Luft zu halten. Er wußte, was geschehen war, und er wußte nicht, was geschehen war." (Wolfgang Koeppen: Der Tod in Rom. In: Ders.: Gesammelte Werke in sechs Bänden, hg. von Marcel Reich-Ranicki in Zusammenarbeit mit Dagmar von Briel und Hans-Ulrich Treichel. Frankfurt a. M. 1990, Bd. 2, S. 391-580, hier: S. 576 f.)

29 Ebd., S. 414.

30 Ebd., S. 415.

31 Ebd., S. 358.

Aschenbachs Schwindel trägt einen historischen Index. Man kann auf den historischen Grund seines Abgrunds sehen und dort die bürgerliche Sexualmoral, ein vom Positivismus geschundenes metaphysisches Bedürfnis, die protestantische Ethik und den Geist des Kapitalismus erkennen, und man sieht dann, dass der „fremde Gott“[32] Dionysos in jener verheerenden Gestalt, in der er Aschenbach heimsucht, weder von Semele noch in Asien, sondern in Basel und München geboren wurde. Wirksamer Schein zu sein aber ist die allgemeine Bestimmung des Schwindels, und er tritt immer als jenes Phänomen auf, von dem entsprechend der Erfahrung Aschenbachs nicht klar ist, „ob es sich auf die äußere Welt oder auf [die] [...] eigene Existenz“ bezieht,[33] immer zwischen den bis zu einem gewissen Grade historisch objektivierbaren Bedingungen einer Welt und der Weise, in dieser Welt zu sein. Der Geist des Schwindels[34] ist eben nur der kränkelnde Bruder des Weltgeistes, der es nicht bis zur Erscheinung des Wesens bringt, sondern sich im Wesen des Scheins verfängt.

In Aschenbachs Schwindel erleidet das Ideal der ironischen Versöhnung des Geistes mit dem Leben, das Thomas Mann am Ende des *Tonio Kröger* (1903) als Ideal des bürgerlichen Künstlers ins Auge gefasst hatte und in der kulturkonservativen Kampfstellung der *Betrachtungen eines Unpolitischen* (1918) noch einmal rühmt, unabweislich Schiffbruch. Die im Gang der Erzählung entwickelte Ätiologie der Symptomatik des Schwindels stellt aber auch noch die kulturanthropologischen Oppositionsschemata, in denen sich Aschenbach bewegt und seinen Untergang interpretiert, als solche in Frage. Der Schwindel erreicht das zivilisierte Subjekt nicht von außen, aus einer fernen Fremde, der Urwildnis, sondern aus einem durch Verdrängung in seinem Innern als dunkler Kontinent abgespaltenen Teil seiner selbst; und er weist unmittelbar darauf hin, dass sich der Zusammenhang von Bewusstem und Unbewusstem, von dem, was in einer Kultur jeweils vorgestellt werden kann, und dem, was von der Repräsentation ausgeschlossen ist, gerade gegen den Versuch, die Unterscheidung von beidem gewaltsam zu befestigen, jenseits jeder rationalen Ökonomie der Darstellung und der Sublimierung Geltung verschafft.[35]

32 Ebd., S. 410.

33 Ebd., S. 415.

34 Vgl. zum „Schwindelgeist“ die Einleitung zu diesem Band, Abschnitt VII, S. 39.

35 Vgl. dazu u.a. die folgende Bemerkung von Viktor von Weizsäcker: „Sartre hat Freud mit einem gewissen Recht vorgeworfen, daß er das Ich und das Es substantialisiere, während diese eigentlich nicht Substanzen, sondern Funktionen seien, deren Grenze sich in der Masse des Psychischen fortgesetzt verschiebt. [...] Man kann immerhin versuchen, den originalen Schwindelzustand so zu beschreiben, daß in ihm das Ich mit dem Es verschmelze. Dabei benutzt man die Termini von Freud, macht aber deren technische Substantialisierung in gewissem Sinne rückgängig, indem man zwei Abstraktionen in einer aufgehen läßt, den Dualismus also aufhebt. Unverbindlicher und zu unserem Vorteil anschaulicher wäre, daß man das Erlebnis des Aufgehens in einer einheitlichen, monomorphen Zuständlichkeit in dem Gleichnis beschreibt: ‚Der Schwindel ist der Ort, an dem sich die Füchse in der Nacht begegnen.‘ Ein Fuchs wäre dann das Ich, ein anderer Fuchs das Es. Der Ort der Begegnung ist für beide Füchse derselbe, ununterscheidbar und in der Nacht. Das Gleichnis hat den Vorteil, daß es nicht so sehr etwas Vorhandenes *darstellt*, sondern auf

Für Aschenbach kann sich die so bestimmte Bedeutung des Schwindels nur in der fatalen Konsequenz des Todes erfüllen. Dies ist die unwillkürliche Interpretation des Schwindels, die von der individuellen Psychologie, die ihm sein Autor auferlegt hat, erzwungen wird. Die eigenartige Symptomatik des Schwindels selbst, die weniger auf eine vorhandene Ursache als auf die Problematik einer Unterscheidung vorhandener und abwesender Ursachen verweist, führt aber als solche über den Rahmen der individuellen psychologischen Diagnose hinaus und lässt andere Optionen offen, u. a. jene komödiantische, die Thomas Mann im *Felix Krull* verfolgen wird.

---

etwas Nichtvorhandenes *hinführt*. Eine solche Verschmelzung hat dann den Vorzug, daß wir durch sie das Verschmelzen und das Ungeschieden-Sein auch anderer kategorialer Unterschiede begreifen.“ (Viktor von Weizsäcker: Pathosophie. Göttingen 1956, S. 302 f.)

Doris Borelbach

„Ein Erdbeben ganz tief am Grunde“. Schwindelerfahrungen in Robert Musils *Die Verwirrungen des Zöglings Törleß*

Musils 1906 erstmals veröffentlichter Roman[1] ist in der streng abgegrenzten Welt eines Internats angesiedelt. Am Beispiel des Protagonisten Törleß veranschaulicht er eine Initiation im umfassenden Sinne: Die Einführung in die Welt der Erwachsenen erscheint hier als konfliktreiche Suche nach der eigenen Bestimmung, als Weg der (Selbst-)Erkenntnis, der an erste sexuelle Erfahrungen gekoppelt ist. Freilich jedoch geht es nicht um Pubertätspsychologie.[2] Vielmehr will Musil seinen Helden als Kunstfigur verstanden wissen, um modellhaft sinnlich-seelische oder intellektuelle Vorgänge des zukünftigen Künstlers darzustellen. In dem Maße wie die emotionalen, geistigen und moralischen Widersprüche, in die Törleß sich dabei verwickelt, von ihm selbst als destabilisierend erfahren werden, greift der Roman auf Schwindelphänomene zurück. Seine Irritationen stellen den Protagonisten in den Gegensatz zur realen Welt; sie entrücken ihn ihr gewissermaßen. Sie bringen eine Depersonalisierung mit sich, die als Verlust des Orientierungsvermögens oder gar als Zustand des Außer-sich-Seins spürbar werden kann. Dabei kommt es nicht selten zu einem tatsächlichen Schwinden der Sinne, bei dem der Körper ins Taumeln gerät und Törleß die Kontrolle über sich zu verlieren droht. Doch auch in einem zweiten, metaphorischen Sinne ist in Musils erstem Roman vom Schwindel die Rede: Als minderschwere Lüge, bei der sich jemand die Differenz zwischen Schein und Wirklichkeit zu Nutzen macht, um sein Gegenüber zu täuschen. Nicht zufällig kommt das Geschehen des eher handlungsarmen Romans mit einem Diebstahl in Gang. Diese Zweideutigkeit des Schwindels zwischen Schwanken und Betrug lässt Raum für effektvolle ästhetische Inzenierungen, die insbesondere dort zur Anschauung kommen, wo Törleß sich die Welt sinnlich anzueignen versucht. Insofern neben technischen auch soziale und intellektuelle Bedingungen für das Auftauchen von Schwindelphänomen mitverantwortlich sind, liegt es nahe, diese als Krisensymptome zu deuten, die nicht nur über individuelle Befindlichkeiten Auskunft geben, sondern auch über die Brüchigkeit kultureller und gesellschaftlicher Orientierungs-

1 Zitiert wird nach folgender Textausgabe: Robert Musil: Die Verwirrungen des Zöglings Törleß. Reinbek bei Hamburg 1957.

2 Vgl. Robert Musil: Briefe 1901-1942, hg. von A. Frisé. Reinbek bei Hamburg 1981, S. 46-47: „Dieses Buch ist nicht naturalistisch. Es gibt nicht Pubertätspsychologie wie viele andere, es ist symbolisch, es illustriert eine Idee...“

muster. Diese These steht im Zentrum der vorliegenden Untersuchung, die sich in drei Teile gliedert:

I Der Schwindel als Folge der sinnlich-triebhaften Verwirrungen Törleß'
II Die Epiphanie des Unendlichen und die imaginären Zahlen
III Törleß' Wahrnehmung der Wirklichkeit

I Der Schwindel als Folge der sinnlich-triebhaften Verwirrungen Törleß'

Wie die Jugend, die in Musils Roman als ästhetische Daseinsform aufgefasst ist, so ist auch der Schwindel ein Übergangszustand: Er bezeichnet den Zustand zwischen Stehen und Fallen, wie das Alter der Pubertät dasjenige zwischen Kindheit und Erwachsenenalter. Dass zwischen beiden Grenzphänomenen ein Zusammenhang besteht; genauer, dass die Jugend den Gefahren des Schwindels im besonderen Maße ausgesetzt ist, behauptet Musils Roman bereits auf den ersten Seiten:[3] „Wenn man da [= im Alter des Übergangs] solch einem jungen Menschen das Lächerliche seiner Person zur Einsicht bringen könnte, so würde der Boden unter ihm einbrechen, oder er würde wie ein erwachter Nachtwandler herabstürzen, der plötzlich nichts als Leere sieht." (S. 13) Doch ist der Kontrollverlust, der vom Schwindel herrührt, im *Törleß* nicht äußerlich bedingt, sondern immer wieder ein Resultat der Divergenz von Bewusstsein und Erfahrung, von Sprache und Erlebnis. Dazu ein erstes Beispiel. Auf dem Rückweg vom Bahnhof, wo er seine Eltern verabschiedet hat, ins Internat kommt der junge Törleß mit seinen Kameraden an einer ärmlichen, von Slawen bewohnten Siedlung vorbei, die als Kontrast zur bürgerlichen Oberschicht, der er entstammt, sein Interesse erregt. Seine sinnliche Veranlagung, „welche verborgener, mächtiger und dunkler gefärbt war als die seiner Freunde und sich schwerer äußerte" (S. 17), erwacht angesichts der als triebhaft-erotisch wahrgenommenen Szenerie zu heftiger, unbegriffener Sehnsucht. Die Aufwallung des Begehrens geht einher mit einem Schwindelerlebnis, bei dem die herausragende Bedeutung der Augenmetaphorik im Roman erstmals deutlich wird. Dabei ist die Aufmerksamkeit oder optische Fixierung, die sich als eines der bevorzugten Mittel der Abwehr des Schwindels bewährt hat,[4] hier gerade dessen Auslöser: „Er blickte mit so brennenden Augen durch die kleinen Fenster und winkligen, schmalen Torwege in das Innere der Häuser, daß es ihm beständig wie ein

3 Dies läßt sich auch durch andere literarische Beispiele belegen, die ebenfalls die Gründung eines künstlerischen Selbstbewusstseins zum Thema haben; man denke etwa an *A Portrait of the Artist as a Young Man* von James Joyce (1907-1914).

4 Vgl. Michael Hagner: Psychophysiologie und Selbsterfahrung. Metamorphosen des Schwindels und der Aufmerksamkeit im 19. Jahrhundert. In: Aleida und Jan Assmann (Hg.): Aufmerksamkeiten. München 2001, 241-263.

feines Netz vor den Augen tanzte." (S. 17) Im Roman erfolgt die Verknüpfung von Sexualität und Erkenntnis über Verbot und Geheimnis. Durch übergenaues Hinsehen versucht Törleß, dem auf die Spur zu kommen, was sich hinter der Wirklichkeit verbirgt, wobei er diese zur metaphysischen Symbolhaftigkeit steigert. Dabei mutet er dem Auge als dem zentralen Organ des Bewusstseins zu, was seine Leistungsfähigkeit freilich übersteigt. Nicht zufällig wird er in diesem Zusammenhang Opfer einer Sinnestäuschung. Die Beziehung zwischen dem Versagen der optischen Wahrnehmung und dem Verlust der Fassungskraft wird hier zum ersten Mal in Musils Roman inszeniert:

> Er dachte an alte Malereien, die er in Museen gesehen hatte, ohne sie recht zu verstehen. Er wartete auf irgend etwas, so wie er vor diesen Bildern immer auf etwas gewartet hatte, das sich nie ereignete. Worauf...? ...Auf etwas Überraschendes, noch nie Gesehenes; auf einen ungeheuerlichen Anblick, von dem er sich nicht die geringste Vorstellung machen konnte; auf irgend etwas von fürchterlicher, tierischer Sinnlichkeit; das ihn wie mit Krallen packe und von den Augen aus zerreiße; auf ein Erlebnis, das in irgendeiner noch ganz unklaren Weise mit den schmutzigen Kitteln der Weiber, mit ihren rauhen Händen, mit der Niedrigkeit ihrer Stuben, mit...mit einer Beschmutzung an dem Kot der Höfe ... zusammenhängen müsse.... Nein, nein; ...er fühlte jetzt nur mehr das feurige Netz vor den Augen; die Worte sagten es nicht; so arg wie es die Worte machen, ist es gar nicht; es ist etwas ganz Stummes, – ein Würgen in der Kehle, ein kaum merkbarer Gedanke, und nur dann, wenn man es durchaus mit Worten sagen wollte, käme es so heraus; aber dann ist es auch nur mehr entfernt ähnlich, wie in einer riesigen Vergrößerung, wo man nicht nur alles deutlicher sieht, sondern auch Dinge, die gar nicht da sind. (S. 17, 18)

Die innere Erschütterung, die mit dem Schwindelanfall einhergeht, markiert Musil durch den Bruch mit dem traditionellen sprachlichen Formgesetz. Ekstatisches Sprechen und Sprachversagen, Fragmentierung, plötzliches Verstummen, referenzlose Bilder, die ihrerseits Entgrenzungserlebnisse zum Thema haben, sowie Bilderflut sind die Charakteristika dieser Passage, die in erlebter Rede gegeben ist. Sie zeigt das Versagen aller Begriffe vor der Wirklichkeit. Törleß' Irritation wird nicht beschrieben, sondern unmittelbar vor uns hingestellt. Sie erfasst die ganze Person und gibt sie Schwindelgefühlen anheim. Insofern diese hier als destabilisierend erfahren werden, stehen sie im Zeichen der Krise des Subjekts und der Erkenntnis. Als solche haben sie durchaus zeittypischen Charakter. (Man denke nur an den Chandos-Brief von Hofmannsthal, wo die Augenmetaphorik ebenfalls eine herausragende Rolle spielt: „Die einzelnen Worte schwammen um mich; sie gerannen zu Augen, die mich anstarrten und in die ich wieder hineinstarren muß: Wirbel sind sie, in die hinabzusehen mich schwindelt, die sich unaufhaltsam drehen und durch die hindurch man ins Leere kommt.")[5] Verstanden als Phänomen kultureller Signifikanz gewinnt der Schwindel allgemeinere Bedeutung: Er verweist auf die Situation einer veränderten Wahrnehmungs- und Erlebnisstruktur, die u. a. von der Entwicklung der Wis-

5 Hugo von Hofmannsthal: Ein Brief. In: Gesammelte Werke, hg. von Herbert Steiner. Prosa II. Frankfurt a. M. 1976, S. 7-20.

senschaften bedingt ist und z. B. als beschleunigte Modernisierung oder als Störung sozialer Kommunikation erfahrbar wird. Dabei handelt es sich jedoch nicht zwingend um ein angstbesetztes Erlebnis, das abgewehrt werden will. Davon, dass der Schwindel ebenfalls ein euphorischer, rauschhafter Zustand sein kann, legt auch Musils Roman Zeugnis ab. Dies zeigt sich z. B. dort, wo Törleß sich schreibend Rechenschaft abgibt über seine Empfindungen und gewissermaßen künstlich illusorische Vorstellungen heraufbeschwört. Diese Momente gesteigerter Intensität des Erlebens haben für ihn einen geradezu erotischen Reiz:

> Törleß saß also ganz still und starr, sah unaufhörlich zu Basini hinüber und war ganz in dem tollen Wirbeln seines Inneren befangen. Und immer wieder tauchte daraus die eine Frage auf: Was ist das für eine besondere Eigenschaft, die ich besitze? Allmählich sah er weder Basini mehr, noch die heiß glosenden Lampen, noch fühlte er die tierische Wärme ringsumher, noch das Summen und Brausen, das aus einer Menge von Menschen, selbst wenn sie nur flüstern, aufsteigt. Wie eine heiße, dunkel glühende Masse schwang das alles ununterschieden im Kreise um ihn. [...] Er befand sich in jenem Zustande eines mehr seelischen als körperlichen Fiebers, den er sehr liebte. Immer mehr wuchs diese Stimmung, der auch zärtliche Regungen beigemengt waren, an. (S. 91)

Die Ambivalenz des Schwindels zwischen existentieller Verunsicherung einerseits und lustvoller Grenzüberschreitung andererseits manifestiert sich vor allem im Zusammenhang mit Törleß' Interesse an Basini. Die Dachbodenszene, bei der es erstmalig zu Folterungen kommt, ist dafür ein probates Beispiel. Ohne direkt in Aktion zu treten, nimmt Törleß auf seine Weise an den Aktionen gegen den Mitschüler teil. Die Szene beobachtend, versucht er Erkenntnisse über einen Menschen zu gewinnen, der sich in eine Extremsituation gebracht hat und sich ihr mit allen Konsequenzen unterwirft. Die seelische und sexuelle Angespanntheit, in der Törleß sich dabei befindet, geht einher mit den Verlockungen der Selbstaufgabe, aber auch mit Angst vor dem Kontrollverlust. So stark sind die emotionalen Eindrücke, dass Törleß tatsächlich droht, das Gleichgewicht zu verlieren:

> Dann war wieder das Verlangen stärker. Es zog ihn von seinem Sitze hinunter – auf die Knie; auf den Boden. Es trieb ihn, seinen Leib gegen die Dielen zu pressen; er fühlte, wie seine Augen groß werden würden wie die eines Fisches, er fühlte durch den nackten Leib hindurch sein Herz gegen das Holz schlagen. – Nun war wirklich eine mächtige Aufregung in Törleß, und er mußte sich an seinem Balken festhalten, um sich gegen den Schwindel zu sichern, der ihn hinabzog. – Auf seiner Stirne standen Schweißperlen, und er fragte sich ängstlich, was dies alles zu bedeuten habe? (S. 70)

Um sich gewissermaßen vor sich selbst zu rechtfertigen, begründet Törleß die Verwirrungen seiner Seele mit einer somatischen Irritation: „Er schämte sich dessen; aber es hatte ihm wie eine mächtige Blutwelle daherflutend den Kopf benommen." (S. 70) Später, als es zu der eigentlichen Verführung kommt, wird der Widerspruch zwischen Törleß' Vernunft bzw. verinnerlichter Moral, die „die Unsinnigkeit eines solchen Unterfangens" geltend machen, und einem „förmlich physische[n] Zwang" (S. 97), der sich schließlich durchsetzt, in einem Schwindelanfall ausagiert: „Törleß war noch immer nicht Herr seiner Handlungen. Einen Augenblick saß er still und starrte dem Schlafenden ins Gesicht. Jene kurzen, abgerissenen, gleichsam nur den Situationsbefund konstatierenden Gedanken zuckten durch sein Gehirn, die man hat, wenn man sein Gleichgewicht verliert, stürzt oder wenn einem ein Gegenstand aus den Händen gerissen wird.“ (S. 97)

II Die Epiphanie des Unendlichen und die imagimären Zahlen

Die Affinität des Schwindels zu Problemstellungen erkenntnistheoretischer Natur, wie sie bereits im Zusammenhang mit der Sprachkrise deutlich wurden, zeigt sich auch dort, wo es um abstrakte Phänomene geht. In dem Maße, in dem ihn seine seelisch-sinnlichen Verwirrungen immer stärker bedrängen, sucht Törleß Halt in der Wissenschaft. In der vermeintlich exakten Mathematik sucht er nicht nur den absoluten Wert; er erhofft sich von ihr auch nachvollziehbare Erklärungen, die seinem Denken Sicherheit zu geben vermögen. Doch ist seine Zuversicht von Anfang an von Zweifeln begleitet. Bereits im Konditorei-Gespräch mit Beineberg, das die Schulfächer Trigonometrie und Religion zum Gegenstand hat, spottet er über mangelnde Erkenntnisgewissheit. Törleß behauptet hier: „Ich glaube, wenn ich so recht im Zug bin, könnte ich gerade so gut beweisen, daß zweimal zwei fünf ist, wie daß es nur einen Gott geben kann.... [...] Es gibt immer einen Punkt, wo man dann nicht mehr weiß, ob man lügt oder ob das, was man erfunden hat, wahrer ist als man selber.“ (S. 22) Dem Protagonisten zufolge handelt es sich bei dem, was den Verstand übersteigt, um einen doppelten Schwindel. Zum einen versteht er Schwindel metaphorisch, als Betrug: „Nun ich meine es ja nicht wörtlich. Man weiß ja gewiß immer, daß man schwindelt; aber trotzdem erscheint einem selbst die Sache mitunter so glaubwürdig, daß man gewissermaßen, von seinen eigenen Gedanken gefangengenommen, stillsteht.“ (S. 22) Zum anderen macht er gleich im nächsten Satz auf dessen psychophysische Bedeutung aufmerksam: „Es geht einem so ein Ruck durch den Kopf, ein Schwindel, ein Erschrecken.“ (S. 23) Dieselbe Ambivalenz tritt in Erscheinung, als sich das theoretische Problem der imaginären Zahlen, der „Quadratwurzel aus negativ Eins“, stellt. Es erscheint Törleß höchst irritierend, dass bei dieser Operation etwas nicht Existierendes die Verbindung zwischen wirklichen Zahlen herstellt: „Für mich hat so eine Rechnung etwas Schwindliges; als ob es ein Stück des Weges weiß Gott wohin ginge. Das eigentlich Unheimliche ist mir aber die Kraft, die in solch einer Rechnung steckt und einen so festhält, daß man doch wieder richtig landet.“ (S. 74) Doch der vertröstende Hinweis des Mathematiklehrers, den er um eine Erklärung bittet, dass er vorerst an diese „rein mathematischen Denknotwendigkeiten“ (S. 77) glauben müsse, ist für Törleß nicht hinreichend. Enttäuscht spricht er in der folgenden Diskussion mit Beineberg davon, dass er betrogen worden sei, wobei ebenfalls die Metapher des Schwindels auftaucht: „Das ist ja der Schwindel! Einem Menschen, der nichts wie vernünftig ist, vermögen sie ihre Geschichten nicht vorzuerzählen. Erst wenn er zehn Jahre hindurch mürbe gemacht wurde, geht es." (S. 81) Die Scheinhaftigkeit des Wirklichen, die Törleß angesichts der Grund- und Bodenlosigkeit der menschlichen Weltorientierung empfindet, wurde von Musil in seinem Essay *Der mathematische Mensch* nicht zufällig ebenfalls als doppelter Schwindel beschrieben. Laut Musil besteht das Abenteuerliche und Beunruhigende der Mathematik darin, „daß irgendetwas in ihren Fundamenten absolut nicht in Ordnung zu bringen sei und daß das ganze Gebäude in der Luft stehe. Da unser Dasein aber bis in die alltäglichsten Dinge von den Ergebnissen der Mathematik abhängt, muß man also vermuten, daß wir aufgrund eines Irrtums leben. Die Festigkeit und logische Gesichertheit der Welt ist offenbar eine Täuschung; ganz tief unten schwankt der Boden."[6]

In der Abfolge von Illusion und Desillusion, die die Episode mit den imaginären Zahlen exemplarisch veranschaulicht, besteht der Grundwiderspruch des Romans. Als eigentlicher Gegenstand des *Törleß* lässt sich eine Aneinanderreihung von Szenen beschreiben, die eine permanente Annäherung an die Schwelle zum Geheimnis beinhalten, das letztlich unergründlich bleibt.[7] Die Aufklärung des Rätsels trägt dem Protagonisten eine Verheißung auf, deren Wahrnehmung er seiner gesteigerten Sensibilität verdankt und die ihn unter den anderen Menschen heraushebt: Verbunden mit dem „Auszeichnenden, Exklusiven" (S. 8), das er in sich spürt, ist ein unbestimmtes Vorgefühl, das sich an eine konkrete Erwartungshaltung bindet. So zum Beispiel, wenn Törleß auf dem Rücken im Grase des herbstlichen Parkes liegend plötzlich erschrickt, „wie hoch eigentlich der Himmel sei" (S. 62). In der Wahrnehmung des Protagonisten zeigt die Natur hier deutlich Züge des Erhabenen. So spricht Törleß dem Himmel implizit die Qualität des Übersinnlichen zu, welches das Maß der menschlichen Fassung- und Vorstellungskraft übersteigt. In höchster Erkenntnisnot, „schleudert er mit der aufs äußerste gespannte[n] Sehkraft Blicke wie Pfeile zwischen die Wolken hinein" (S. 62), muss jedoch erfahren, dass der Himmel nicht nur schweigt, sondern sich dem rationalen Zugriff um so mehr entzieht, je stärker Törleß ihm sein Geheimnis zu entreißen versucht. (Über-)genaues Hinsehen und transzendiertes Sehen finden hier gleichzeitig statt. Dabei ist die optische Fixierung erneut Auslöser des Schwindels. Unerreichbar für die bohrenden Blicke des Protagonisten zieht sich der „blaue, leuchtende Grund" nach Art einer schwindelerregenden Spirale zurück, deren Sog in ein unbekanntes Zentrum führt: „Freilich gibt es kein Ende, sagte er sich, es geht immer weiter, fortwährend weiter, ins Unendliche." (S. 62) Die veränderte Wahrnehmung der räumlichen Konstitution gestaltet sich gewissermaßen als Epiphanie

6 Zitiert nach: Robert Musil. Die Verwirrungen des Zöglings Törleß. Interpretiert von Bernhard Grossmann. Oldenbourg Interpretationen; Bd. 26. München 1988, S. 43.

7 Vgl. Joseph Vogl: Grenze und Übertretung. Der anthropologische Faktor in Robert Musils „Die Verwirrungen des Zöglings Törleß". In: Joseph Stutz (Hg.): Robert Musils „Kakanien": Subjekt und Geschichte. Festschrift für Karl Dinklage. Musil-Studien; Bd.15. München 1987, S. 60-76. Hier: S. 61.

des Unendlichen. Sie ist von Ängsten begleitet, die Törleß gänzlich aus dem Gleichgewicht zu werfen drohen:

> Und nun durchzuckte es ihn mit einem Schlage, daß an diesem Worte [= dem Unendlichen, d. V.] etwas furchtbar Beunruhigendes hafte. Es kam ihm vor wie ein gezähmter Begriff, mit dem er täglich seine Kunststückchen gemacht hatte und der nun plötzlich entfesselt worden war. Etwas über den Verstand Gehendes, Wildes, Vernichtendes schien durch die Arbeit irgendwelcher Erfinder hineingeschläfert worden zu sein und war nun plötzlich aufgewacht und wieder furchtbar geworden. Da, in diesem Himmel, stand es nun lebendig über ihm und drohte und höhnte. (S. 63)

Atmosphäre und Situation begünstigen das Tranzendieren in einen Zustand der Schwerelosigkeit zwischen Wachen und Träumen, der den Protagonisten der realen Welt entrückt: „[Er] spürte seinen Körper kaum, und von den Füßen herauf strömte eine angenehme Kühle, die seine Glieder in einem Zustand süßer Trägheit festhielt.“ (S. 63) In dem Maße wie die Kontinuität des vom Verstand wahrgenommenen Lebenszusammenhangs aufgehoben wird, verliert auch das metaphysisch überhöhte Firmament seinen Schrecken. Am Ende der Episode steht die Empfindung absoluter Verlorenheit. Von seiner Position aus gesehen, erscheint dem Protagonisten der schweigende Himmel in schwindelerregender Höhe angesiedelt zu sein; und damit das gewohnte Verhältnis von Körper und Umwelt außer Kraft gesetzt: „Und Törleß fühlte, daß er unter diesem unbewegten, stummen Gewölbe ganz allein sei, er fühlte sich wie ein kleines, lebendes Pünktchen unter dieser riesigen, durchsichtigen Leiche.“ (S. 66)

III Törleß' Wahrnehmung der Wirklichkeit

Mit der ihn quälenden Erkenntnisnot verbindet sich für Törleß der sinnliche Einfluss Basinis, der sein Gefühl in zunehmendem Maße beherrscht. Um sich selbst Klarheit über seine Gefühle zu verschaffen, versucht der Protagonist seine Erfahrungen zu verschriftlichen, wobei er dank seiner außerordentlichen Einbildungskraft zunehmend in Ekstase gerät: „Es war die hypnotische Stimmung der großen, heißen Lampen, der tierischen Wärme, die von dieser Masse von Menschen ausging. Er war immer empfänglich für diesen Zustand gewesen, der sich bei ihm bis zu körperlichem Fiebergefühle steigern konnte, das stets mit einer außerordentlichen Empfindlichkeit des Geistes verbunden war.“ (S. 88) Musil schildert die Selbstbeobachtungen seines Helden nicht ohne Ironie, etwa wenn dieser anlässlich der Schwierigkeit, seine inneren Konflikte in Worte zu fassen, notiert: „Ich muß krank sein, – wahnsinnig!“ (S. 88) Der „Schauer“, den Törleß dabei empfindet, ist ihm durchaus nicht unangenehm. Schwindelnd genießt er die Entfremdung von der übrigen Welt, die, so scheint es ihm, in seiner sinnlichen Wahrnehmung ihre Ursache hat. Dem Protagonisten zufolge unterscheidet ihn seine Fähigkeit zur Teilhabe an einer *anderen* Wirklichkeit grundsätzlich von den übrigen Menschen:

> Ich bin in der Aufregung eines Menschen, der einem Gelähmten die Worte von den Verzerrungen des Mundes ablesen soll und es nicht zuwege bringt. So, als ob ich einen Sinn mehr hätte als die anderen, aber einen nicht fertig entwickelten, einen Sinn, der da ist, sich bemerkbar macht, aber nicht funktioniert. Die Welt ist für mich voll lautloser Stimmen: ich bin daher ein Seher oder ein Halluzinierter? (S. 89)

Wie Ulrich im *Mann ohne Eigenschaften*, so erscheint auch Törleß die Welt doppelgesichtig. Einerseits umfasst die Alltagswelt für ihn zwei gegensätzliche Sphären, die in geheimer Verbindung zueinander stehen. So fühlt er sich „zwischen zwei Welten zerrissen: einer solid bürgerlichen [...] und einer abenteuerlichen, voll Dunkelheit, Geheimnis, Blut und ungeahnter Überraschungen." (S. 41) Andererseits verfügt Törleß über eine psychische Disposition, die ihn zu befähigen scheint, die Grenzen der normalen Perzeption zu überschreiten und eine außerbegriffliche Korrespondenz mit der Welt herzustellen, bei der das Ding oder Ereignis über sich selbst hinausweist. Auch Basinis Gestalt, die er während seiner Schreibübungen vor sich sitzen sieht, betrachtet er dualistisch. Musil beschreibt hier ziemlich genau die Entstehung halluzinatorischer Vorstellungen. Im Zuge von Törleß' Reflexionen verbindet die illusionierende Kraft seiner Phantasie Elemente realer Wahrnehmung mit solchen der Imagination, die durch Einwirkung einer affektiven seelischen Verfassung immer intensiver wird und sich schließlich zur Halluzination steigert. Sie geht mit einem Schwindelerlebnis einher, welches das Scheitern einer adäquaten Koordination der Sinne signalisiert:

> Denn so wie ihm zu Bewußtsein kam, wie ruhig und harmlos Basini vor ihm sitze, [...] wurden die Erniedrigungen in ihm lebendig: – das heißt, daß er gar nicht daran dachte, mit jener gewissen Jovialität, die die moralische Überlegung im Gefolge hat, sich zu sagen, daß es in jedem Menschen liege, nach erduldeten Erniedrigungen möglichst schnell wenigstens nach der äußeren Haltung des Unbefangenen wieder zu trachten, sondern daß sich sofort in ihm etwas regte wie eine wahnsinnig kreiselnde Bewegung, die augenblicklich das Bild Basinis zu den unglaublichsten Verrenkungen zusammenbog, dann wieder in nie gesehenen Verzerrungen auseinanderriß, so daß ihm selbst davor schwindelte. Dies waren allerdings nur Vergleiche, die er nachher erfand. Im Augenblicke selbst hatte er nur das Gefühl, daß etwas in ihm wie ein toller Kreisel aus der zusammengeschnürten Brust zum Kopfe hinaufwirble, das Gefühl seines Schwindels. Dazwischen hinein sprangen wie stiebende Farbenpunkte Gefühle, die er zu den verschiedenen Zeiten von Basini empfangen hatte.
>
> Eigentlich war es ja immer nur ein und dasselbe Gefühl gewesen. Und ganz eigentlich überhaupt kein Gefühl, sondern mehr ein Erdbeben ganz tief am Grunde, das keine merklichen Wellen warf und vor dem doch die ganze Seele so verhalten mächtig erzitterte, daß die Wellen selbst der stürmischsten Gefühle daneben wie harmlose Kräuselungen der Oberfläche erscheinen. (S. 90)

Dass Törleß hier gar von *seinem* Schwindel spricht, macht diesen zu *dem* hervorragenden Symptom des Orientierungsverlustes schlechthin. Die Metapher vom „Erdbeben ganz tief am Grunde“ steht für alle psychologisch bedingten Schwindelerfahrungen ein, die hier nur diffus als „Gefühl“ bezeichnet werden. Für Törleß hat dieses keine Worte. Nur mit Hilfe von Bildern kann er seine Erlebnisse mitteilen, ohne sie jedoch „erzählen“ zu können. Sie tun der alltagspraktischen Orientierung Gewalt an. Dabei gilt für alle Beispiele, dass der zeittypische Rekurs auf vorwissenschaftliche Erkenntnisformen durch die sprachliche Erkenntniskritik legitimiert wird, wie sie etwa Nietzsche oder Klages formuliert haben.

Törleß' Perzeption der Wirklichkeit wird vom Erzähler mit der Empfindung vor einem Kinematographen verglichen, „wenn man neben der Illusion des Ganzen doch eine vage Wahrnehmung nicht loswerden kann, daß hinter dem Bilde, das man empfängt, hunderte von – für sich betrachtet ganz anderen – Bildern vorbeihuschen.“ (S. 91) Die unbeständigen, wechselnden Eindrücke, die Törleß nicht festhalten kann, gehen einher mit dem Gefühl der Zunahme des Trügerischen und Unwirklichen. So erlebt Törleß die Verführung durch Basini schließlich „wie im Traum“ (S. 107). Dass die Empfindung der Scheinhaftigkeit der Welt das Auftreten von Schwindelzuständen befördert, liegt (schon lexikalisch) nahe. Dass diese wiederum das Auftauchen von Erinnerungen begünstigen, gibt der Fortgang der Selbstreflexion des Protagonisten zu erkennen. Episoden aus der Vergangenheit, die an verschiedenen Stellen in den Roman eingeblendet sind, werden in Törleß nämlich meist dann lebendig, wenn er sich in einer Gestimmtheit befindet, die ihn der Alltagswirklichkeit entrückt. So auch ein früheres Musikerlebnis in Italien, das in Törleß dunkel glühende Phantasien hervorruft. Das Hören von Tönen verwandelt sich hier in das Sehen von Formen und Farben. Immer mehr gerät Törleß in einen Zustand gesteigerter geistiger Wachheit, der in ihm eine Ahnung künstlerisch-schöpferischer Möglichkeiten aufkommen lässt: „Törleß sah mit glänzenden Augen um sich. Noch immer waren die Lampen, das Licht, die emsigen Menschen da. Aber er kam sich unter all dem wie ein Auserwählter vor. Wie ein Heiliger, der himmlische Gesichte hat; denn von der Intuition großer Künstler wußte er nichts.“ (S. 92) In einer Art säkularisierter Erleuchtung, auf die das Vokabular sowie die Lichtsymbolik verweisen, erschließt sich Törleß die Frage nach einem allgemeinen Gesetz, das über den Menschen hinausreicht und auf die Möglichkeit eines Lebens verweist, das eine neue Ethik zur Grundlage hat. Bezeichnenderweise wird die Erkenntnis nicht intellektuell, sondern sinnlich erfahrbar: „Und in jedem Nerv seines Körpers bebte ein ungeduldiges Ja als Antwort.“ (S. 92) Für kurze Zeit überschreitet Törleß die Grenzen einer sich durch den Verstand konstituierenden Wirklichkeit. Er erlebt eine Art profaner mystischer Entrückung. Diese in jeder Hinsicht schwindelerregende Erfahrung ist gekennzeichnet durch das Schwinden der Grenzen zwischen Subjekt und Außenwelt, durch ein Verwobensein in Erinnerungen und durch ein Gefühl nahezu kosmischer Verbundenheit. Dabei ist der Schwindel, der hier im Übergangsbereich zwischen somatischen und kognitiven Prozessen angesiedelt werden kann, entscheidend an der Erkenntnis beteiligt. Doch dies nicht allein: Insofern sich im Schwindelerlebnis – wenn auch nur rudimentär – bereits andeutet, was Musil später im *Mann ohne Eigen-*

schaften den *anderen Zustand* nennen wird, manifestiert sich in ihm – gewissermaßen verdichtet – die Kunsttheorie. Sein utopischer Gehalt besteht im Protest gegen die zunehmende Mechanisierung des Daseins, gegen den „Einfluß des metrischen, rechnenden, mißtrauischen, vernichtungswilligen Geistes“.[8] Mit der Abkehr von der alltagspraktischen Orientierung auf Ziele hin geht für Musil der Entwurf einer „anderen Wirklichkeit“ einher, die sich durchaus an die Realität anschließt, doch zugleich über sie hinausweist: „[...] im Bilde dieser Welt gibt es weder Maß noch Genauigkeit, weder Zweck noch Ursache, gut und böse fallen einfach weg, ohne daß man sich ihrer zu überheben brauchte, und an die Stelle aller dieser Beziehungen tritt ein geheimnisvoll schwellendes und ebbendes Zusammenfließen unseres Wesens mit dem der Dinge und anderen Menschen.“[9] Der Zustand, der hier beschrieben wird, erinnert (wie schon Törleß' Schwindelerlebnis) an eine säkularisierte mystische Erfahrung. Er verweist, gerade indem er eine utopische Lücke freihält, auf die Leistungsfähigkeit der Dichtung selbst. In dem bereits oben zitierten Essay *Bemerkungen über eine Dramaturgie des Films* von 1925 spricht Musil von der „Sprengung des normalen Totalerlebnisses“ als „ein Grundvermögen jeder Kunst“.[10] Ihm zufolge beruht der Gedanke der Schöpfung auf Zerstörung. Musils Roman ist insoweit experimenteller Natur, als er auf seine eigene Entstehung reflektiert, und zwar indem er eigens vorführt, was er inhaltlich gestaltet. Der Eindruck des Elementaren und Archetypischen, der damit zuweilen verbunden ist, ergibt sich indes mehr aus der Annäherung der Sprache an die Unmittelbarkeit der Sinneserlebnisse als aus dem Inhalt des Gesagten selbst. Dabei verstehen sich die Assoziationen an Ursprüngliches als Einwand Musils gegen den Empirismus der Wissenschaften und den Naturalismus in der Literatur. Dass darüber hinaus die begriffliche Fixierung immer wieder gerade dann umgangen wird, wenn es Törleß schwindelt, lässt sich als Versuch der Entmachtung der diskursiven Sprache fassen.

* * *

In Musils *Törleß* signalisiert der Schwindel zum einen das Scheitern einer angemessenen Selbst- und Weltwahrnehmung, die auf Irritationen unterschiedlichster Art, seien sie somatischer, psychologischer oder kognitiver Natur zurückgeführt werden können. Der damit einhergehende Verlust sinnlicher Orientierung kann vom Protagonisten gefürchtet, aber auch erwünscht sein. Zum andern eröffnet der Schwindel, indem er jenseits der vermeintlich stabilen Normalität und in der Nähe von ekstatischen und halluzinatorischen Zustän-

8 Robert Musil: Ansätze zu neuer Ästhetik. Bemerkungen über eine Dramaturgie des Films. In: R. Musil: Gesammelte Werke, hg. von A. Frisé. Reinbek bei Hamburg 1987, Bd. 8, S. 1137-1154. Hier: S. 1144.

9 Ebd.

10 Ebd., S. 1145.

den anzusiedeln ist, die Perspektive auf eine „andere Wirklichkeit", die über die faktische Realität hinausweist. Damit erhält er eine zentrale Bedeutung für den Erkenntnisprozess. Nicht zuletzt macht Musils erster Roman auch auf die metaphorische Bedeutung des Schwindels aufmerksam. Sind es doch immer wieder die Empfindung der Scheinhaftigkeit der Welt oder das Gefühl, getäuscht worden zu sein, die Anlass zum Selbstverlust des Protagonisten geben.

Thomas Koebner

Schwindel, Sturz, Ekstase
Anmerkungen zum Vertigo-Motiv in der Filmgeschichte

Vorspiel an der philosophischen Rampe

Es unterhält zuweilen, mit Martin Heideggers Begriffen verborgene Botschaften heraufzubeschwören, da dessen Wortschöpfungen nicht selten viel facettierte Metaphern sind, z. B. der Ausdruck „Geworfenheit". In *Sein und Zeit* (1927) verleiht Heidegger dieser fast mystischen Vokabel eine im Kern profane Bedeutung: Er meint nämlich wiederholt den ‚Abfall' des Daseins aus der Besonderheit in die „Nichtigkeit der uneigentlichen Alltäglichkeit" oder in die „Uneigentlichkeit des Man": Geworfenheit als ‚Wurf' des Ich aus dem eigentlichen Leben in die Phrase und Stereotypie des Lebens der uniformen Masse – wenn es die Phrase, die Stereotypie, die uniforme Masse denn so gibt und die Eigentlichkeit als Reservat der besseren Existenz ebenso.

Aber so nüchtern ist der Begriff selten verstanden worden. Hans Blumenberg, der geistvollste Analytiker von sinnbildlicher Rede, ist dafür ein Zeuge (in einem kleinen Aufsatz aus dem Sammelband *Begriffe in Geschichten*): Geworfenheit „entsprach einem Grundgefühl dieses Jahrhunderts", als „Ausdruck für die verlorene ‚Geborgenheit'", die zumal die Bevölkerung Deutschlands nach dem Ersten Weltkrieg erleben musste, den Umsturz der alten Weltordnung, der alten Kategorientafeln – im Zeichen des „Untergangs des Abendlandes" (wieder so eine dramatische Metapher, diesmal von Oswald Spengler geprägt). „Dazu die geschichtliche Willkür, die jeden fragen lassen konnte, warum gerade er in dieses misslingende Säkulum gestoßen worden sei [...]".[1] Blumenberg erkennt den Gestus des freien Falls, des Absturzes, die räumliche Tiefen-Dimension, die Bewegungsrichtung nach unten in der Kategorie Geworfenheit als Ansatzpunkt für erschauernde Bestätigung: „Es ist [...] eine räumliche Konnotation von Sturz und Fall, Wurf und Wirbel, zu der Bodenlosigkeit gehört, weil jeder ‚Boden' dieser Bewegung ein gewaltsames Ende machte [...]".[2] Blumenberg spürt den theologischen Ursprung dieser Sprache auf, die „von der Figur der Vorentschiedenheit bestimmt ist und damit auch die Heilsgeschichte zu passiven Akten umzuformen tendiert. So fehlt auch der ‚Daseinsanalytik' [Heideggers] das Pathos der Freiheit [...]".[3] Blumenberg erschließt in seiner

---

1 Hans Blumenberg: Begriffe in Geschichten. Frankfurt a. M. 1998, S. 74 (aus diesem Text stammen auch die Zitate aus Heideggers *Sein und Zeit*).

2 Ebd. S. 75.

3 Ebd. S. 76 f.

kleinen Betrachtung dann einen weiteren Aspekt des Begriffs: nämlich das Geworfensein im Bildfeld von Becher und Würfel – die geworfen werden und dann gefallen sind, auf dem „Tisch der Welt", „in's Spiel des Schicksals" (Rainer Maria Rilke).[4]

Es drängen sich noch andere Assoziationen auf: „Geworfenheit" kann vielleicht auch als *Katastrophe* aufgefasst werden, die eine einmalige, vielleicht typische Vernichtung dessen androht, der mit wachsender Geschwindigkeit hinabstrudelt. Ikarus mag einem einfallen, die mythologische Figur aus der griechischen Antike, dessen verwegener Höhenflug in Sonnennähe, dessen Hybris, Selbstüberhebung, mit einem Sturz in die Tiefe, in den Tod bestraft oder quittiert wird. Kann man sich denn wehren als bloßer Körper, wenn die Schwerkraft einen ansaugt, wenn der Mensch vorübergehend zum hinabsausenden Objekt wird, das wieder als weiche Masse auf die Erde schmettert, denn da ist immer ein Boden, hart und unbarmherzig. Dass man ins Bodenlose stürze, Blumenberg legt Wert darauf, kommt einem doch nur so vor, erweist sich als subjektive Fehlprognose, als Wahngedanke für eine Weile, bis die alles verdunkelnde Ohnmacht die Fallenden gnädig umfängt, vor dem Aufschlag. Vielleicht tut sich dann in unserem zerborstenen Kopf das Bodenlose auf, Fortsetzung des Falls durch ein Gleiten ins unermessliche Jenseits. Man kann weder als Fallender noch als Betrachter den Fall aufhalten – es sei denn, kuriose Zufälle oder phantastische Inventionen bringen Rettung, meist im Reich der fabelhaften Erzählung. „Geworfenheit", so gewendet, hat etwas Unaufhaltsames, nicht im Sinn einer existentiellen Vorentschiedenheit, sondern als physikalischer Vorgang, in den man nicht mehr eingreifen kann. Es ist, hat der Fall begonnen, fast immer zu spät für eine Alternative – wenn da nicht eine Wurzel aus dem Stein, eine Stange aus der Mauer hervorragt, an der man sich halten kann. Der Sturz entmachtet den freien Willen. Der Sturz überantwortet uns dem Gesetz der Gravitation (raffinierte Spannungsdramaturgie findet, wie erwähnt, Ausnahmen). Er beendet das Spiel und das Dasein, *game over*, doch nichts beginnt von vorne.

Weshalb diese ausholende Betrachtung über das Katastrophische des Absturzes, anknüpfend an den Heideggerschen Begriff der Geworfenheit? Schwindelerfahrung im Film, darauf soll ich mich im Folgenden konzentrieren, beschäftigt mich vor allem in Zusammenhängen, in denen Schwindel ein Indikator von Urangst ist, nämlich der Urangst vor dem Sturz oder zu Beginn des Sturzes. Horizontverschiebung und das Verfließen der Konturen in der Perspektive von Betrunkenen finden sich als Inszenierungseffekte in verschiedenen Zeugnissen – als vorübergehende Phänomene einer gestörten Umweltwahrnehmung will ich sie in meiner Betrachtung ausschließen. Der unheimliche Schwindel, der auf die äußerste Gefährdung des Daseins vorweist, ein Existenzgefühl im Vorhof des Todes, genauer: die innere Ankündigung, dass es mit der bis dahin vertrauten Existenz zu Ende geht – diese extremen Erregungen sind ungleich seltener in der Film-

4 Ebd. S 78.

geschichte in Bilder umgesetzt worden. Doch gibt es äußerst einprägsame Exempel, auf einige von ihnen will ich mich einlassen.

Sozialgeschichtlicher Exkurs

> Der Stern hat einen Chock bekommen. Wir stehen in einem neuen Zeitalter, dem der Bewegung [...]. Umstülpung des Kalenders, der Zeitrechnung, der zwölfzähligen Uhr. Immer mehr hetzt Nacht den Tag, die Stunde wird zum Tag und auch die Minute. Bewegung, nur Bewegung. Geschäft jagt Geschäft. Erlebnis Erlebnis. Bild jagt Bild. [...] Die statischen Gesetze sind umgestoßen. Der Raum, die Zeit ist überrumpelt.

Dies bemerkt der Lyriker Ivan Goll in einem Artikel zum *Kinodram* (1920).[5] Goll konstatiert mit dieser astronomisch-dynamischen Metapher vom Schock, den der Stern Erde erhalten habe, die gesellschaftliche und kulturelle Erschütterung oder den Zerfall der alten Werte, die von vielen (erst!) nach Ende des Ersten Weltkriegs erfahren wurden. Andere haben seit der Jahrhundertwende von 1900 oder schon davor den Schock der Moderne als eine Art zivilisatorisch bedingtes „Erdbeben" erfühlt oder diagnostiziert. Ich erinnere nur an Autoren des Wiener Fin de Siècle wie Hugo von Hofmannsthal: „Kein Festes nirgends" (aus *Der weiße Fächer*), oder Arthur Schnitzler: „Sicherheit ist nirgends" (aus *Paracelsus*). Weitere einschlägige Fundstellen sind zuhauf an vielen Orten im Werk dieser Autoren und anderer zu finden. Haben sich indes die Orakel der sich anbahnenden Apokalypse zunächst auf die psychologische Symptomatik und die seismographische Empfindungsfähigkeit ‚feinsinniger Geistesmenschen' bezogen, wird, zweifellos beschleunigt durch die Erfahrung des Weltkriegs, nun jedermann – in seinem eigenen Lebensbereich – die Krise offensichtlich. Das Doppelgesicht der Moderne: die Verheißung einer technisch bewältigten Herrschaft über die bis dahin unkalkulierbare Natur, und die Drohung, dass in der industriellen Massengesellschaft der mitmenschliche Wärmestrom in einer neuen Eiszeit der Dehumanisierung versiegen werde – diese Ambivalenz schied nun deutlich erkennbar Gewinner von Verlierern.

Die Schwindelerfahrung von Verlierern auf einem Boden, der ins Gleiten geraten ist, war sicherlich nicht dem lustvollen Kitzel und dem enthemmten, manchmal in seinem Ausdruck diffusen Kreischen zu vergleichen, wie es sich bei Jahrmarktsvergnügungen ergibt, der Luftschaukel, die einen hoch hinaus hebt, der Berg- und Talbahn, dem rasend sich drehenden Karussell oder dem Bunjee-Springen mit seinem simulierten Sturz auf

5 Ivan Goll: Das Kinodram. In: Die neue Schaubühne, 1920, S. 141. Vgl. dazu meine Studien „Film als neue Kunst", nachgedruckt in Th. K.: Lehrjahre im Kino. Schriften zum Film. St. Augustin 1997, S. 11-48; ferner: Der Schock der Moderne. Die Stadt als Anti-Idylle im Kino der Weimarer Zeit, nachgedruckt in: Th. K.: Halbnah. Schriften zum Film. Zweite Folge. St. Augustin 1999, S. 11-23.

die Erde, die als reguliertes Spiel von kurzer Dauer, als Anspielung gleichsam an die entsetzlichste Version des abstürzenden Daseins den Schauder in sublimierter Form gewähren, oder wie ein Blitzableiter unschädlich „abführen". Vielleicht wirkt bei einigen, unbewusst oder halbbewusst, beim Ausleben von körperlichem Extremspass so etwas wie eine Katharsis mit, eine Reinigung von bösen und lauernden Gedanken an das heimlich befürchtete „Abschmieren" des eigenen Lebensprojekts.

Der Schwindel zum Tode

Walter Ruttmanns Film *Berlin – Die Sinfonie der Großstadt* (1927) liefert – im Widerspruch zu seiner eilfertigen Kategorisierung als einer neusachlich kaltsinnigen Aufzeichnung von Oberflächen – ein denkwürdiges Beispiel für den tödlichen Schwindel, der die Verlierer der Moderne erfasst. Der Film, der in etwa der Chronik eines Tagesablaufs folgt, unterstellt, dass sich am Nachmittag das Tempo der Stadt erheblich steigere – und passt sich dem durch rasende Montage an. Bemerkenswert ist die Auswahl der Bilder und ihres übertragenen zweiten Sinns, die nun verklammert werden: Die als Leitbegriffe des Tages herausgegriffenen Stichworte Krise oder Mord springen, jäh sich vergrößernd, als Schrift in Zeitungslettern dem Betrachter entgegen: eine Trickpassage, die das *tua res agitur*, gleichsam den Schrei einer destabilisierten Epoche ins Visuelle umsetzen soll. Darauf folgen Realaufnahmen, die die Subjektivität des Blicks verstärken: eine Drehtür, eine Spiralenscheibe, beide in Bewegung, eine Achterbahn, deren Wagen aus der Schräglage die befestigte Kamera ins „Tal" (wissen wir, ob die Schienen das Gefährt auch festhalten?) hinabreißt. Als man am Ende dieser Kette in die weit aufgerissenen Augen einer Frau sieht, die von einer Brücke ins strudelnde Wasser hinabstarrt, wird erkennbar, dass der Film Sinnbilder eines wahnsinnigen Kreiselns hintereinander geschaltet hat, Zeichen eines Schwindels, der nur von Angst, nicht mehr von Angstlust begleitet ist, um den inneren Seelenzustand eines Menschen symbolisch auszudrücken, den das Drehmoment aus dem Gleichgewicht gerissen hat. Die Frau stürzt sich ins Wasser, man sieht den Fall selbst nicht – und taucht nicht mehr auf. Zum ersten Mal verdichtet ein Film in Bildern, wie der Schwindel in der Periode des technisch-industriellen Fortschritts die in den Tod schleudert, die den „Schock" der Epoche, der „neuen Zeit", nur als Schreckbild einer riesenhaften Bedrohung, einer überdimensionalen Geschichtskatastrophe erleiden, deren Auswirkung von der Naturkatastrophe des Erdbebens kaum zu unterscheiden ist – weil ohne Ansehen der Person, des Individuums, alle dem Verderben ausgesetzt sind, die sich zur falschen Zeit am falschen Ort aufgehalten haben, die mit dem *Tempo der Moderne* nicht mehr Schritt halten können.

Ein Nachbeben dieses Schwindels als Symptom einer fatalen Ungleichzeitigkeit, einer relativ geringfügigen historischen Verspätung (die vom Leben bestraft wird), erfährt Franz Biberkopf in Piel Jutzis Filmversion von Alfred Döblins Roman, *Berlin Alexander-*

platz (1931), als der, nach langer Haft wieder ins Freie gesetzt, in die Innenstadt von Berlin zurückfährt: Der Lärm der Straße, der Tumult des Verkehrs steigern sich zu einem Trommelfeuer der Lichtreflexe und Laute, die ihn in die dunkle Ruhe eines Hauses flüchten lässt. In Döblins Roman ist der Schwindel weniger durch das Rattern und Rasen der Außenwelt bedingt als vielmehr durch Wahnbildung, die auf die innere Krise des Helden deutet.

Archetypische Angst vor Abgründen: *Schwindelgrauen*

Schwindeleffekte können durch Kamera und Montage ohne viel Mühe erreicht werden: die schräg gestellte Kamera in Fahrt, Reiß- und schnell vollführte Kreiselschwenks, hochziehende und hinunterkippende Bewegungen etwa in Nachahmung einer Berg- und Talbahn oder auch beim Fliegen. Pendelschwingungen der Kamera durch den Raum, dauerhaft verschwimmende Konturen, äußerst beschleunigte Bildfolgen mit unterschiedlichen Motiven usw.: Es sind gleichsam Instrumente, die beim Publikum psycho-physische Reaktionen hervorrufen. Die Frage ist, wie sie erzählerisch genutzt werden, also zur Erregung von größeren und beständigeren Affekten nützlich sind, nicht nur, um eine wenig definierte aufgeprägte Körperunruhe zur Folge zu haben wie das Fließband-Tamtam von Techno-Rhythmen oder das Pfeifen und Trommeln der Baseler Fastnacht. Es müssen sozusagen Resonanzböden in uns vorhanden sein, die auf die neuen technischen Stimuli der Film-Rhetorik reagieren: schwingungsbereite Membranen, die bei der beträchtlichen Konstanz unserer biologischen Beschaffenheit durchaus als *archetypisch* bezeichnet werden können (seit unvorstellbar langer Zeit bis heute präsent), ohne dass man sich bei dieser Begriffswahl auf die engere Definition von Carl Gustav Jung zurückziehen muss. Jedenfalls sieht es so aus, als seien in der Tiefe des Seelenlebens Impulse wirksam, die in unterschiedlichen historischen und sozialen Konstellationen schneller und häufiger zum Vorschein kommen als sonst, gleichsam aus dem Grund emportauchen. Eine meiner ersten Annahmen war, dass Schwindelgefühl, das mit Todesangst einhergeht, eine Reaktion auf das Schreckbild der Moderne darstellt, auf deren hohes Tempo in vielen Lebensbereichen, das sich mit humanoider und humaner Langsamkeit nicht vereinbaren lässt (wenn denn Langsamkeit stammes- und ideengeschichtlich zum Reifezustand der menschlichen Gattung gehört). Doch gibt es Zeugnisse in der Filmgeschichte, die das *Schwindelgrauen* nicht aus der Wahrnehmung von Abläufen herleiten, die sich an Geschwindigkeit überbieten, sondern die räumliche Dimension der *großen Tiefe* für die Konstruktion „sinnfälliger" Bilder brauchen.

Alfred Hitchcock hat in seiner lebenslangen Recherche nach Situationen, die kreatürliche Furcht einjagen, wiederholt die *Panik* entdeckt, die Menschen beim Blick in den Abgrund überkommt, zumal wenn sie Gefahr laufen, in ihn hineinzufallen: zu Tode zu stürzen. Die konsequente Individualisierung der Konflikte bei Hitchcock hat dazu geführt, die soziale oder epochentypische Dimension des Schwindels als einer Katastrophe des Daseins in der Moderne völlig aus dem Blick zu verlieren. Stattdessen kennzeichnet Hitchcock, die Psychoanalyse im Rücken, den Schwindel entweder als pathologische Abweichung von der Normalität oder als „archetypische" Notsituation.

Wenn Alicia in *Notorious* (1946), die Figur, die Ingrid Bergman spielt, als Spionin entlarvt und von ihrer Schwiegermutter mit Einverständnis ihres Ehegatten langsam vergiftet wird, verschleiert sich die Szenerie um sie herum: Die rettende Tür rückt in die Unschärfe, von links und rechts tritt als schwarzer Schatten und Türwächter das mörderische Paar ins Bild. Die Heldin muss sich eingesperrt fühlen wie in einem Gefängnis, wehrlos dem Giftanschlag ausgesetzt, der ihre Umwelt schwanken lässt. Das Schwindelgefühl infolge der Drogenwirkung ist hier geringfügig ausgeprägt, die Todesangst, die sich auch dem Publikum mitteilen soll, nur als anschleichendes Gefühl präsent.

Offenkundiger ist die Paniksituation in *Saboteur* (1942), wenn zum Schluss der Held und sein Gegner (Robert Cummings und Otto Kruger) auf den Zinnen der Freiheitsstatue im Hafen von New York miteinander kämpfen. Dabei stürzt der Bösewicht über das Geländer und wird nur noch an einem Jackenärmel festgehalten, dessen Nähte allmählich reißen. Bereits hier findet Hitchcock zu Perspektiven, die sich in späteren Filmen wiederholen: Direkt von oben, als Top-Shot, fotografiert er auf die in der freien Luft hängende, gerade noch mit der Retterfigur verbundene Gestalt, unter ihr die Tiefe – wobei eine Chance auf Rettung, so erleben wir bald, nicht besteht. Das Unvermeidliche geschieht nach Ablauf weniger Sekunden als umgekehrte Last-second-rescue: als Last-second-failure, das Schwindelgrauen, das die denkbar schlimmstmögliche Wendung vorwegnimmt, wird bestätigt: Der Verräter und Spion, der Saboteur, stürzt in die Tiefe und in sein Ende. Der Held in *Rear Window (Das Fenster zum Hof*, 1954), gespielt von James Stewart, hängt in einer vergleichbaren Situation mit zwei Händen am Fensterbrett, wenngleich der Raum unter ihm nicht mit einem gähnenden Abgrund zu vergleichen ist. Auch er kann sich nicht halten und stürzt – doch das Schlimmste, das ihm widerfährt, ist, dass er zu einem gebrochenen Bein ein zweites in Gips ausheilen muss. In *How to Catch a Thief* (*Über den Dächern von Nizza*, 1955) kehrt der von Hitchcock geschätzte Typus der Furcht einjagenden „Hängepartie" – diesmal als Folter, die die Wahrheit herauszupressen hilft – wieder: Der Held (Cary Grant) packt die kriminelle junge Frau mit einer Hand und lässt sie vom Dachrand eines Schlösschens baumeln, bis sie gesteht.

Die Panik dieses über dem Abgrund-Hängens vermischt Hitchcock in *North by Northwest* (*Der unsichtbare Dritte*, 1959) mit Spott und makabrer Situationskomik. Die beiden Protagonisten (Cary Grant und Eva-Marie Saint) fliehen in der Schlusssequenz vor ihren Verfolgern auf das abschüssige Gelände zwischen den riesigen Präsidentenköpfen, die in die Steilwand des Mount Rushmore gemeißelt sind. Für eine solche Expedition sind die beiden Flüchtlinge nicht wie Bergsteiger ausgestattet, besonders nicht die junge Frau im Kostüm und mit eleganten Schuhen. Hitchcock probiert nun spielerisch verschiedene Varianten des Themas aus: Ein Mensch droht in den Abgrund zu poltern und wird ausnahmsweise im letzten Moment gerettet. Auf dem Höhepunkt der Spannungskurve hängt die junge Frau an der Hand des Mannes am Berg, während sie vergebens anderswo Halt sucht, der Mann wiederum klammert sich mit einer Hand mühevoll an einer Felskante fest. Auf seine Hand tritt nun zusätzlich der klobige Schuh eines Verfolgers, gnadenlos. Es ist also ein Absturz beider auf einmal zu befürchten. Dazu kommt es nicht. Als unübertrefflich ironische Steigerung schlägt in einer filmgeschichtlich berühmt gewordenen frechen Montage die Notsituation in eine Erfüllungssituation um, für die vorletzte Schlusseinstellung: Eben noch hängt die junge Frau am Arm des Mannes, der sie unter Aufbietung all seiner Kraft nach oben zu ziehen versucht, da – ein Schnitt –, es gelingt ihm, sie landet neben ihm auf dem oberen Bett eines Schlafwagenabteils im Zug, der sie in ein unzweideutig erotisches Happy End entführt. Nun stechen auch die Dialoge, die die beiden miteinander führen, während sie ihre halsbrecherische Kraxelei vollführen, durch boulevardeske Heiterkeit merklich ab von ihrer äußeren Lage, dem eigentlich Jammer, Klage oder Wutausbrüche einfordernden Überlebenskampf über gähnender Tiefe. Wer zuhört, kann nicht daran zweifeln, dass nach einer gewissen Spannungsqual ein heiterer Abschluss, sogar die Wendung zur Gewähr sinnlichen Glücks zu erwarten ist.

North by Northwest stellt in der Reihenfolge der Produktionen Hitchcocks eine Art komödiantisches Nachspiel dar zu einem Film, der das Schwindelgrauen als zentrales Motiv sogar für den Titel reserviert: *Vertigo* (1958), entstanden nach einem Kriminalroman der französischen Autoren Boileau und Narcejac (*D'entre les morts*). Bereits der geniale Vorspann, das Wort „genial“ scheint hier am Platz zu sein, im Design von Saul Bass, erweckt visuell beinahe hypnotisch die Visionen einer regelrechten Schwindelneurose, unterstützt durch die suggestiv schleifende, in sich kreiselnde und in düsteren Echos sich verlierende Musik von Bernard Herrmann. Schon die schweren Basseinschläge der Vorspannmusik lassen keinen Zweifel daran, dass wir in einen Film eingeführt werden, der keinen frivolen Frohsinn als Schlusslösung bereithält. Die Kamera rutscht in einer extremen Naheinstellung über das Gesicht einer jungen Frau, bleibt an dem Mund hängen, schwenkt nach oben und fixiert schließlich das vom Zuschauer aus gesehene linke Auge. Und nun beginnt eine faszinierende Passage, die motivgeschichtlich eine Art *missing link* darstellen könnte zwischen den Spiral- und Drehmomenten, besonders deren Verschmelzung mit dem Motiv der Augen in Walther Ruttmanns Berlin-Film und der Weltraum-Phantasie Stanley Kubricks in *2001 – Odyssee im Weltraum* (1968). Nachdem nämlich der Name Vertigo erst klein, dann doch in erheblichem Tempo größer wird, aus der Iris des Auges auf die Augen der Betrachter zukommt, während das Gesicht auf der Leinwand rot beleuchtet und dadurch verfremdet wird, gibt es einen Wechsel in einen anderen Raum: in eine schwarze gähnende Leere, die nach den späteren Erfahrungen mit *2001* die Analogie mit dem All hervorruft, womöglich sogar mit einem ebenso unbekannten und unbestimmten „Weltinnenraum“: Die eigentümlich geometrischen, sich nach links oder rechts drehenden Gitter oder Textur-Formationen, die gleichsam unabänderlich, unaufhaltsam aus der Mitte oder Tiefe des Raums, zusehends umfänglicher werdend, näher kommen und gleichsam über die Augen des Betrachters hinweggleiten, haben zum Teil den Anschein von Spiralnebeln. Diese ganze Sequenz hat, abgesehen davon, dass hier die Namen des Teams angekündigt werden, etwas Ort- und Zeitloses. Weder lässt sich die Position der Kamera näher festlegen, nachdem sie sich wie das Untersuchungsinstrument eines Optikers vor das Auge der jungen Frau geschoben hat, noch die Bewegungsrichtung eindeutig definieren: Es könnte ebenso sein, dass der Betrachter sich nach vorne bewegt, auf der Blickachse und durch die verschiedenen, sich als dreidimensional enthüllenden Ornamentstrukturen hindurch. Genauso wenig ist die Größenordnung der gesehenen Phänomene einzuordnen: Sind sie so groß, dass sie Platz im Umriss einer Pupille haben, oder haben wir tatsächlich mit der Überblendung in den schwarzen Raum des Nirgendwo auch jedes Gefühl für Kleinheit und Größe verloren – abgesehen davon, dass die Erscheinungen aus dem Abstand betrachtet klein wirken und dann, wenn sie über die Betrachterposition hinwegziehen, notwendig groß wirken? Erst der Schluss dieses Abschnitts erlaubt wieder eine Art Realwahrnehmung, denn die letzte Spirale sinkt, die Überblendung zeigt das, sobald das Auge der jungen Frau erneut sichtbar wird, in deren Pupille zurück.

Gleich, ob es sich um organische oder anorganische Formen handelt – vielleicht sind entsprechende Ornamentstrukturen aus Büchern der Geometrie oder Astronomie geläufig, vielleicht auch von Fotografien, die Kleinststrukturen unter dem Mikroskop extrem vergrößert zeigen, die vertrauten Koordinaten des Raums sind außer Kraft gesetzt. Genauer: Sie werden in Einzelschritten außer Kraft gesetzt, denn eingangs hatte man noch das Auge der Darstellerin vor sich und damit einen natürlichen Maßstab.

Ein ähnlicher Wechsel in eine andere Welt geschieht im Traum, der die Hauptfigur, den Detektiv Scottie (James Stewart) quält, als er den Tod, so glaubt er zu wissen, seiner Geliebten (Kim Novak) betrauert. Im Traum kann der Bilderzähler sozusagen alles arrangieren, die Elemente der Realität durcheinander werfen und sogar aufheben. Dieser Traum ist im ersten Teil ein Wahr-Traum, der nämlich – ohne dass der Träumer die Aussage schon begreifen kann – Zweifel ausstreut, ob es sich bei der Frau, die er von der Höhe herabstürzen sah, wirklich um ein und dieselbe Person gehandelt hat, die er vorher noch umarmt und geküsst hat. Im zweiten Teil dieses Verzweiflungstraums lässt sich die radikale Aufhebung der Erfahrungswirklichkeit beobachten: Aus einem eigentümlichen Kanal, der geometrisch zusammengesetzt ist (und in der Tat an die Schächte eines Raumschiffs erinnert, das in der Zeit der Alien-Filme durch die Galaxis irren könnte), dringt der Kopf des Hauptdarstellers mit großer Geschwindigkeit, gleichsam rasend auf den Betrachter zu, nach einem Schnitt sehen wir dann Stewart/Scottie auf eben das Kirchendach hinabfallen, auf das er seine Geliebte stürzen zu sehen glaubte: Plötzlich verschwindet dieses Dach als Untergrund und er fliegt nur als Silhouette noch erkennbar, als Schatten, verlangsamt durch einen völlig weißen Raum – oder korrekter gesprochen, sein Umriss verkleinert sich in einer weißen Fläche. Nicht einmal mehr die Raumvorstellung wird aufrechterhalten, wenn die Bewegung des Objekts sich verlangsamt. Hier könnte man wirklich von einem Fall ins Bodenlose sprechen, wobei das Bodenlose als Abstraktion, als Verzicht auf jegliche konkrete Orts-Bestimmung zu begreifen ist. Muss man sich das Umkippen der Welterfahrung an der Grenze zum Tod als Auslöschen der Formen vorstellen? Das Verschwinden der Bilder in sich unendlich ausdehnender Schwärze oder in blendendem Licht zeigt das Ende unserer Erdverbundenheit an? Kein Wunder, dass nach dieser Einstellung der Detektiv mit allen Zeichen des größten Schreckens aus seinem Albtraum erwacht und sich in seinem Bett aufbäumt.

Eine dritte Sequenz des Films deutet den Übergang von der realen Schwindelerfahrung in eine ganz andere Dimension vorsichtiger und dennoch kühn an. Fast die Erfüllung einer Sehnsucht, wenn man so will, eines Traums, wird Scottie gegen Schluss des Films gewährt: Eine junge Frau, Julie, die er auf der Strasse anspricht, ohne zu wissen, dass es sich tatsächlich um dieselbe handelt, um Madeleine, die er zuvor geliebt hat und die er tot glaubt, wird von ihm, obwohl sie sich wehrt und zögert, Schritt für Schritt in die äußere Form verwandelt, die die Geliebte einst auszeichnete: die blonden Haare, das graue Kostüm, die Art, die Haare aufzustecken. Schließlich, um der Liebe willen, die sie für diesen Mann, den sie im Auftrag eines skrupellosen Kriminellen und Gattenmörders belogen hat, lässt Julie sich die Rückverwandlung in eine Tote gefallen: In einem Hotelzimmer der schäbigen Art kommt es zu der „Wiedervereinigung“ zwischen Scottie und der Auferstandenen: Kim Novak tritt aus dem Badezimmer hervor, gehüllt wie in einen grünen Nebel, aus dem sie sich blass wie eine Leiche herauslöst, die zu den Lebenden zurückkehrt, und geht Schritt für Schritt auf Stewart zu. Nach einem Moment des Innehaltens, des leisen Schocks über die Reinkarnation einer Gestorbenen, umarmt er sie innig. Die Kamera beginnt im selben Moment, das verschlungene Paar zu umkreisen (auch der Hintergrund wird in gegenläufige Bewegung versetzt). Die Kulisse verwandelt sich nun: Zunächst ist noch die Einrichtung des Hotelzimmers zu sehen, dann plötzlich entfärben sich die Gegenstände ins Schwarz-Weiß und werden durch die Bilder des Marstalls abgelöst, in dem sich die beiden Liebenden einst so innig ihrer Gefühle versichert haben, bevor die junge Frau über den Klosterhof hinweglief und den Turm bestieg. Eine kleine Irritation über diese aufkeimende Erinnerung, die nach außen, gleichsam auf einen Wandschirm projiziert wird, lässt auch den Protagonisten seinen Kopf heben, er löst sich äußerlich und innerlich eine kurze Weile aus der innigen Umklammerung, in die er dann wieder eintaucht. Gleichzeitig entschwinden die Bilder der Umstände wieder, die seinerzeit der Erfahrung des größten Schreckens vorausgegangen sind, und über das Schwarz-Weiß restituiert sich das Zimmer, in dem sie beide stehen. Doch nicht genug damit, am Ende dieser intimen Szene entsteht ein völlig grüner Hintergrund, frei von allen Details, gleichsam eine Fläche symbolischen Charakters – die wahrscheinlich andeuten soll, dass das, was diesem Kuss folgt, in der Tat eine Art Wiedereintritt in eine Sphäre ist, die eher vom Gedächtnis an eine Tote als von der Wahrnehmung einer Lebendigen bestimmt wird. Die visuelle Inszenierung in dieser Sequenz tauscht die äußere Perspektive gegen die innere ein. Die Kreiselbewegung, ohnehin unüblich im klassischen amerikanischen Kino, auch bei Hitchcock (heutzutage ist sie eine der üblichen Techniken geworden, um die Innigkeit eines endlich vereinten Paares und ihre Geborgenheit vor der störenden Umwelt zu vermitteln), und der Austausch der Hintergründe sind ein Versuch, die Befindlichkeit des Helden: Erinnerungsschübe, die er unbewusst, halbbewusst empfängt, ohne sich darüber klar zu sein, was sie für ihn bedeuten können, im Bild mit Hilfe fast surrealistischer Kombinatorik oder Collagetechnik zu verdeutlichen, ohne die Regeln der herkömmlichen Standardsituation „Umarmung" dabei wesentlich zu verletzen.

Abschließend muss unbedingt erwähnt werden, dass der Held an einem erlebnisbedingten Trauma leidet: Der Blick in die Tiefe, und das ist ein Blick, der nur von hochgebauten Architekturen zu werfen ist, von der Zinne eines Hauses, aus dem Fenster eines Turmes, erweckt in ihm schwerstes Schwindelgrauen. Die erste Sequenz nach dem Vorspann klärt uns über den Ursprung dieser pathologischen Sensibilität auf. In Großaufnahme sehen wir, wie sich bald herausstellt, die Sprosse einer Feuerleiter, an die sich eine große Hand klammert. Wir werden Zeugen einer Verfolgung über den Dächern von San Francisco. Dem Gangster, um den es sich vermutlich handelt, gelingt der Sprung von Dach zu Dach, der nachfolgende Polizist hat schon größere Schwierigkeiten, der Detective Scottie, der als dritter folgt, rutscht ab und hält sich gerade noch mit beiden Händen an der Regenrinne, die unter seinem Gewicht ebenfalls nachzugeben droht. Der Blick hinunter, das Gebäude ist fünf bis sechs Stockwerke hoch, lässt eine schmale Gasse erkennen. Hier zum ersten Mal verwendet Hitchcock einen raffinierten Trick: Während er mit der Kamera nach vorne zoomt, fährt er gleichzeitig mit dem Gerät zurück, so dass eine verstörende Schwindeloptik entsteht. Drastischer wiederholt er diese Technik, als Scottie hinter Madeleine den Turm emporlaufen will und von der schmalen Treppe aus in den leeren Innenschacht nach unten sieht (Hitchcock und sein Kameramann Robert Burks haben ein liegendes Modell des Treppenhauses verwendet). Zurück zur Eingangssequenz: Der Polizist gibt die Verfolgung auf, nachdem er den Detective in der Notlage sieht, er rutscht vorsichtig das steile Dach hinab, hält ihm die Hand entgegen, um ihm emporzuhelfen, rutscht selber ab und stürzt mit einem Schrei am Detective vorbei in die Tiefe. Hitchcock demonstriert damit gleich eingangs lakonisch, dass der Abgrund nicht nur die virtuelle Vorstellung hervorruft, dass man in ihn hinab- und damit aus dem Leben fallen könnte. Er zeigt, dass da, wo ein Abgrund ist, auch jemand hinunterstürzen muss: damit es nicht beim reinen Gedankenspiel bleibe. Übrigens verzichtet Hitchcock auch beim Schluss von *North by Northwest* nicht auf diese Demonstration der denkbar übelsten Möglichkeit: Einer der Bösewichter und Verfolger kann sich beim Zweikampf mit dem Helden nicht mehr auf dem schmalen Grat halten, und der Top-Shot auf den nach unten fallenden Körper vergegenwärtigt die entsetzlich große Distanz, die dieser fallende Mensch noch zu durchmessen hat, bis er auf dem Boden aufschlägt. Danach bangen die Zuschauer um so mehr um das Wohl der Protagonisten, denen theoretisch dasselbe Schicksal widerfahren könnte.

Straßenschluchten

In der *Gothic-Fantasy* etlicher gezeichneter Bildgeschichten fällt auf – und die Filmversionen übernehmen dies –, dass die jeweiligen Superhelden: Superman, Batman oder Spiderman, ihre fliegerische Virtuosität, ihre Fähigkeit, sich den Fängen der Schwerkraft zu widersetzen, vor allem in Städten beweisen, die nach dem Vorbild des realen Manhattan durch extreme Wolkenkratzer und tiefe Strassenschluchten gekennzeichnet sind, in die man aus großer Höhe hinabsieht. Das Suggestive dieser schwindelnden Tiefe, aus ebenso schwindelnder Höhe erlebt, ist in diesen Bildkompositionen unverkennbar. Die „geflügelten Engel" sind im Kern und im Alltag besonders brave und angepasste, unauffällige Männer: Dass sie in ihrem anderen, dem Wunschtraum-Zustand als Helden zu Rettern der Stadt oder gar der Zivilisation werden, enthüllt sich als Größenphantasie, die sich auch darin dokumentiert, wie die Heroen sich mühelos über die gefährlichsten Abgründe hinwegschwingen können. Ihnen droht erst Gefahr, wenn man ihre stupende Fähigkeit, kolibrigleich durch die Luft zu sausen, empfindlich beeinträchtigt. Der Absturz, auch wenn er vermieden wird, besteht als Drohung weiter: als Drohung, dass der geflügelte Übermensch, dem traurigen Beispiel des Ikarus folgend, in den steinernen Klüften der Stadt zerschellen könnte.

Der Foto- und Filmjournalismus des 20. Jahrhunderts hat genügend Aufnahmen von Menschen gesammelt, die sich, meist in Panik vor Feuer, von Hochhäusern hinabwerfen: Zeugnisse der entsetzlichen Angst, die dem einen Übel, dem Verbranntwerden, das andere Übel vorzieht, den schnellen Tod beim Fall in die Tiefe. Oft sieht man nicht, wie diese Körper aufschlagen, weil Bauteile glücklicherweise im Blickfeld stehen – die meisten solcher Aufnahmen entstehen in einer gewissen Entfernung vom Geschehen. Manchmal ist der Kameramann, der Fotograf jedoch zufällig in der Nähe. Zumal bei diesen Fotos fällt auf, wie die schon bewusstlos hinabtrudelnden Körper, festgehalten im Moment, eine beinahe – es sei gewagt, dies so zu formulieren – anmutige Gelöstheit zeigen, als sei im Inneren dieser Menschen bereits der Schritt in eine andere Sphäre vollzogen worden, die Last des Irdischen abgeschüttelt, der Widerstand und Trotz des Körpers aufgegeben. Diese spezifische Klasse von Katastrophenbildern konnte nur in der Großstadt oder im Umkreis hochragender technischer Gebäude, etwa von Brücken, entstehen, da diese Architektur den Drang nach dem schnellen, erlösenden Tod, nicht immer bedingt durch aktuelles Unglück, manchmal durch lang andauernde Krankheit oder die Explosion selbstzerstörerischer Antriebe, in die Tat umzusetzen gestattete.

Der Schwindel vor dem Sturz hat dann nicht nur eine negative, sondern auch eine mehr oder weniger schwach ausgebildete positive Konnotation, bedeutet Verheißung eines Endes, das mit rasender Geschwindigkeit auf einen zueilt und das man vermutlich nicht einmal mehr spürt, wenigstens nicht als quälend langes Leiden, an dessen letztem Tag ohnehin der Tod steht. Ich erwähne diese moderne Spielart eines sicheren „Freitods", um die Zweideutigkeit der Schwindel-Empfindung, (a) die Verlockung des Tiefenrauschs,

(b) das Grauen der Tiefenangst zu betonen, die auch in die Fiktion, in die Erfindung solcher Situationen in Filmen hineinspielt. Der Schwindel über der Tiefe ruft noch weitere Affekte wach: Weil man dem ambivalenten Zauber des „Abgrunds“ widerstehen muss, kann die Gratwanderung über der Straßenschlucht als Prüfung gesteigerter Art, als Bewährungssituation in einem Einweihungsritus aufgefasst werden, die zu bestehen, einem Gnadenerweis, einem Segen gleichkommt – wie bei einem Gottesurteil, das den Delinquenten überleben lässt. Jugendlicher Mut und Übermut beweisen sich durch Nichtachtung von Gefahren: In René Clairs früher intellektueller Burleske *Paris, qui dort* (1923) balancieren Personen im luftigen Hochoben des Eiffelturms gelassen über Streben des eisernen Gerüsts und tun so, als wären sie da „wie zuhause“. In Louis Malles *Zazie* (1960) läuft ein Schauspieler (Philippe Noiret) in akrobatischer Seiltänzer-Manier und zugleich wie ein „Traumtänzer“ dasselbe Risiko – eine ferne Reminiszenz des Films der Nouvelle Vague an die frühen „Kunststücke“ Clairs? –, und ein kleines Mädchen tobt entfesselt die ziemlich freischwebenden Wendeltreppen des monumentalen Bauwerks hinab.

Die aus Furcht und Faszination gemischten Gefühle angesichts einer künstlich geschaffenen, von Menschen, also immer zu kurzsichtig geplanten Höhe und Tiefe, benutzen Sensations- und Katastrophenfilme wie *The Towering Inferno* (*Flammendes Inferno*, 1974, Regie: Jean Guillermin, Erwin Allen), eine Produktion, die den Brand in einem Hochhaus zur Schicksalsstunde der Menschen werden lässt, die sich in ihm aufhalten, und auch derer, die ihnen helfen wollen: in manchen Szenen eine kinematographische Vorwegnahme der Zerstörung der Twin Towers in New York am 11. September 2001. *Blade Runner* (1982, Regie: Ridley Scott), ein Film, auf deren Schlusssequenz ich kurz zu sprechen kommen will, oder *Abyss* (*Der Abgrund*, 1998, Regie: James Cameron), der den Sturz in den Abgrund in die Tiefe des Meeres verlagert, verleihen der Schwindelprobe über der Schlucht beinahe sakralen Charakter. In *Blade Runner*, zu recht als einer der philosophischen Science Fiction-Filme der letzten zwanzig Jahre gewürdigt, kommt es kurz vor Schluss zu einem Kampf zwischen dem Verfolger, dem Blade Runner und Exekutor Deckard (Harrison Ford), von dem wir bereits vermuten, dass er selber ein Replikant, ein künstlich erschaffener Mensch sei, und seinem kraftvollen Gegner Roy (Rutger Hauer), einem menschenähnlichen Kunstwesen, dessen Zeit abläuft: Dieser Kampf spielt sich in einem verlassenen Gebäude ab, das man durchaus als großstädtisches Gothic House beschreiben könnte (das Bradbury Building stammt in der Tat aus dem ausgehenden 19. Jahrhundert) und später dann über einer der Straßenschluchten von unergründlicher Tiefe: eine typische Szenerie für die *gothic fantasy*. An der Fassade klebend und kletternd versuchen sich die beiden Gegner zu vernichten. Das Los Angeles der Zukunft liegt unter einer dunklen Wolkendecke, die niemals aufbricht, so dass es fast ununterbrochen regnet. Auch hier wird der Sprung über den Abgrund riskiert: Während Roy, der als Apparat den meisten Menschen an Kraft überlegen ist, auch seinem Verfolger, ohne weiteres diesen Abstand überwindet, gleitet Deckard aus (wie einst Scottie in *Vertigo*) und hält sich mit verletzter Hand an einem der Eisenträger fest, die aus dem Dach herausragen. Roy betrachtet den verzweifelt Hängenden und kommentiert dies scharfsinnig: So fühle man sich, wenn man ein Sklave sei. Die todgeweihte, zeitlich abgemessene Existenz eines Wesens, das dann in tödliche Tiefe stürze, wird zur Metapher gesellschaftlicher Unterjochtheit.

Überhaupt transferieren die Bilder in dieser Sequenz ihre normale empirische Bedeutung und gewinnen einen zweiten Sinn: Als Deckard loslässt und schon fällt, fängt Roy mit seiner Hand die des stürzenden Verfolgers. Groß sehen wir die beiden Hände aneinandergeklammert, ein Sinnbild der Rettung, ohnehin eine Imago der Solidarität, nun aber in die Senkrechte gekippt. Die Hand, die von oben die Hand des „haltlosen" Menschen gerade noch rechtzeitig erfasst, scheint die eines göttlichen Retters zu sein, der die arme Seele vor dem Höllensturz bewahrt und emporzieht – hat Roy nicht davor einen Nagel durch seine Handfläche getrieben, Anspielung an den gekreuzigten Christus (um sich mit dem Schmerz zu bestätigen, dass er noch am Leben sei)? Als Roy wenig später stirbt und all die Bilder beklagt, die mit ihm und seinem Gedächtnis nun für immer und für andere verlöschen, löst sich eine weiße Taube aus seinen Armen und flattert nach oben – zum ersten Mal in diesem Film kann man jenseits der Wolken so etwas wie einen blauen Himmel erahnen und fragmentarisch sogar sehen. Der Replikant wird durch die von allen Altartafeln bekannten Sinnbilder endgültig zum Heiligen erklärt. Die Seele, in Gestalt der Taube, kann fliegen. Ihr droht kein Schwindel und kein Absturz. Analog zu Superman und Batman, doch subtiler, wird auch hier, in *Blade Runner*, die Figur dessen überhöht, der die Tiefe nicht fürchten muss, deren sphinxhaftem Sog doch sonst so schwer zu entkommen ist. Die spezifische Qualität dieser heilig-heroischen Figuren erklärt sich gerade dadurch, dass der Schwindel über dem Abgrund sie verschont. Doch ohne die Straßenschluchten gäbe es nicht die Wunschfigur des „Überfliegers" und umgekehrt. Beide Positionen sind gleichsam wie Magnetpole einander zugeordnet, bedingen sich gegenseitig – als pathetische Konstellation.

Sturz und Ekstase

Ein kleiner Seitenblick sei auf die Filme des deutschen Regisseurs Tom Tykwer gerichtet: In fast allen Filmen Tykwers gibt es als große Szene den Sturz, als Wendepunkt im Verlauf der Dinge: In *Die tödliche Maria* (1993), *Winterschläfer* (1997), in *Der Krieger und die Kaiserin* (2000) – in seinem jüngsten Film *Heaven* (2002) wird dieser Sturz vorenthalten, aber durch eine phantastische Elevation vorbereitet, das Aufsteigen eines Hubschraubers in das blaue Himmelsgewölbe, bis er nicht mehr zu sehen ist. In *Die Tödliche Maria* wird der Sturz aus dem Fenster, den die weibliche Hauptfigur riskiert, um dem vertrackten Elend ihres Lebens zu entkommen, durch einen Menschen gemildert, der sie liebt, und der sie auffängt: Statt im Tod kommt sie in einem neuen Leben an. Unzweideutig allegorisch geschieht dies auch in *Winterschläfer*. Der vom Kameramann Frank Griebe, so sieht es aus, begleitete schwindelerregende, sausende, schier unendliche Fall eines Protagonisten (Heino Ferch) mit Skiern von der Bergeshöhe in eine unermessliche Tiefe dauert so lange, dass „gleichzeitig“ auf der Erde, in Pseudo-Parallelhandlungen, alle möglichen zeitraubenden Vorgänge vor sich gehen – Leute verreisen, ein Kind wächst im Mutterbauch heran –, bis der Stürzende endlich in einem vagina-ähnlichen Erdspalt verschwindet und aus dem Dunkel der Schrei eines Babys verkündet, dass Tod und Wiedergeburt nahe beieinander liegen. Obwohl die Beschleunigung im freien Fall physikalisch notwendig scheint, wird dieser Eindruck verlangsamt, durch die Art der visuellen Präsentation beinahe aufgehoben. Für Tykwer ist der Sturz die *Metapher des Übergangs in einen anderen Zustand*, der meist die Fortsetzung des Lebens bedeutet, vielleicht nicht des Lebens derer, die sich hinabgestürzt haben, manchmal auch dies –, tendenziell die Überschreitung einer Grenze zum Absoluten andeutet, von dem, dem Transzendenten, man nicht mehr in den Bildern unserer Erfahrungswelt berichten kann, so dass, wie in *Heaven*, das zu erwartende Abschmieren des Hubschraubers, der die Lebenden auf die Erde und in den Tod reißen wird, nicht mehr zu sehen ist.

Im Weltraum sind fast alle herkömmlichen Ordnungskoordinaten aufgehoben, weder Höhe noch Tiefe, weder Horizont noch Schwerkraft ergeben eine berechenbare Topographie, die Entfernungen zwischen Sternen und Planeten sind so groß, dass sie die Vorstellungskraft übersteigen. Oder dieser Ort im Ortlosen wird künstlich innerhalb eines Raumschiffs hergestellt. Stanley Kubricks *2001* (1968) hat die ungewohnte Gleichberechtigung von Unten und Oben mit Witz und dann, vor allem im vierten Teil seines Films, mit großer Radikalität umgesetzt. Im vierten Teil ist die Rede von einer Jupiter-Expedition. In einem großformatigen Raumschiff gibt es nur zwei Raumfahrer – und einen Supercomputer. Dieser Computer beginnt, aus welchen Gründen auch immer, sich gegen den menschlichen Faktor zu richten. Er bringt den einen Raumfahrer um und zwingt den zweiten dazu, ihn, den sprechenden Kontrolleur, abzuschalten. Danach gerät das Raumschiff in die Gravitation des Jupiter. In einer kleinen kugelförmigen Raumgondel begibt sich der übrig gebliebene Astronaut auf seine letzte Fahrt. Seine Einsamkeit in dem schwarzen Weltraum, in dem nur die Gestirne auf und ab schweben, ist so ungeheuer wie die Einsamkeit eines Menschen, der stirbt. Die Gondel wird von der Masse des Jupiter an- und in eine Sturzbahn hineingezogen, die sich allmählich abflacht und zum Schluss der Bilderzählung, in einem völlig unvorbereiteten Sprung, in den Räumen eines im Louis XVI.-Stil erbauten fensterlosen Gehäuses endet, das wie eine Monade von aller Umwelt abgeschlossen zu sein scheint.

Die „grandiose“ Vision, begleitet von förmlich unirdischer Musik, einer Komposition György Ligetis, verrät bei näherer Betrachtung eine sorgfältige Gliederung: Zunächst entfernt sich die Gondel von dem tot zurückgebliebenen knochenförmigen Raumschiff in ruhiger Bewegung. Im Folgenden werden die Augen des erlebenden Raumfahrers immer wieder in extremer Großaufnahme eingeblendet, flackernd in verschiedenen Lichtern, irrealisiert. Was zu sehen ist, sieht er – das Wunder ereignet sich für seine subjektive

Perspektive, als wäre er ein Erzähler, der, absurd genug, die Wahrnehmung seiner letzten Erlebnisse vor einem allgegenwärtigen Publikum beschwört, da doch von dort drüben sonst keine Kunde zu uns dringt.

Die erste Phase dieses Sturzes, wenn es denn ein Sturz ist und keine Bewegung auf der Horizontalen – das enorme Tempo der entgegenschnellenden hellen Strahlen lassen allerdings eher an einen Sturz in die Tiefe denken, jedoch, wie gesagt, im Weltraum lassen sich Horizontale und Vertikale nicht mehr deutlich unterscheiden –, führt durch einen sich ständig verändernden Lichtschacht. Es handelt sich um eine ungeheuer schnelle Flugbahn, korrespondiert von Pfeifen und Rauschen, auch einer hohen Vokalise auf der Tonspur – und zugleich um eine, wie Zeitgenossen bereits bemerkten, psychedelische Ekstase. Die Bilder erinnern ferner an mystische Visionen vom lumen gloriae (göttlichen Licht), Visionen, die hier von der sprachlichen Behauptung in die sichtbare Illustration rückübersetzt scheinen. Die gleißenden Lichtwände, Schraffuren, Linien, Netze bilden manchmal einen horizontal, vertikal ausgeschnittenen Korridor, durch den die Fluglinie hindurch zu führen scheint, rasend und unaufhaltsam.

Die zweite Phase beginnt mit einer Beruhigung. Die Augen des Astronauten verzittern nicht mehr, das Flackern der ersten hocherregten Phase scheint vorbei, eine Art Durchbruch gelungen. Aus dem schwarzen Raum formen sich gleichsam galaktische Explosionen, weiße, rote Novae – die sich langsam nähern. Oder nähern *wir* uns ihnen? Ein Gesichtsfeld besteht, es wird dadurch angedeutet, dass einige dieser embryonalen oder Schleierformen durch die Kanten des Bildkaders oben und unten abgedeckt erscheinen – wie beim Blick durch ein Visier. Die Klänge hören sich dissonant und tief brummend an, als gleite man durch einen unendlich weiten Raum.

In der dritten Phase wird das Auge des Betrachters farbnegativ eingeblendet. Der Flug flacht ab und führt über Oberflächen, es gibt ein Unten und Oben, die Bewegung hat eindeutig den Charakter des horizontalen Flugs, auch wenn die Landschaften, über die sich die Kamera hinwegbewegt, durch Farbverfälschung oft erst auf den zweiten Blick als Canyons, Felsabbrüche, Meerinseln, Wasser-, Eis-, Schnee- und Kiesflächen identifizierbar sind, wie wir sie von der Erde her kennen. Fast eine reale wilde Landschaft, Tal und Schnee auf Berggraten, beendet diese dritte Phase, zu der die Musik, inzwischen zu reineren Klängen übergegangen, versetzt mit Geräuschen, sich langsam in einem Decrescendo abschwächt. Mehrere Großaufnahmen der Betrachter-Augen interpunktieren die dritte Phase.

Die vierte Phase: Umschnitt vom leeren Raum in die klar begrenzten Zimmer, die vor allem dadurch unwirklich wirken, dass sie keine Öffnungen nach außen haben, das Licht nicht nur von oben und von der Seite, sondern auch von unten einfällt – zum Teil leuchtet der Boden selbst. In abrupten Schnitten altert der Raumfahrer jäh zum Greis. Endlich, als werde er wiedergeboren, umschwebt ein Sternenkind in einer durchscheinenden Fruchtblase die Erde wie ein Himmelskörper. Wieder rücken Tod und Neubeginn eng zusammen (wie in Tykwers *Winterschläfer*).

Diese vierphasige Jenseitsreise wird mit der Phantastik und Abstraktion ihrer Bildinvention in der Filmgeschichte einmalig bleiben. Zumal in der zweiten und dritten Phase scheint die Zeit aufgehoben. Wo kein messbarer Raum, da auch keine messbare Zeit – Schwindel und Sturz führen in eine Ekstase, ein Außer-Sich-Sein, transformieren in einen anderen Zustand, aus dem es keine Wiederkehr gibt oder in gänzlich verwandelter Gestalt.

Es sei durchaus gewagt, hier das Schlusskapitel von Hermann Brochs großem Roman *Der Tod des Vergil* (1945) aufzublättern. In dem von Broch „Maestoso-Satz" genannten vierten Abschnitt des Buches: „Äther – die Heimkehr", wird der Übergang in den Tod imaginiert, oft mit „hypnotischer Konzentration":[6] Als Fahrt aufs Meer, Landung an einem Paradiesgestade, Rückverwandlung ins Organisch-Anorganische, eine umgekehrte Genesis, die zum Ursprung zurückführt – doch bewahrt und unberührt von solcher Metamorphose bleibt dabei, als Restbestand des miterlebenden Erzählersubjekts: das sehende Auge. Hinzu kommt ein synästhetisches „ozeanisches Gefühl" (Sigmund Freud). Der sterbende Vergil dringt ein ins Brausen aus der Vermengung von Licht und Finsternis, in einen „flutenden Klang", „ein schwebendes Meer, ein schwebendes Feuer".[7] Dieser Vorstellung der Einswerdung (*unio mystica*) nähert sich in Kubricks Film allenfalls die erste Phase an, Ein- und Verschmelzung in der Hitze des rasenden „Abstiegs". Es ist vermutlich schwerer, mit realen Bildern, und seien sie auch noch so sehr von konventionellen ikonischen Formeln entfernt und entfremdet, anstelle der Ideen der Einbildungskraft, die durch Worte ausgelöst werden, das „Geheimnis" bei der Initiation in den Tod zu enthüllen und vor Augen zu stellen. Kubrick hat diesen Gang über die Grenze als noch nie gesehene *via illuminativa* gestalten können, weil der ohnehin unergründliche galaktische Raum als Schauplatz der Erzählung vorausgesetzt war. Und es half ihm die Besinnung darauf, dass selbst der Prozess des Sterbens nicht in einem Ruck vor sich zu gehen scheint, weil dieser Prozess unerfindlich viel oder wenig Zeit in Anspruch nimmt und eine spezifische Periodik für die Darstellung verlangt – wobei keinerlei Gewissheit darüber besteht, welche Perioden in welche Reihenfolge gehören.

Wie geschickt und „visionär" Kubricks Inszenierung von Sturz und Ekstase das Mystische, nie völlig Enträtselbare der Jenseitsreise in bestürzende und „bezaubernde" Bilder zu fassen wusste, zeigt ein Vergleich mit einem fast dreißig Jahre später produzierten Film: *Contact* (1997, Regie: Robert Zemeckis). Eine junge Astronomin (Jodie Foster) glaubt, Botschaften aus dem Weltall zu empfangen und entschlüsseln zu können. In einer Riesenkonstruktion, die durch ein Ineinander von mechanischer Kreiselbewegung und elektrischen Feldern Energie erzeugen soll, will sie den „Eintrübungen" der Erde ent-

---

6 Altersheiterkeit erlaubt mir, hier auf mein erstes Buch zu verweisen: Th. K.: Hermann Broch. Leben und Werk. Bern, München 1965, S. 88 ff.

7 Hermann Broch: Der Tod des Vergil. Zürich 1958, S. 532 ff.

kommen und „Kontakt" mit den Außerirdischen erzwingen. In einer Kapsel in der Mitte dieses futuristischen Baus festgeschnallt, erlebt sie nun eine Art Transfer in Schüben, der sie zunächst (dank digitaler Bildbearbeitung) in entsetzlich schneller und rumpeliger Fahrt durch einen wurmartigen Zeittunnel schickt, bis eine erste Ruhephase eintritt. Sie wird ein zweites Mal geschüttelt und fortgerissen, bis sie endlich in Stille schwebt und das Universum als bunten Prospekt vor sich sieht. Währenddessen blickt man der Schauspielerin wiederholt ins Gesicht, so dass sie genötigt ist, das große Staunen über den mimischen Ausdruck zu vermitteln (eine Anstrengung, die selbst Jodie Foster nicht gelingt). Mit standardisierten Einstellungen und *Reaction shots* auf den Star kann diese Inszenierung das Unfassbare der Grenzüberschreitung nicht nahe bringen. Unter der Oberfläche schimmert kein Geheimnis, sondern die Jahrmarktstechnik: eine Kreuzung aus Achter- und Geisterbahn. Später stellt sich im Film heraus, dass das Jenseits-Erlebnis objektiv nur die Sekunde dauerte, die die Kapsel mit der Heldin in ihr brauchte, um ins Meer zu fallen. Der Weg „hinüber" wird dadurch endgültig als illusionäres Gaukelspiel entzaubert, als subjektives Wahngebilde, das sich zum Teil aus Restbeständen des eigenen Unbewussten zusammensetzt – die Heldin begegnet „drüben" zum Beispiel ihrem gestorbenen Vater. Der Ausbruch aus dieser Welt entlarvt sich als Rückkehr in die Tiefe (immerhin) der eigenen Seele. Zemeckis' Film argumentiert psychologisch, Kubricks Film dagegen existentiell und – doch – metaphysisch.

Ein Postulat aus Albert Einsteins Allgemeiner Relativitätstheorie scheint sich, halb verstanden, den Sturz- und Ekstase-Phantasien eingeschrieben zu haben – oder reichte auch die Kenntnis mancher Träume aus? Nämlich: Für die Jenseitsreisenden vergeht die Zeit anders als für die Zurückgebliebenen, meist scheinen die Uhren für sie langsamer zu laufen als auf der Erde, mit der Neigung, sogar fast still zu stehen. Die Differenz der Zeitmesssungen gilt für Tykwers *Winterschläfer*, Kubricks *2001*, Zemeckis *Contact*. Meine Betrachtung des Schwindels begann mit dem überfordernden Tempo der Moderne. In den Filmen, die ich aussuchte, diente das Schwindelgefühl und Schwindelgrauen gleichsam als Tor in ein anderes Sein, in dem andere Bedingungen herrschen, in einen anderen Raum, in eine andere Zeit, in die man „geworfen" wird mit übermächtiger Gewalt, wie sie nur die Schwerkraft aufbringt – der man im Fall irgendwann „entrinnt". Sturz und Ekstase erweisen sich, für die Filmerzählung, als konkrete und zugleich symbolische Passagen des „Vorlaufens zum Tode" (Martin Heidegger).

Literatur zum Schwindel

Ackerman, Diane: A Natural History of the Senses. New York 1990.

Adcock, Craig E.: James Turrell. The Art of Light and Space. Berkeley, Los Angeles, Oxford 1990.

Adler, Joyce Sparer: War in Melville's imagination. New York, London 1981.

Anselm, Sigrun: Angst und Solidarität. Eine kritische Studie zur Psychoanalyse der Angst. Frankfurt a. M. 1985.

Arnim, Bettina von: Die Günderode. In: Dies.: Werke und Briefe. Hg. v. Gustav Konrad. Frechen 1959, Bd. 1.

Ars, Bernard (Hg.): Vertigo. Non-Menieres disease. A fundamental Approach. Oslo 1994.

Asendorf, Christoph: Fluktuation der Formen. In: Daidalos 37 (1990).

Asendorf, Christoph: Super Constellation – Flugzeug und Raumrevolution. Die Wirkung der Luftfahrt auf Kunst und Kultur der Moderne. Wien, New York 1997.

Aubert, Hermann: Physiologische Studien über Orientierung. Tübingen 1888.

Auster, Paul: Die Musik des Zufalls. 9. Aufl. Reinbek bei Hamburg 2001.

Auster, Paul: Mr. Vertigo. Reinbek bei Hamburg 1997.

Avant, Lloyd L.: Vision in the Ganzfeld. In: Psychological Bulletin 64 (1965), S. 246-258.

Bachelard, Gaston: L'air et les songes. Essai sur l'imagination du mouvement (1943). Paris 1983.

Bachelard, Gaston: L'eau et les rêves. Essai sur l'imagination de la matière. Paris 1942.

Balint, Michael: Angstlust und Regression. Beitrag zur psychologischen Typenlehre. Stuttgart 1959.

Basfeld, Martin; Thomas Kracht (Hg.): Subjekt und Wahrnehmung. Beiträge zu einer Anthropologie der Sinneserfahrung. Basel 2002.

Bataille, Georges: Die Erotik. Neu übersetzt und mit einem Essay versehen von Gerd Bergfleth. München 1994 (Franz.: L'érotisme. Paris 1957).

Bazzoli, François: Vertige de la conaissance. Art contemporain et sciences humaines. Musée d'Art, d'Histoire et d'Archéologie Toulon. (Ausst. Kat.) Toulon 1992.

Bense, Max: Über Labyrinthe. In: Artistik und Engagement. Präsentation ästhetischer Objekte. Köln, Berlin 1970, S. 139-142.

Benzenhöfer, Udo: Psychiatrie und Anthropologie in der ersten Hälfte des 19. Jahrhunderts. Hürtgenwald 1993.

Blumenberg, Hans: Begriffe in Geschichten. Frankfurt a. M. 1998.

Blumenberg, Hans: Höhlenausgänge. Frankfurt a. M. 1989.

Boileau, Pierre; Narcejac, Tomas: Vertigo – aus dem Reich der Toten. 11. Aufl. Reinbek bei Hamburg 1998.

Bollnow, Otto Friedrich: „Die Angst ist der Schwindel der Freiheit". Von der Kulturkritik zur Existenzphilosophie. Weinheim 1989.

Bollnow, Otto Friedrich: Mensch und Raum. Stuttgart 1963.

Bolz, Norbert: Am Ende der Gutenberg-Galaxis. Die neuen Kommunikationsverhältnisse. München 1993.

Bong, Jörg: Texttaumel. Poetologische Inversionen von „Spätaufklärung" und „Frühromantik" bei Ludwig Tieck. Heidelberg 2000.

Bonnier, Pierre: Vertige. Paris 1893.

Bosquet, Alain: Verbe et vertige. Situations de la poesie. Paris 1963.

Brandstetter, Gabriele: Tanz-Lektüren. Körperbilder und Raumfiguren der Avantgarde. Frankfurt a. M. 1995.

Brandt, Thomas: Vertigo. Its Multisensory Syndromes. London, Berlin u. a. 1991.

Braun, Christina von: Frauenkörper und medialer Leib. In: Wolfgang Müller-Funk, Hans Ulrich Reck (Hg.): Inszenierte Imagination. Beiträge zu einer historischen Anthropologie der Medien. Wien, New York 1996, S. 125-146.

Braun, Christina von: Versuch über den Schwindel. Religion, Schrift, Bild, Geschlecht. Zürich 2001.

Breuer, Josef: Über die Bogengänge des Labyrinths. Sitzung der k. k. Gesellschaft der Ärzte in Wien vom 14. November 1873; abgedruckt in: Ernst Mach: Grundlinien der Lehre von den Bewegungsempfindungen. Leipzig 1875, S. 97-100.

Brittnacher, Hans Richard: Erschöpfung und Gewalt. Opferphantasien in der Literatur des Fin de siècle. Köln, Weimar, Wien 2001.

Brormann, Georg: Psychogener Schwindel als Ausdruck von Angststörungen und organischer Schwindel – ein Vergleich. Marburg 1998 (Mikrofiche).

Brown, R. H.: „Empty-Field" Myopia and Visibility of Distant Objects at High Altitudes. In: The American Journal of Psychology 70 (1957), 3, S. 376-385.

Brunotte, Ulrike: Hinab in den Maelstrom. Das Mysterium der Katastrophe im Werk Edgar Allan Poes. Stuttgart 1993.

Buci-Glucksmann, Christine: Der kartographische Blick der Kunst. Berlin 1997.

Burke, Edmund: A Philosophical Enquiry into the Origin of our Ideas of the Sublime and Beautiful (1757). London, New York 1958 (Dt.: Vom Erhabenen und Schönen, Berlin 1956).

Busch, Bernd: Belichtete Welt. Eine Wahrnehmungsgeschichte der Fotografie. München, Wien 1989.

Caillois, Roger: Les jeux et les hommes. Le masque et le vertige. Paris 1994.

Celestino, D.; Ralli, G.: Storia medica della vertigine da Ippocrate alla moderna interpretazione della malattia di meniere. Pisa 1985.

Cocteau, Jean: Thomas der Schwindler. Frankfurt a. M. 1988.

Crary, Jonathan: Aufmerksamkeit. Wahrnehmung und moderne Kultur. Frankfurt a. M. 2002.

Crary, Jonathan: Techniken des Betrachters. Sehen und Moderne im 19. Jahrhundert. Dresden, Basel 1996.

Daidalos. Architektur, Kunst, Kultur 37 (1990).

Daidalos. Architektur, Kunst, Kultur 67 [Positionen im Raum] (1998).

Daston, Lorraine: The vertigo of scientific progress. Berlin 1995 (Preprint, MPI für Wissenschaftsgeschichte, Berlin).

Deleuze, Gilles; Foucault, Michel: Der Faden ist gerissen. Berlin 1977.

Derrida, Jacques in Discussion with Christopher Norris (Interview). In: Architectural Design 59 (1989), S. 6-11.

Derrida, Jacques: Am Nullpunkt der Verrücktheit: Jetzt die Architektur. In: ArchPlus 95 (1988), S. 54-63.

Derrida, Jacques: Parergon. In: Ders.: Die Wahrheit in der Malerei. Wien 1992, S. 31-176.

Derrida, Jacques; Eisenman, Peter: Choral Work. London 1988.

Dieterich, M.: The Phobic Postural Vertigo. In: Praxis 86 (1997).

Dolto, Françoise: Im Spiel des Begehrens sind die Karten gezinkt und die Würfel gefälscht. In: Dies.: Über das Begehren. Stuttgart 1988.

Dotzler, Bernhard: Papiermaschinen. Berlin 1996.

Dürckheim, Karlfried Graf: Untersuchungen zum gelebten Raum. In: Neue psychologische Studien 6 (1932).

Eco, Umberto: Im Labyrinth der Vernunft. Texte über Kunst und Zeichen. Leipzig 1995.

Eichel, Christine: Schwindel. Roman. Köln 2000.

Eichstedt, Astrid; Polster, Bernd: Wie die Wilden. Tänze auf der Höhe ihrer Zeit. Berlin 1985.

Engel, Henrik: Der Ort der Handlung. Das ‚Inferno' in graphischen Schemata. In: Dantes „Göttliche Komödie". Drucke und Illustrationen aus sechs Jahrhunderten. Katalog, Staatliche Museen zu Berlin, hg. von Lutz S. Malke. Berlin 2000, S. 243-272.

Fichte, J. G.: Darstellung der Wissenschaftslehre (1801). In: Fichtes Werke, hg. von Immanuel Hermann Fichte. Berlin 1845 f. (Reprint: Berlin 1971), Bd. 2.

Fichte, J. G.: Die Wissenschaftslehre (Vorträge 1804). In: Fichtes Werke, hg. von Immanuel Hermann Fichte. Berlin 1845 f. (Reprint: Berlin 1971), Bd. 10.

Fichte, J. G.: Grundlage der gesamten Wissenschaftslehre (1794). In: Fichtes Werke, hg. von Immanuel Hermann Fichte. Berlin 1845 f. (Reprint: Berlin 1971), Bd. 1.

Fischer, Joachim: Exzentrische Positionalität. Plessners Grundkategorie der Philosophischen Anthropologie. In: Deutsche Zeitschrift für Philosophie 48 (2000), S. 265-288.

Fisher, Adrian: Labyrinth. Solving the Riddle of the Maze. New York 1990.

Flourens, Pierre M.: Sur les canaux semicirculaires de l'oreille dans les oiseaux; und: Sur les canaux semicirculaires de l'oreille dans les mammifères. In: Mémoires de l'Académie Royale des Sciences de l'Institut de France, 9. Paris 1830.

Forest, Philippe: Textes & labyrinthes. Joyce, Kafka, Muir, Borges, Butor, Robbe-Grillet. Mont-de-Marsan 1995.

Freud, Sigmund: Der Witz und seine Beziehung zum Unbewußten (1905). In: Ders.: Gesammelte Werke. Hg. v. Anna Freud u.a., London 1940-1950, Bd. 6.

Freud, Sigmund: Drei Abhandlungen zur Sexualtheorie (1905). In: Ders.: Gesammelte Werke. Hg. v. Anna Freud u.a., London 1940-1950, Bd. 5, S. 27-145.

Freud, Sigmund: Hemmung, Symptom und Angst. In: Ders.: Gesammelte Werke. Hg. v. Anna Freud u.a., London 1940-1950, Bd. 14, S. 111-205.

Freud, Sigmund: Studien über Hysterie. In: Ders.: Gesammelte Werke. Hg. v. Anna Freud u.a., London 1940-1950, Bd. 1, S. 73-312.

Freud, Sigmund: Über die Berechtigung von der Neurasthenie einen bestimmten Symptomenkomplex als „Angst-Neurose" abzutrennen. In: Ders.: Gesammelte Werke. Hg. v. Anna Freud u. a., London 1940-1950, Bd. 1, S. 315-342.

Freud, Sigmund: Zur Geschichte der psychoanalytischen Bewegung (1914). In: Gesammelte Werke. Hg. v. Anna Freud u. a., London 1940-1950, Bd. 10, S. 43-113.

Fuller, Richard Buckminster: Bedienungsanleitung für das Raumschiff Erde und andere Schriften. Hg. v. Joachim Krausse. Amsterdam, Dresden 1998.

Glucksmann, André: La force du vertige. Paris 1984. (Dt.: Philosophie der Abschrekkung. Stuttgart 1984.)

Goethe, Johann Wolfgang: Dichtung und Wahrheit. In: Werke. Hg. v. Erich Trunz (Hamburger Ausgabe). München (11. Aufl.) 1982, Bd. 9.

Goethe, Johann Wolfgang: Wilhelm Meisters Wanderjahre. In: Werke. Hg. v. Erich Trunz (Hamburger Ausgabe). München (11. Aufl.) 1982, Bd. 8.

Goll, Ivan: Das Kinodram. In: Die neue Schaubühne 2/1920, S. 141 ff. Goltz, Friedrich: Über die physiologische Bedeutung der Bogengänge des Ohrlabyrinthes. In: Archiv für die gesamte Physiologie 3, 172 (1870).

Gößling, Andreas: Abendstern und Zauberstab. Studien und Interpretationen zu Robert Walsers „Der Gehülfe" und „Jakob von Gunten". Würzburg 1992.

Haag, Detlev: Betrügerische Hochstapelei und Schwindel. Tat, Täter und Opfer. Univ. Diss. Freiburg i. Br. 1977.

Habermas, Jürgen: Die neue Unübersichtlichkeit. Frankfurt a. M. 1985.

Hadid, Zaha: Zaha Hadid. 1983 - 1995. Hg. v. Fernando Márquez Cecilia, Richard Levene. Madrid 2000.

Hadid, Zaha: Das Gesamtwerk. Mit einer Einführung von Aaron Betsky. Stuttgart 1998.

Hadid, Zaha: Opere e Progetti. Hg. v. Margherita Guccione. Turin, London, Venedig 2002.

Hagner, Michael: Psychophysiologie der Selbsterfahrung. Metamorphosen des Schwindels und der Aufmerksamkeit im 19. Jahrhundert. In: Aleida und Jan Assmann (Hg.): Aufmerksamkeiten. München 2001, S. 241-263.

Haid, Claus Toni; Aust, Gottfried (Hg.): Schwindel aus interdisziplinärer Sicht. Stuttgart, New York 2003.

Halttunen, Karen: Confidence men and painted women. A study of middle class culture in America 1830-1870. New Haven 1982.

Hašek, Jaroslav: Die Abenteuer des braven Soldaten Schwejk, 2 Bde. Reinbek b. H. 2001.

Hegel, G.W.F.: Ästhetik [Vorlesungen über die Ästhetik], hg. von Friedrich Bassenge. Berlin 1985.

Hegel, G.W.F.: Differenz des Fichteschen und Schellingschen Systems der Philosophie. Stuttgart 1982.

Hegel, G.W.F.: Phänomenologie des Geistes. 3. Aufl. Frankfurt a. M. 1991.

Hegel, G.W.F.: Vorlesungen über die Geschichte der Philosophie. Frankfurt a. M. 1986.

Heidegger, Martin: Sein und Zeit. 16. Aufl. Tübingen 1986.

Herz, Marcus: Versuch über den Schwindel. 2. Aufl. Berlin 1791. (zuerst 1786)

Hiebel, Hans H.: Robert Walsers „Jakob von Gunten". Die Zerstörung der Signifikanz im modernen Roman. In: Robert Walser. Hg. v. Klaus-Michael Hinz und Thomas Horst, Frankfurt a. M. 1991, S. 240-275.

Hiepko, Andreas: Die schönen Tode des Autors. Das Beispiel Baudelaire. In: Hans Richard Brittnacher, Fabian Stoermer (Hg.): Der schöne Schein der Kunst und seine Schatten. Bielefeld 2000, S. 178-192.

Hiepko, Andreas: Pharmakopoiesis. Trunkenheit, Drogen und Rausch in der Ästhetik unserer Vergangenheit. In: Andreas Hiepko, Katja Stopka (Hg.): Rauschen. Seine Phänomenologie und Semantik zwischen Sinn und Störung. Würzburg 2001, S. 243-254.

Hirsch, Rudolf: „Es ist schwindelnd, was man an Gestalten in sich trägt". Unveröffentlichte Briefe Hofmannsthals an Yella Oppenheimer. In: Ders.: Beiträge zum Verständnis Hugo von Hofmannsthals. Frankfurt a. M. 1995, S. 476-482.

Hitzig, Eduard: Der Schwindel (1898). 2. von Ewald Richter neu herausgegebene und bearbeitete Auflage. (Spezielle Pathologie und Therapie, Bd. 12,2) Wien 1911.

Hocke, Gustav René: Die Welt als Labyrinth. Hamburg 1957.

Hoffmann, E. T. A.: Prinzessin Brambilla. In: Ders.: Späte Werke. München 1966, S. 209-326.

Hofmannsthal, Hugo von: Der Tisch mit den Büchern. In: Gesammelte Werke. Hg. v. Bernd Schoeller in Beratung mit Rudolf Hirsch. Reden und Aufsätze I. Frankfurt a. M. 1979, S. 337-340.

Hofmannsthal, Hugo von: Ein Brief. In: Ders.: Sämtliche Werke. Kritische Ausgabe. Hg. v. Rudolf Hirsch u.a. Bd. 31, Erfundene Gespräche und Briefe. Hg. v. Ellen Ritter. Frankfurt a. M. 1991, S. 45-55.

Hollander, Anne: Anzug und Eros. Eine Geschichte der modernen Kleidung. Berlin 1995.

Hörisch, Jochen (Hg.): Armaturen der Sinne. Literarische und technische Medien 1870 bis 1920. München 1990.

Hühn, Lore: Das Schweben der Einbildungskraft. Eine frühromantische Metapher in Rücksicht auf Fichte. In: Fichte-Studien 12 (1997), S.127-151.

Ingold, Felix Philipp: Literatur und Aviatik. Europäische Flugdichtung 1909-1939. Frankfurt a. M. 1980.

Jameson, Fredric: Postmoderne – zur Logik der Kultur im Spätkapitalismus. In: Andreas Huyssen, Klaus R. Scherpe (Hg.): Postmoderne. Zeichen eines kulturellen Wandels. Reinbek bei Hamburg 1986, S. 45-102.

Janz, Dieter: Über den Schwindel bei Viktor von Weizsäcker. In: F. Lamprecht (Hg.): Spezialisierung und Integration in Psychosomatik und Psychotherapie. Berlin u.a. 1987, S. 24-30.

Janz, Rolf-Peter: „Gewalt der Töne". In: Beiträge zur Kleist-Forschung 2002, S. 11-19.

Janz, Rolf-Peter: Bilder des „nahen Fremden" in der Literatur um 1900. In: R.-P. Janz (Hg.): Faszination und Schrecken des Fremden. Frankfurt a. M. 2001, S. 125-141.

Janz, Rolf-Peter: Schwindel – ein befremdlicher Zustand. Zu Goethes Mignon. In: Alexander Honold, Manuel Köppen (Hg.): Die andere Stimme. Das Fremde in der Kultur der Moderne. Köln, Weimar, Wien 1999, S. 299-309.

Janz, Rolf-Peter: Sinnberaubt. Kleists schwankende Gestalten. In: Jürgen Felix u. a. (Hg.): Die Wiederholung. Schüren 2001, S. 167-182.

Janz, Rolf-Peter: Zur Faszination des Tanzes in der Literatur um 1900. Hofmannsthals Elektra und sein Bild der Ruth St. Denis. In: Kerstin Gernig (Hg.): Fremde Körper. Zur Konstruktion des Anderen in europäischen Diskursen. Berlin 2001, S. 258-271.

Jaskolski, Helmut: Das Labyrinth. Symbol für Angst, Wiedergeburt und Befreiung. Stuttgart 1994.

Justin, Henri: Poe dans le champ du vertige. Des „Contes" à „Eureka". L'élaboration des figures de l'espace. Paris 1991.

Kamper, Dietmar: Nach der Moderne. Umrisse einer Ästhetik des Posthistoire. In: Wolfgang Welsch (Hg.): Wege aus der Moderne. Schlüsseltexte der Postmoderne-Diskussion. 2. Aufl. Berlin 1994, S. 163-174.

Kamper, Dietmar; Wulf, Christoph: Das Schwinden der Sinne. Frankfurt a. M. 1984.

Kant, Immanuel: Anthropologie in pragmatischer Hinsicht. In: Kant's Gesammelte Schriften. Hg. von der Preußischen Akademie der Wissenschaften. Berlin 1902 ff., Bd. 7.

Kant, Immanuel: Der Streit der Fakultäten. In: Kant's Gesammelte Schriften. Hg. von der Preußischen Akademie der Wissenschaften. Berlin 1902 ff., Bd. 7.

Kant, Immanuel: Kritik der reinen Vernunft. 10. Aufl. Frankfurt a. M. 1988.

Kant, Immanuel: Kritik der Urteilskraft. 4. Aufl. Frankfurt a. M. 1979.

Kant, Immanuel: Pädagogik. In: Kant's Gesammelte Schriften. Hg. von der Preußischen Akademie der Wissenschaften. Berlin 1902 ff., Bd. 9.

Karbowski, Kazimierz (Hg.): Der Schwindel aus interdisziplinärer Sicht. Berlin, Heidelberg, New York 1981.

Kerényi, Karl: Labyrinth-Studien. 2. erw. Ausg. Zürich 1950.

Kern, Hermann: Labyrinthe. Erscheinungsformen und Deutungen. 5000 Jahre Gegenwart eines Urbildes. 4. Aufl. München 1999.

Kierkegaard, Søren: Der Begriff Angst. Stuttgart 1992.

Klein, Gabriele: FrauenKörperTanz. Eine Zivilisationsgeschichte des Tanzes. Weinheim, Berlin 1992.

Klein, Yves: Katalog, Museum Ludwig, Köln, hg. von Sidra Stich. Ostfildern 1994.

Koebner, Thomas: Der Schock der Moderne. Die Stadt als Anti-Idylle im Kino der Weimarer Zeit. In: Ders.: Halbnah. Schriften zum Film. Zweite Folge. St. Augustin 1999, S. 11-23.

Koebner, Thomas: Film als neue Kunst. In: Ders.: Lehrjahre im Kino. Schriften zum Film. St. Augustin 1997, S. 11-48.

Koeppen, Wolfgang: Der Tod in Rom. In: Ders.: Gesammelte Werke in sechs Bänden, hg. von Marcel Reich-Ranicki in Zusammenarbeit mit Dagmar von Briel und Hans-Ulrich Treichel. Frankfurt a. M. 1990, Bd. 2, S. 391-580.

Koolhaas, Rem: Delirious New York. Ein retroaktives Manifest für Manhattan. Aachen 1999.

Krafft-Ebing, Richard von: Nervosität und neurasthenische Zustände. Wien 1899.

LaMettrie, Julien Offray de: Traité du vertige. Paris 1737.

Laubenthal, F.: Zur Pathologie des Raumerlebens unter besonderer Berücksichtigung des Sehraums. In: Zeitschrift für die gesamte Neurologie und Psychiatrie 162 (1938).

Lempert, Thomas: Wirksame Hilfe bei Schwindel. Was dahinter steckt und wie Sie ihn wieder los werden. Stuttgart 1999.

Lenz, William E.: Fast talk & flush times. The confidence man as a literary convention. Columbia 1985.

Limat-Letellier, Nathalie: Le vertige de la fiction dans les derniers romans d'Aragon. Paris 1990.

Lindberg, Gary: The Confidence Man in American Literature. New York, Oxford 1982.

Lippe, Rudolf zur: Der Sinn der Sinne. Der ‚Körper' – eine Fiktion. In: Dietmar Kamper, Christoph Wulf (Hg.): Das Schwinden der Sinne. Frankfurt a. M. 1984. S. 298-316.

Loti, Pierre: Quelques aspects du vertige mondial. Paris 1917.

Lyotard, Jean-François: Das Erhabene und die Avantgarde. In: Merkur 38 (1984), S. 151-164.

Lyotard, Jean-François: Das postmoderne Wissen. Graz 1982.

Lyotard, Jean-François: Das Interesse des Erhabenen. In: Christine Pries (Hg.): Das Erhabene. Zwischen Grenzerfahrung und Größenwahn. Weinheim 1989, S. 91-118.

Mach, Ernst: Grundlinien der Lehre von den Bewegungsempfindungen. Leipzig 1875.

Magnou, Jacqueline: Le Vertige du Moi. A propos de *Noces*. In: europe, Nr. 741-42 (Jan./Feb. 1991) S. 19-27.

Manetti, Antonio: Die Novelle vom dicken Holzschnitzer, übers. v. Marianne Schneider. Frankfurt a. M. 1993.

Mann, Thomas: Bekenntnisse des Hochstaplers Felix Krull. Frankfurt a. M. 1993.

Mann, Thomas: Der Tod in Venedig. In: Ders.: Sämtliche Erzählungen. Frankfurt a. M. 1963, S. 353-417.

Manolescu, Georges: Ein Fürst der Diebe. Berlin – Groß-Lichterfelde 1905.

Manolescu, Georges: Gescheitert. Aus dem Seelenleben eines Verbrechers. Berlin – Groß-Lichterfelde 1906.

Mattenklott, Gert: Der übersinnliche Leib. Beiträge zur Metaphysik des Körpers. Reinbek bei Hamburg 1983.

Matuschek, Stefan: Literarische Spieltheorie. Von Petrarca bis zu den Brüdern Schlegel. Heidelberg 1998.

McLuhan, Marshall: Die magischen Kanäle „Understanding Media“, übers. von Meinrad Amann. Düsseldorf, Wien 1968.

Melville, Herman: Maskeraden oder Vertrauen gegen Vertrauen, übers. von Christa Schuenke. Bremen 1999.

Menière, Prosper: Menière's Original Papers. Reprinted with an english translation together with commentaries and biographical sketch by Miles Atkinson. (Acta Oto-Laryngologica, Supplement 162) Uppsala 1961.

Menninghaus, Winfried: Ekel. Theorie und Geschichte einer starken Empfindung. Frankfurt a. M. 1999.

Menninghaus, Winfried: Lob des Unsinns. Über Kant, Tieck und Blaubart. Frankfurt a. M. 1995.

Merleau-Ponty, Maurice: Phänomenologie der Wahrnehmung. Berlin 1966 (Franz. Original: Phénoménologie de la perception. Paris 1945).

Metzger, Wolfgang: Optische Untersuchungen am Ganzfeld, II. Mitteilung: Zur Phänomenologie des homogenen Ganzfelds. In: Psychologische Forschung 13 (1930), S. 6-29.

Miller, Norbert: Archäologie des Traums. Ein Versuch über Giovanni Battista Piranesi. München 1994.

Mott, George: Vertigo. In: The Psychoanalytic Review 84 (1997), S. 631-635.

Müller-Jabusch, Maximilian: Schwindel. Ein literarischer Spaziergang. Berlin 1958.

Münch, Dieter: Der gelebte Raum als Problem der Semiotik. Überlegungen zur Grundlegung der Semiotik durch die philosophische Anthropologie. In: Ernest W. B. Hess-Lüttich, Jürgen E. Müller, Aart von Zoest: Culture – Sign – Space / Raum – Zeichen – Kultur. Tübingen 1998, S. 28-42.

Musil, Robert: Ansätze zu neuer Ästhetik. Bemerkungen über eine Dramaturgie des Films. In: Robert Musil: Gesammelte Werke, hg. von A. Frisé. Reinbek bei Hamburg1987, Bd. 8, S. 1137-1154.

Musil, Robert: Die Verwirrungen des Zöglings Törleß. Reinbek bei Hamburg 1957.

Nietzsche, Friedrich: Die fröhliche Wissenschaft. In: Ders.: Sämtliche Werke. Kritische Studienausgabe, hg. von Giorgio Colli und Mazzino Montinari, 2. durchgesehene Aufl. München 1988, Bd. 3.

Nietzsche, Friedrich: Über Wahrheit und Lüge im aussermoralischen Sinne. In: Ders.: Sämtliche Werke. Kritische Studienausgabe, hg. von Giorgio Colli und Mazzino Montinari, 2. durchgesehene Aufl. München 1988, Bd. 1, S. 873-890.

Nunner-Winkler, Gertrud: Identität und Moral. In: Jürgen Straub, Joachim Renn (Hg.): Transitorische Identität. Der Prozesscharakter des modernen Selbst. Hamburg 2002, S. 56-84.

Pape, Walter (Hg.): Reflecting Senses. Perception and Appearance in Literature, Culture and the Arts. Berlin, New York 1995.

Parker, Hershel: Melville and Politics. A Scrutiny of the Political Milieu of Herman Melville's Life and Works (Ph. D. dissertation, Northwestern UP 1963).

Paul, Jean: Vorschule der Ästhetik. In: Werke. Hg. v. Norbert Miller. 4. Aufl. München 1980, Abt.1, Bd. 5.

Philippi, Klaus-Peter: Robert Walser. „Jakob von Gunten". In: Manfred Brauneck (Hg.): Der deutsche Roman im 20. Jahrhundert I. Bamberg 1976, S. 116-134.

Platon: Der Staat. In: Ders.: Sämtliche Dialoge. Hamburg 1988, Bd. 5.

Platon: Theätet. In: Ders.: Sämtliche Dialoge. Hamburg 1988, Bd. 4.

Plessner, Helmuth: Anthropologie der Sinne. Hg. v. Günther Dux u. a. Frankfurt a. M. 1980.

Plessner, Helmuth: Die Stufen des Organischen und der Mensch. Einleitung in die philosophische Anthropolo-gie. 3. Aufl. Berlin 1975.

Pocai, Romano: Der Schwindel der Freiheit. Zum Verhältnis von Kierkegaards Angsttheorie zu Schellings Freiheitsschrift. In: István Fehér, Wilhelm G. Jacobs (Hg.): Zeit und Freiheit. Schelling – Schopenhauer – Kierkegaard – Heidegger. Budapest 1999, S. 95-106.

Poe, Edgar Allan: A Descent into the Maelström. Dt.: Ein Sturz in den Malstrom. In: Ders.: Das gesamte Werk in zehn Bänden. Olten 1966, Bd. 4, S. 522-548.

Porombka, Stephan: Felix Krulls Erben. Die Geschichte der Hochstapelei im 20. Jahrhundert. Berlin 2001.

Purkinje, Johannes E.: Beyträge zur näheren Kenntniss des Schwindels aus heautognostischen Daten. In: Medizinische Jahrbücher des kaiserlich-königlichen österreichischen Staates IV,2 (1820), S. 79-125.

Purkinje, Johannes E.: Ueber die physiologische Bedeutung des Schwindels und die Beziehung desselben zu den neuesten Versuchen über die Hirnfunctionen. In: Magazin für die gesamte Heilkunde, Bd. 23, Berlin 1827, S. 284-310.

Purkyne, Jan Evangelista [= Purkinje, Johannes E.]: Physiologische Versuche über den Schwindel. In: Opera Omnia, Bd. II. Prag 1937.

Quéau, Philippe: Le Virtuel. Vertus et vertiges. Seyssel 1993.

Quinodoz, Danielle: Le Vertige, entre angoisse et plaisir. Paris 1994.

Renker, Elizabeth: Strike through the Mask. Baltimore, London 1996.

Richard, Jean-Pierre: Le Vertige de Baudelaire. In: Critique, Nr. 100/101, Bd. 12, S. 771-792.

Riedel, Wolfgang: Die Anthropologie des jungen Schiller. Würzburg 1985.

Rilke, Rainer Maria: Die Aufzeichnungen des Malte Laurids Brigge (1910). In: Ders.: Sämtliche Werke, hg. vom Rilke-Archiv. In Verbindung mit Ruth Sieber-Rilke, besorgt von Ernst Zinn. Frankfurt a. M. 1966, Bd. 6.

Robbe-Grillet, Alain: Dans le labyrinthe. Paris 1969.

Roth, Richard (Hg.): Schwindel und Gleichgewichtsstörungen: eine interdisziplinäre Herausforderung. Stuttgart, New York 2001.

Röttgers, Kurt (Hg.): Labyrinthe: Philosophische und literarische Modelle. Essen 2000.

Rötzer, Florian: Mediales und Digitales. Zerstreute Bemerkungen und Hinweise eines irritierten informationsver-arbeitenden Systems. In: Ders. (Hg.): Digitaler Schein. Frankfurt a. M. 1991, S 9-78.

Sartre, Jean Paul: Der Ekel. Reinbek bei Hamburg 1984 (Franz. Original: La nausée. Paris 1938).

Sartre, Jean Paul: L'être et le néant. Paris 1943. (Dt.: Das Sein und das Nichts. 8. Aufl. Reinbek bei Hamburg 2002).

Sassen, Saskia: Die neue Zentralität – Auswirkungen von Telematik und Globalisierung. In: Christa Maar, Florian Rötzer (Hg.): Virtual Cities. Die Neuerfindung der Stadt im Zeitalter der globalen Vernetzung. Basel, Boston, Berlin 1997, S. 117-131.

Schaaf, Helmut; Nelting, Manfred; Hesse, Gerhard (Hg.): Schwindel – psychosomatisch gesehen. Aspekte eines urkrankhaften Symptoms. München 1999.

Schivelbusch, Wolfgang: Die Kultur der Niederlage. Berlin 2001.

Schlitter, Klaus (Hg.): Vertigo. Interdisziplinäres Symposium. Karlsruhe 1987.

Schmeling, Manfred: Der labyrinthische Diskurs. Vom Mythos zum Erzählmodell. Frankfurt a. M. 1987.

Schmitz, Hermann: System der Philosophie, 5 Bde. Bonn 1964 ff.; Bd. III,1: Der leibliche Raum. 2. Aufl. Bonn 1988.

Schmude, Bernd: Schwindel – zur Epidemiologie eines Symptoms und Basisdiagnostik in der ärztlichen Praxis. Frankfurt a. M. 1993.

Schulz, Walter: Metaphysik des Schwebens. Untersuchungen zur Geschichte der Ästhetik. Pfullingen 1985.

Schwindel der Kunst. Diskussion mit Peter Koslowski, Karlheinz Luedeking, Odo Marquard, Peter Weibel und Wolfgang Welsch (Diskussionsleitung: Florian Rötzer). In: Kunstforum International, H. 120 (1992), S. 230-255.

Sebald, Winfried G.: Schwindel. Gefühle. Frankfurt a. M. 1990.

Sedlmayr, Hans: Der Verlust der Mitte. Die bildende Kunst des neunzehnten und zwanzigsten Jahrhunderts als Symptom und Symbol der Zeit. 11. Aufl. Salzburg, Wien 1998.

Sennett, Richard: Fleisch und Stein. Der Körper und die Stadt der westlichen Zivilisation. Berlin 1995.

Shorter, Edward: Geschichte der Psychiatrie. Berlin 1999.

Simmen, Jeannot: Vertigo. Schwindel der modernen Kunst. München 1990.

Smithson, Robert: Gesammelte Schriften. Wien, Berlin 2000.

Sokal, Alan; Bricmont, Jean: Eleganter Unsinn. München 1999.

Sprecher, Thomas (Hg.): Literatur und Krankheit im Fin-de-Siècle (1890-1914). Thomas Mann im Europäischen Kontext. Frankfurt a. M. 2002.

Steigerwald, Jörn: Schwindelgefühle. Das literarische Paradigma der ‚Darstellung' als Anthropologikum (Klopstock, Sulzer, Herz, Hoffmann). In: Thomas Lange, Harald Neumeyer (Hg.): Kunst und Wissenschaft um 1800. Würzburg 2000, S. 109-131.

Stein, Stanislaus von: Schwindel. Autokinesis externa et interna. Leipzig 1910.

Stoermer, Fabian: „Dann wuchs der Weg zu den Augen zu...". Rilkes Poetik des Erblindens. In: Hans Richard Brittnacher, Stephan Porombka, Fabian Stoermer (Hg.): Poetik der Krise. Rilkes Rettung der Dinge in den ‚Weltinnenraum'. Würzburg 2000, S. 155-177.

Stoermer, Fabian: Dolby Dorisch. Rauschunterdrückung nach Dr. Gottfried Benn. In: Andreas Hiepko, Katja Stopka (Hg.): Rauschen. Seine Phänomenologie und Semantik zwischen Sinn und Störung. Würzburg 2001, S. 109-131.

Stoermer, Fabian: Mystik und Dilettantismus. Über Carl Einstein. In: Wiebke Amthor, Hans Richard Brittnacher, Anja Hallacker (Hg.): Profane Mystik? Andacht und Ekstase in Literatur und Philosophie des 20. Jahrhunderts. Berlin 2002, S. 269-291.

Stoermer, Fabian: Schein und Abgrund. Über den Schwindel. In: Hans Richard Brittnacher, Fabian Stoermer (Hg.): Der schöne Schein der Kunst und seine Schatten. Bielefeld 2000, S. 281-313.

Stoll, Wolfgang, Matz, Dieter R.; Most, Eckhard: Schwindel und Gleichgewichtsstörungen. Stuttgart 1992.

Straus, Erwin: Die Formen des Räumlichen, ihre Bedeutung für die Motorik und die Wahrnehmung. In: Ders.: Psychologie der menschlichen Welt. Gesammelte Schriften. Berlin 1960, S. 141-178.

Straus, Erwin: Vom Sinn der Sinne. Ein Beitrag zur Grundlegung der Psychologie. 3. Aufl. Berlin, Göttingen, Heidelberg 1978.

Studeny, Christophe: Le vertige de la vitesse: l'acceleration de la France (1830 – 1940). Paris 1990.

Taussig, Michael T.: Mimesis und Alterität. Eine andere Geschichte der Sinne. Hamburg 1997.

Tillich, Paul: Angst-reduzierende Kräfte in unserer Kultur (1950). In: Ders.: Gesammelte Werke, Bd. 10, Stuttgart (später Berlin) 1968, S. 293-302.

Tillich, Paul: Der Mut zum Sein. Stuttgart 1953.

Trimpi, Helen P.: Melville's Confidence Men and American Politics in the 1850s. New Haven 1987.

Tschumi, Bernard: Architecture and Disjunction. Cambridge, London 1994.

Turrell, James: „City of Arhirit". In: Ders.: The Other Horizon (Katalog, Museum für angewandte Kunst, Wien). Wien 1998.

Valerian, François: Le Vertige de Narcisse. Voyage dans l'incertitude contemporaine. Paris 1993.

Varnhagen von Ense, Karl August (Hg.): Rahel. Ein Buch des Andenkens für ihre Freunde. 3 Tle., Berlin 1834.

Virilio, Paul: Esthétique de la disparition. Paris 1980 (Dt.: Ästhetik des Verschwindens, Berlin 1986).

Virilio, Paul: Guerre et cinéma. Paris 1984 (Dt.: Krieg und Kino, Frankfurt a. M. 1989).

Virilio, Paul: La Machine de vision. Paris 1988 (Dt.: Die Sehmaschine, Berlin 1989).

Vogel, Paul: Studien über den Schwindel. (Sitzungsberichte der Heidelberger Akademie der Wissenschaften). Berlin, Leipzig 1933.

Vogl, Joseph: Grenze und Übertretung. Der anthropologische Faktor in Robert Musils „Die Verwirrungen des Zöglings Törleß". In: Joseph Stutz (Hg.): Robert Musils „Kakanien": Subjekt und Geschichte. Festschrift für Karl Dinklage. München 1987, S. 60-76.

Walser, Robert: Jakob von Gunten. In: Ders.: Das Gesamtwerk in 12 Bänden. Zürich und Frankfurt a. M. 1978, Bd. VI.

Weder, Christine: Ein medizinisch-literarisches Symptom: Zum Schwindel bei E.T.A. Hoffmann im Kontext des medizinischen Diskurses der Zeit. In: E.T.A Hoffmann-Jahrbuch 10 (2002), S. 76-95.

Weigel, Hans: Der exakte Schwindel oder der Untergang des Abendlandes durch Zahlen und Ziffern. Graz, Wien, Köln 1977.

Weizsäcker, Viktor von: Begegnungen und Entscheidungen. (April-August 1945). In: Ders.: Gesammelte Schriften. Frankfurt a. M. 1986, Bd. 1, S. 191-399.

Weizsäcker, Viktor von: Natur und Geist. Erinnerungen eines Arztes (1944). In: Ders.: Gesammelte Schriften. Frankfurt a. M. 1986, Bd. 1, S. 9-190.

Weizsäcker, Viktor von: Pathosophie. (1950/51) Göttingen 1956.

Weizsäcker, Viktor: Der Gestaltkreis. Theorie der Einheit von Wahrnehmen und Bewegen. In: Ders.: Gesammelte Schriften. Frankfurt a. M. 1997, Bd. 4.

Werthauer, Johannes: Berliner Schwindel. 3. Aufl. Berlin 1905.

Wertheimer, Max: Experimentelle Studien über das Sehen von Bewegung. In: Zeitschrift für Psychologie und Physiologie der Sinnesorgane, 1. Abt., Bd. 61. Leipzig 1912.

Žižek, Slavoj: Die Revolution steht bevor. Dreizehn Versuche über Lenin. Frankfurt a. M. 2002.

Žižek, Slavoj: Hitchcocks Universum. In: Slavoj Žižek (Hg.): Der Triumph des Blicks über das Auge. Psychoanalyse bei Alfred Hitchcock. Wien 1992.

Zutt, Jürg: Über Daseinsordnungen. Ihre Bedeutung für die Psychiatrie 1953. In: Erwin Straus, Jürg Zutt (Hg.): Die Wahnwelten. (Endogene Psychosen). Frankfurt a. M. 1963, S. 169-192.

Zu den Autoren

Doris Borelbach, geb. 1965, Dr. phil., Studium der Germanistik, Romanistik und Kunstgeschichte an der Freien Universität Berlin und an der Sorbonne. Promotion 1996 mit einer Untersuchung über *Mythos-Rezeption in Heinrich von Kleists Dramen*. Arbeit als DAAD-Lektorin für deutsche Sprache und Literatur an der Universität Paris VIII und bei der UNESCO. Veröffentlichungen über Kleist und Muschg.

Andreas Hiepko, geb. 1963, M. A., Studium der Germanistik und Hispanistik an der Freien Universität Berlin und der Universitat Autònoma de Barcelona. 1999-2001 wiss. Mitarbeiter im DFG-Projekt *Derealisierung und Digitalisierung*; seit 2001 wiss. Mitarbeiter im DFG-Projekt *Schwindelerfahrungen*. Publikationen u. a. zu Baudelaire, Nietzsche, De Quincey; Herausgeber (zusammen mit Katja Stopka) des Sammelbandes: *Rauschen. Seine Phänomenologie und Semantik zwischen Sinn und Störung*. Würzburg 2001.

Hans-Christian von Herrmann, Dr. phil., wiss. Mitarbeiter am Zentrum für Literaturforschung Berlin. Studium der Germanistik, Theaterwissenschaft und Kunstgeschichte in Berlin und Bochum, 1996-2000 wissenschaftlicher Assistent am Institut für Theaterwissenschaft der Universität Leipzig. Arbeitsschwerpunkte: Kultur- und Mediengeschichte des europäischen Theaters, Ästhetik und Physiologie, Publikationen u. a.: *Sang der Maschinen. Brechts Medienästhetik* (München 1996); *Orte der Kulturwissenschaft. 5 Vorträge* (Leipzig 1998, hg. zus. mit Matthias Middell); *Bühnen des Wissens. Interferenzen zwischen Wissenschaft und Kunst* (ersch. Berlin 2003, hg. zus. mit Helmar Schramm u. a.); Mitherausgeber der Zeitschrift *Kaleidoskopien. Medien – Wissen – Performance* (Leipzig 1996 ff.).

Andreas Leopold Hofbauer, geb. 1967, Dr. phil, Studium der Philosophie in Wien und Berlin. Lebt und arbeitet als freier Autor und Philosoph in Berlin. Zahlreiche Publikationen. Zuletzt: *Ablösungsversuche* (Wien 2001), als Mitherausgeber: *Einfache Lösungen* (Marburg 2000) und *Theater/Peripherien* (Tübingen 2001).

Rolf-Peter Janz, geb. 1940, Professor für Neuere deutsche Literatur an der Freien Universität Berlin. Arbeitsschwerpunkte: Klassik und Romantik, Fin de siècle, Literatur der Weimarer Republik, Literaturtheorie, Ästhetik. Veröffentlichungen u. a.: *Arthur Schnitzler. Zur Diagnose des Wiener Bürgertums im Fin de siècle*. Stuttgart 1977 (zusammen mit Klaus Laermann); Friedrich Schiller: *Theoretische Schriften*, Bd. 8., hg. von Rolf-Peter Janz, Kommentierte Ausgabe, Deutscher Klassiker Verlag, Frankfurt a. M. 1992. *Faszination und Schrecken des Fremden*, hg. von Rolf-Peter Janz, Frankfurt a. M. 2000.

Thomas Koebner, geb. 1941, Professor für Filmwissenschaft an der Johannes Gutenberg-Universität Mainz. Jüngste Veröffentlichungen als Herausgeber und Autor: *Filmklassiker. Beschreibungen und Kommentare*, 4 Bde. (3. Aufl. 2000); *Idole des deutschen Films* (1997); *Filmregisseure* (1999); *Reclams Sachlexikon des Films* (2002); als Autor: *Lehrjahre im Kino. Schriften zum Film* (2. Aufl. 1999); *Halbnah. Schriften zum Film. Zweite Folge* (1999).

Hans-Ludwig Spohr, geb. 1940, Prof. für Kinderheilkunde (DRK-Kliniken Westend, Berlin). Während der Facharztausbildung zwei Jahre in Papua-Neuguinea als general practitioner. Spezialgebiete: Neuropädiatrie, Epileptologie und Entwicklungsneurologie. Tierexperimentelle und klinische Untersuchungen zum fetalen Alkoholsyndrom (Habil.). Publikationen dazu u. a. im *Lancet* (1993).

Fabian Stoermer, geb. 1965, Dr. phil., Studium der Germanistik, Philosophie und Theaterwissenschaft an der Freien Universität Berlin. Promotion 1999 mit der Arbeit, *Hermeneutik und Dekonstruktion der Erinnerung. Über Gadamer, Derrida und Hölderlin* (München 2002). 1998-2002 wiss. Mitarbeiter am Institut für Deutsche und Niederländische Philologie der FU Berlin; seit 2002 wiss. Mitarbeiter im DFG-Projekt *Schwindelerfahrungen.* Arbeitsschwerpunkte: Ästhetik, Literatur- und Kulturtheorie. Publikationen u.a. zu Hölderlin, Kleist, Rilke, Benn, Carl Einstein; zum Thema des Bandes: „Schein und Abgrund. Über den Schwindel“. In: Hans Richard Brittnacher, Fabian Stoermer (Hg.): *Der schöne Schein der Kunst und seine Schatten.* Bielefeld 2000, S. 281-313.